©   Elisabeth Sandmann Verlag GmbH, München
1. Auflage 2008
ISBN 978-3-938045-31-2
Alle Rechte vorbehalten

Redaktion   Antonia Meiners, Eva Römer, Sabine Ritter
Gestaltung   Kuni Taguchi
Herstellung   Karin Mayer, Peter Karg-Cordes
Lithografie   Christine Rühmer
Druck und Bindung   L.E.G.O., Vicenza

Besuchen Sie uns im Internet unter www.esverlag.de

STEFAN BOLLMANN

»Briefe liebe ich, für Briefe lebe ich«

Frauenbriefe aus fünf Jahrhunderten

Mit einem Vorwort von
Thekla Carola Wied
und Hannes Rieckhoff

Inhalt

Vorwort
von Thekla Carola Wied und Hannes Rieckhoff

Schau, wie ich Dich liebe   14
BRIEFE DER LEIDENSCHAFT

- Elizabeth Barrett und Robert Browning   16
- Dorothy Osborne an William Temple   27
- Madame de Sévigné an ihren Vetter, Monsieur de Coulanges   29
- Julie de Lespinasse an den Comte de Guibert   33
- Caroline Schlegel an Friedrich Wilhelm Joseph Schelling   38
- George Sand schreibt ihre Briefe an Alfred de Musset nachträglich um   41
- Božena Němcová an Josef Němec, ihren Mann   46
- Katherine Mansfield an Samuel Koteliansky   48
- Vita Sackville-West schreibt an Virginia Woolf   52

Große Lieben   56
Die schönsten Liebesbriefe

Was für ein Leben!   58
BRIEFE DER FREUNDSCHAFT

- Liselotte von der Pfalz an Frau von Harling und die Raugräfin Amalie Elisabeth   60
- Lady Mary Wortley Montagu an ihre Schwester   64
- Jane Austen an ihre Schwester Cassandra   67
- George Sand an Flaubert   72
- Virginia Woolf und Katherine Mansfield   75
- Ingeborg Bachmann an Hans Werner Henze   79

Tiefe Freundschaften   82
Die schönsten Freundschaftsbriefe

Lebe wohl, geliebtes Kind   84
BRIEFE DER MUTTERLIEBE

- Mary Wortley Montagu an ihre Tochter über ihre Enkeltochter   86
- Maria Theresia an Marie Antoinette   89
- Madame Roland aus dem Kerker an ihre Tochter Eudora   93

- ◆ Johanna an Arthur Schopenhauer 96
- ◆ Calamity Jane, im Wilden Westen unterwegs, schreibt an ihre Tochter 101
- ◆ Die Mutter von Colette schreibt an ihren Schwiegersohn 104
- ◆ Marina Zwetajewa an ihre Tochter im Arbeitslager 106
- ◆ Sylvia Plath an ihre Mutter 109

Liebstes Kind 112
Briefe von Müttern

Denken Sie an sich selbst, Madame! 114

BRIEFE DER MACHT UND OHNMACHT

- ◆ Katharina die Große an Voltaire 116
- ◆ Mary Wollstonecraft an Gilbert Imlay 118
- ◆ Madame de Staël an Napoleon 121
- ◆ Königin Luise von Preußen an ihren Mann, Friedrich Wilhelm III. 124
- ◆ Queen Victoria an William Ewart Gladstone 128
- ◆ Lise Meitner an Otto Hahn 132
- ◆ Erika Mann an Edward J. Shaugnessy 135

Starke Frauen 138
Briefe als beeindruckende Zeitzeugnisse

Ich brauche jetzt neue Inspirationsquellen 140

BRIEFE DES AUFBRUCHS

- ◆ Maria Sibylla Merian an den Naturforscher Johann Georg Volckamer 142
- ◆ Maria Malibran an den Direktor des Théâtre Italien 146
- ◆ Gertrude Bell an Horace Marshall 151
- ◆ Amrita Sher-Gil an ihren Vater 154

Weite Welten 158
Die schönsten Briefe aus der Fremde

Nachweise 162

Register 166

BACKNANG
BÜRGERMEISTER

7150 BACKNANG,

HOTEL
RESIDENZ
BERLIN

Hotel Residenz Berlin, Meinekestraße 9, 1000 Berlin 15

Fax: 030/8824726

30-884430

Absender ist nicht das Hotel

Vorwort
von Thekla Carola Wied und Hannes Rieckhoff

Stadt Backnang
Oberbürgermeister
7150 Backnang, 29.4.1991

Sehr verehrte, liebe Frau Wied,

an jenem Abend in der schwäbischen Provinz, wo die
durchaus wohlmeinenden Menschen auch zwischen
den Sätzen der Sonate klatschen, hätte ich mich gerne
länger mit Ihnen unterhalten. Ich hoffe übrigens,
daß Sie mir den Hinweis auf unseren gemeinsamen
Jahrgang 1944 nicht übel genommen haben!
Aus irgendeinem Grund fand ich es angenehm,
daß wir gleich jung oder von mir aus auch gleich alt sind.
Ich bin auch sehr zufrieden damit, daß ich offenbar
zur seltenen Spezies derer gehöre, die Sie nicht
gekannt haben. Vielleicht besitzen Sie das Bändchen
mit den Li-Tai-Pe-Nachdichtungen schon. Es war,
wie gesagt, meine erste Begegnung mit Klabund.
Als ich es las, waren wir beide sechzehn!

Ich fände es schön, Sie wiederzusehen.

Ihr
Hannes Rieckhoff

Die Schauspielerin Thekla Carola Wied und der damalige
Oberbürgermeister von Backnang Hannes Rieckhoff heirateten
im Jahr 1992, ein Jahr nachdem sie sich bei einer Lesung
kennengelernt hatten.

Hotel Residenz Berlin,
5.5.1991

Sehr geehrter Herr Rieckhoff!

Ihr liebenswerter Gruß aus Backnang hat Freude und
Überraschung ausgelöst. Seien Sie herzlichst für den Li Tai
Pe bedankt, ich besitze ihn nicht. Ist es nun dem OB von
Backnang anzulasten, daß seine begeisterungsfähigen
Mitbürger in ihrem musikalischen Eifer jeden Satz
beklatschen?? Sollte da etwa eine kulturelle – konzert-
bezogene – Aufklärungsarbeit verabsäumt worden sein?
Wahrscheinlich. Was bei der Jugend dieses OB gar kein
Wunder wäre! Fehlt es ihm vielleicht noch an Erfahrung
und Praxis? Da er ja so jung bzw. alt ist wie ich es bin,
vermag ich zu beurteilen, wieviel man noch lernen muß,
um weiterhin dieselben Fehler zu machen. Im übrigen
ist mir auch völlig klar, welche Gefahr es für mich bedeutet,
überhaupt mit Ihnen zu korrespondieren: Mit einem
frühreifen 16-jährigen, der sich in diesem zarten Alter
schon mit chinesischer Lyrik beschäftigte, während
ich verstohlen Maupassant, Flaubert, Zola und Micky
Maus las. Spricht man nicht immer von den Folgen der
frühkindlichen Erlebniswelt? Nun gut. – Sie fänden es
schön, mich wiederzusehen – nicht als Frage formuliert,
sondern als emotionale Äußerung, die ich ebenso emotional
mit einer Frage beantworte: Warum denn nicht?

Es grüßt Sie sehr herzlich –
mit der gebotenen Zurückhaltung –

Ihre
Thekla C. Wied

Es mag sein, dass es in der deutschen Brief-Literatur schon originelleres Schriftwerk gegeben hat, aber selten so Folgenschweres: Ein Jahr nach diesem romantischen Entrée als Resonanz auf meine Klabund-Lesung mit dem beziehungsreichen Titel »Wo andre gehen, da muß ich fliegen« waren wir verheiratet. Wir sind es noch immer. Am Anfang war also der BRIEF, und so blieb es acht Wochen lang, bevor wir uns wiedersahen. Noch heute ist das Gespräch in Briefen ein wichtiger Teil unseres Lebens.

Meine Liebe zum Brief und zur Brieflektüre hatte keinen selbstbestimmt-lustvollen Ursprung. Von einer Entdeckung dieser Leidenschaft konnte keine Rede sein. Vielmehr wurde ich – kaum, dass ich des Schreibens mächtig war –, vom preußisch strengen Vater zum Briefeschreiben mit mehr als sanfter Gewalt angehalten. Anteilnehmende, den Care-Paketen beigefügte Verwandtschaftsbriefe aus Amerika oder spätere elterliche Ermahnungen mussten stets penibel, dankbar und an-

gemessen gehorsam beantwortet werden. Aber wie das so ist mit frühen Pflichtübungen, sie haben oft eine ungeahnte und lebenslange Wirkung.

Was Briefe in ihrer Gleichzeitigkeit von Ferne und Nähe bedeuten können und wie sie zum Seelen-Führer für die Schreibenden werden, habe ich in aller Intensität erstmals empfunden, als ich mich auf meine Filmrolle der »Clara Schumann« vorbereitete. So schrieb Clara an Robert Schumann drei Jahre vor ihrer so schwer erkämpften Heirat im Dezember 1837: *Ein paar Zeilen zu dem Fest, was so viele glücklich feiern, wir getrennt und doch vereint. Möchtest Du das Fest recht zufrieden und glücklich verleben. Ich bin in der Fremde und feiere es doch in der Heimat – meine Heimat ist bei Dir.*

Der Reichtum an bewegenden persönlichen Bekenntnissen und der schöpferische musikalische Austausch in den Briefen zwischen Clara, Robert und später Johannes Brahms haben mir die Annäherung an diese große Frauenfigur der musikalischen Romantik überhaupt erst ermöglicht. Erwächst nicht sogar aus dem Geschenk, durch Briefe in fremde Leben Einblick

| Oben: Porträt der jungen Clara Wieck, spätere Schumann.

nehmen zu dürfen, ein tieferes Verständnis künstlerischen Schaffens?

An Theodor Fontane kommt kein Liebhaber der Briefkunst deutscher Sprache vorbei, und einen Ehe-Briefwechsel, der mit dem Fontaneschen vergleichbar wäre, sucht man in der deutschen Literatur vergeblich. Kaum vorstellbar heute, dass der beruflich zu häufiger Abwesenheit gezwungene Ehemann seiner Frau, die mit Kindern gesegnet und von Geldnot geplagt ist, auch noch präzise »Ordre« erteilt, wann, was und wie sie zu schreiben habe: *Ich schreibe am Sonnabend wie immer, und Du antwortest am Montag.*

Für den Montag verbat sich der Gatte unerfreuliche Nachrichten, die ihm die ganze Woche verderben würden, und er bat dringlich, das Alltägliche vom Außerordentlichen zu trennen. Seine Ansprüche an Form und Stil der pünktlich erwarteten Antworten waren reichlich keck; denn *hingefludderte* Schreiben mochte er nicht lesen. Immerhin hat Fontane durch diese liebenswürdige Anmaßung seine Frau Emilie zu Antwortbriefen von ungezwungener Natürlichkeit und literarischer Originalität provoziert.

Sie waren stets notwendige Kommunikationsbrücke, unerlässliche Lebenshilfe, zärtliche *Urkunden des Herzens* und immerwährendes Bekenntnis ihrer unerfüllten Sehnsucht in den langen Zeiten der Trennung. Für Theodor war das Briefeschreiben Lebenselexier, Ausdruck einer *tiefen, so recht aus dem Herzen kommenden Humanität* und künstlerische Passion. Emiliens *Herzenstheo* ist auch meiner, und das nicht nur in meiner Eigenschaft als Berlinerin mit brandenburgischen Wurzeln.

Briefe von eher fragwürdigem pädagogischem Wert schrieb Johanna Schopenhauer an ihren nachmals weltberühmten Sohn Arthur. Von mütterlicher Liebe war wenig zu spüren, sie beurteilte ihren *superklugen Filius* äußerst kritisch, an Egozentrik waren sich allerdings beide ebenbürtig. Womit sie ihn brieflich mal-

Emilie Rouanet-Kummer, Pastell von Th. Willwig, 1848 und Theodor Fontane, Bleistiftzeichnung von Luise Kugler, 1853.

• VORWORT • 9

trätierte, war nicht dazu angetan, in seiner »Welt als Wille und Vorstellung« dem weiblichen Geschlecht den naturgemäßen Platz einzuräumen. So schreibt sie ihm aus Weimar im Sommer 1807: *Du siehst nun, wie es mit Deiner eingebildeten Menschen- und Weltkenntnis steht. ... Wenn Du Dich nicht änderst, wird es noch härter kommen, und Du wirst vielleicht sehr unglücklich werden ... Du bist kein böser Mensch, Du bist nicht ohne Geist und Bildung ..., aber dennoch bist Du überlästig und unerträglich und ich halte es für höchst beschwerlich, mit Dir zu leben: alle Deine guten Eigenschaften werden durch Deine Superklugheit verdunkelt..., bloß weil Du die Wut, alles besser wissen zu wollen, überall Fehler zu finden, außer in Dir selbst ... nicht beherrschen kannst ... Du dauerst mich, ich weiß, Du bist nicht bösartig, und gelingt's mir nur einmal, Dir anschaulich zu machen, wie und wo Du fehlst, so bist Du geborgen.* Jeder der berüchtigten »Blauen Briefe« richtete vermutlich weniger Schaden an als dieses Zeugnis »wahrer Mutterliebe«.

Nun muß ich aber ins Theater, auf Wiedersehen bis zum nächsten Brief, mein lieber Schriftsteller. Der klassische Briefschluss einer vielbeschäftigten Mimin an ihren Geliebten. Olga Knipper, Schauspielerin am Moskauer Künstler-Theater, und Anton Tschechow, genialer Dramatiker, der sich aus gesundheitlichen Gründen meistens auf der Krim aufhielt, führten ein Leben in Briefen. Nur fünf Jahre einer verzichtreichen Gemeinsamkeit – von 1899 bis zu Tschechows Tod 1904 – waren dieser Liebe gegönnt. In Hunderten von Briefen erleben wir eine zärtliche, leidenschaftliche, oft von Missverständnissen gequälte und sich immer wieder in Komik rettende außergewöhnliche Beziehung.

Knipper, Petersburg, 15. März 1901 nachts: *Gerade habe ich im 4. Akt der Schwestern grauenvoll gespielt; verzeih mir, Autor. Verdamme mich nicht. Ich konnte kaum das Ende der Vorstellung abwarten. In den letzten Tagen habe ich mich schwach gefühlt, habe dreimal am Tag Baldrian mit Brom genommen. Danach ging es mir besser... Ich küsse Dich, mein Anton, und umarme Dich; untersteh Dich zu husten.*

Tschechow, Jalta, 16. März 1901: *Die Literatur habe ich ganz aufgegeben, und wenn ich Dich heirate, dann werde ich Dir befehlen, das Theater ganz aufzugeben, und wir werden*

Porträt von Johanna Schopenhauer.

zusammenleben wie Plantagenbesitzer. Du willst nicht? Nun gut, dann spiel noch fünf Jährchen, dann werden wir weitersehe ... Ich umarme Dich hundertmal, Du Verräterin, und gebe Dir einen dicken Kuß. Schreib, schreib mir, meine Freude, sonst werde ich Dich, wenn ich Dich geheiratet habe, tüchtig verprügeln.

Wenn ich Olga Knippers Briefe lese, durchlebe ich alle Ängste, Krämpfe, Besetzungsstreitereien oder Misshelligkeiten mit Kollegen, aber auch die rauschhaften Glücksmomente, eben die ganze Berg- und Talfahrt, die ein Schauspielerleben ausmacht.

Schreiben wir uns heute noch Briefe, die später zum kulturellen Erbe und Reichtum unserer Epoche gezählt werden? Erkundigen wir uns bei Theodor W. Adorno, der schon 1962 raunte: *Wer in unserer Zeit noch Briefe schreiben kann, muß über archaische Fähigkeiten verfügen. Aber eigentlich lassen sich keine Briefe mehr schreiben.*

Gewiss, wenn wir heute in den Briefkasten schauen, finden wir überwiegend unerwünschte Reklame, Hinweise des Pizza-Service auf rasche und kostengünstige Nahrungsmittel, Sushi-Empfehlungen für kalorienbewusste Abende in gehobener Geselligkeit, Einladungen zu subkulturellen Events oder Bekleidungsvorschläge ortsansässiger Modehäuser. Manchmal sogar handschriftliche Bitten von Hausgenossen, den Hund ab 20 Uhr ruhigzustellen. Selten aber einen persönlichen, einfallsreichen oder emotionalen Brief. Vermutlich ist dennoch das letzte Wort über die Qualität unserer heutigen Kommunikationsformen noch nicht gesprochen. Machen wir ein kühnes Gedankenexperiment: Würde es die Substanz der Mitteilung schmälern, wenn Robert Schumann von Clara ein Fax erhalten hätte: *Immer mehr fühl ich es, daß mein Leben nur für Dich ist, alles ist mir*

Der russische Schriftsteller Anton Tschechow (1860–1904) mit seiner Ehefrau, der Schauspielerin Olga Knipper-Tschechowa (1868–1959), mit der er seit 1901 verheiratet war. Das Bild zeigt die beiden im Jahr ihrer Eheschließung.

gleichgültig außer der Kunst, die ich in Dir finde; Du bist meine Welt, meine Freude, Schmerz, alles, alles ...

Oder hätte die mütterliche Suada auf Arthur Schopenhauer weniger verheerend gewirkt, wenn er sie in Form einer E-Mail erhalten hätte? – Eben klingelt's. Ich will rasch zum Briefkasten. Ich weiß, es ist ein Brief meines Mannes: handschriftlich, informativ, aufbauend, liebevoll, lehrreich und witzig wie eh und je!

»Schau, wie ich Dich liebe«

BRIEFE DER LEIDENSCHAFT

Oftmals ist der Liebesbrief die einzige Sorte Brief, für die ein Mann jemals in seinem Leben zu Papier und Stift greift. Der dänische Philosoph Sören Kierkegaard wusste, warum. Der Brief sei und bleibe ein unvergleichliches Mittel, auf ein junges Mädchen Eindruck zu machen, meinte er vor nun beinahe 150 Jahren. Dabei sind Liebesbriefe beileibe keine männliche Domäne. Sie sind es so wenig, wie Verführung Männersache ist. Bestenfalls ist es rührend altmodisch, Liebesbriefe von Frauen von vornherein mit so zarten Fingern anzufassen, als wäre es prinzipiell auszuschließen, dass sich hinter der sprichwörtlichen »blassblauen Frauenhandschrift« der heftige Wunsch verbirgt, den Empfänger zu entflammen. Im Gegenteil: Die Indirektheit der Briefform kommt jenen subtileren Spielarten der Verführung höchst gelegen, die nicht gleich mit der Tür ins Schlafzimmer fallen und die wir traditionell für eher weiblich halten. Kierkegaard jedenfalls war der Meinung, dass »die persönliche Anwesenheit« keineswegs der »Ekstase« (so sein Ausdruck) immer förderlich sei: der Verwechslung des konkreten Briefschreibers nämlich »mit einem universellen Wesen«, das der Liebe innewohne; man könnte auch schlichter sagen, mit dem Mann oder der Frau ihrer beziehungsweise seiner Träume. Sei man lediglich im Briefe gegenwärtig, könne der andere einen leichter ertragen, ja mehr noch, der Brief leiste bis zu einem gewissen Grade einer Verwechslung Vorschub, die der Verführung äußerst förderlich sei.

Briefe, auch und gerade Liebesbriefe, schreibt man einander gewöhnlich, um Phasen des räumlichen Getrenntseins zu überbrücken. In diesem Fall ist der Brief ein Mittel der Kompensation – motiviert durch den Wunsch, die Verbindung auch dann aufrechtzuerhalten, wenn die oder der Geliebte durch Abwesenheit glänzt. Schon aus dieser Skizzierung seiner Funktion lässt sich ersehen, warum das Briefeschreiben so stark im Kurse gefallen ist und weiter ins Bodenlose zu fallen droht; denn seit es Telefon, Fax und E-Mail und SMS gibt, lässt sich die Verbindung viel direkter, spontaner und bequemer halten – ohne den räumlichen und zeitlichen Umweg über die Schrift und den Postweg zu nehmen.

Auch und gerade am Liebesbrief wird aber noch eine andere Funktion des Briefverkehrs sinnfällig: Verbindungen nicht nur zu halten, sondern aus der ersten oberflächlichen Verbindung, etwa einer Zufallsbekanntschaft, ein tiefer gehendes Verbundensein entstehen zu lassen. Hier geraten Kurzformen wie SMS oder E-Mail, aber auch das Telefongespräch rasch an die Grenze ihrer Möglichkeiten. Brief kommt etymologisch zwar von lateinisch *brevis* (kurz), aber wie es ein »zu lang« gibt, das aus einem Brief eine Abhandlung macht, gibt es auch ein »zu kurz«, jedenfalls wenn es um mehr geht, als nur Verspätungen mitzuteilen und einander Hallo zu sagen. So lässt sich im Rahmen einer SMS kaum ein differenziertes Bild der eigenen Empfindungen und Gedanken zeichnen – dazu bedarf es schon einer etwas komplexeren Syntax und vor allem der stillen Stunde und eines ruhigen Ortes, die es einem erlauben, gerade das zur Sprache kommen zu lassen, was sich in der Geschäftigkeit des Alltags eben nicht sagen lässt. Und wenn auch dem Brief seit der Antike bescheinigt wird, die schriftliche Mitteilungsform mit der größten Nähe zur Mündlichkeit zu sein, ist und bleibt der Brief doch ein Schriftstück, versehen mit allen Tugenden, die einem

schriftlichen Umgang innewohnen: nicht direkt, sondern zeitversetzt antworten zu können und dabei nicht nur in tiefere Schichten des Empfindens vorzustoßen, sondern auch ein wenig Klarheit in sein Fühlen und Denken zu bringen. Wer in einer Liebesbeziehung auf brieflichen Austausch angewiesen ist, mag den Mangel an Spontaneität und Gegenwart, den das mit sich bringt, bedauern. Dafür gewinnt seine Liebe einen Grad von Reflektiertheit, der eine neue Dimension von Vertrautheit und Verbundenheit entstehen lässt.

Liebesbriefe, meinte Roland Barthes, würden nach Art eines musikalischen Themas eine einzige Botschaft variieren: »Ich denke an Dich«. Da scheinen Eintönigkeit und hochtrabende Phrasen beinahe unvermeidlich zu sein. Briefe der Leidenschaft, so der Titel dieses Kapitels, lässt hingegen schon anklingen, dass die Sache dort abwechslungsreich zu werden beginnt, wo Disharmonie oder Unerfülltheit das Bild bestimmen – etwa weil die Konventionen eine Verbindung unmöglich machen; weil die Liebe unerwidert bleibt oder die des anderen nicht von der gleichen Intensität ist; weil einer von beiden oder gar beide anderweitig gebunden sind und heimlich zugesteckte Briefe die Liebe nähren; weil Eifersucht oder romantische Illusionen der Überwindung von Eifersucht im Spiel sind, oder weil die starke Anziehungskraft auch starke Konflikte mit sich bringt.

Das beinahe schon klassische Beispiel für einen Briefwechsel, der ein Liebesverhältnis auf den Weg brachte, stammt aus dem London des viktorianischen Zeitalters und führt unter den südlichen Himmel, in das freie Leben des italienischen Florenz. Ich meine den Briefwechsel der Dichterin Elizabeth Barrett und des Dichters Robert Browning, mit dem ich, unter Vernachlässigung der Chronologie, dieses Kapitel über den Liebesbrief auch eröffnen möchte.

Wie ich dich liebe
Elizabeth Barrett und Robert Browning

Zwischen dem 10. Januar 1845 und dem 19. September 1846, also im Verlaufe von gut 600 Tagen, wechselten die beiden in London lebenden Dichter 537 Briefe, das macht im Schnitt nahezu einen pro Tag, wobei das Hin und Her erst allmählich Fahrt aufnahm und der Ausstoß später an manchen Tagen zwei und auch mehr Briefe betrug. Scheinbar begann alles damit, dass der in begüterten Verhältnissen aufgewachsene, frei von materiellen Sorgen lebende Robert Browning, dessen Werke allerdings von der Kritik zunehmend mit harschen Worten bedacht wurden, seiner sechs Jahre älteren Dichterkollegin Elizabeth Barrett einen Brief schrieb, in dem er ihr neues Werk in höchsten Tönen lobte. Das ist unter Kollegen nicht unüblich und verfolgt auch die Absicht, sich der Wertschätzung des anderen zu versichern. Zumal wenn es sich, wie in diesem Fall, um Englands bedeutendste lebende Dichterin handelte, wie die nämliche Kritik angesichts der neuesten Veröffentlichungen von Elizabeth Barrett geurteilt hatte. *Ich habe Ihre Verse von ganzem Herzen lieben gelernt, liebe Miss Barrett*, beginnt Robert Browning seinen Brief, um ihr gleich zu versichern, dass er ihr nicht um irgendwelcher Komplimente willen schreibe, sondern weil ihre starke, lebendige Dichtung ein Teil seiner selbst geworden sei – *keine Blume ist darunter, die nicht Wurzel geschlagen und in mir weitergeblüht hätte*. Damit nicht genug: Gleich im ersten Brief steigert er sich zu dem unerwarteten Bekenntnis: *Ich liebe diese Bücher mit meinem ganzen Herzen – und ich liebe auch Sie.*

Bevor noch Robert Browning zu Feder und Papier griff, um Elizabeth Barrett den ersten Brief zu schreiben, hatten die beiden längst begonnen, »Witterung« aufzunehmen. Den ersten Schritt hatte die Dichterin getan, als sie in ihrer Ballade »Lady Geraldines Verlöbnis« die Empfehlung aussprach, einer Angebeteten, um sie zu entflammen, einen von Robert Brownings ›Granat-

Elizabeth Barrett Browning erkrankte als junges Mädchen so schwer, dass sie zeitweise an den Rollstuhl gefesselt war. Durch die große Liebe zu Robert Browning verbesserte sich ihr Gesundheitszustand so stark, dass sie mit 43 Jahren sogar noch Mutter eines Sohnes wurde.

äpfeln‹ vorzulesen. »Glocken und Granatäpfel« (*Bells and Pomegranates*) war der Titel eines Gedichtbandes von Browning, der bei der Kritik als zu dunkel durchgefallen war. Elizabeth Barrett hingegen begründete ihre Empfehlung, Brownings Granatäpfel als Verführungsmittel einzusetzen mit dem poetischen Hinweis, ein Granatapfel zeige, *wenn man tief in die Mitte schneidet, ein Herz, dessen Adern vom Blut der Menschheit gefärbt sind.*

In seinem Brief, der eine Antwort auf diese Huldigung ist, erzählt Browning, dass er vor Jahren einmal

Robert Browning war überzeugt davon, dass Elizabeth seinem Werben nachgeben sollte, und so ließ er trotz einer deutlichen Abfuhr seiner Angebeteten nicht nach.

ganz nahe daran gewesen sei, die Dichterin zu sehen, und er dramatisiert in seiner Schilderung die verpasste Chance zu einem unwiederbringlichen Verlust, als habe sich die Tür zum Allerheiligsten einmal ein Stück weit für ihn geöffnet – nur ein Vorhang war noch beiseitezuziehen, und er hätte eintreten können –, doch da schloss sich der enge Zutritt wieder, *und das Gesicht sollte niemals mehr kommen.* Auch Browning war bekannt, dass Elizabeth Barrett eine kranke, ans Bett gefesselte Frau war – ein Umstand, der ihre Person mit der Aura des Geheimnisvollen umgab und ein Gutteil zu ihrer Prominenz beitrug. Die Gerüchte besagten, sie habe sich in jungen Jahren bei einem Reitunfall schwer verletzt und sei zur gleichen Zeit an Tuberkulose erkrankt. Seitdem lebe sie das Leben einer Schwerkranken, deren Gram noch durch den frühen Tod des geliebten Bruders gesteigert worden sei. Es hieß, sie sei beinahe bewegungsunfähig, verlasse niemals das Haus, in dem ihre Eltern, insbesondere ihr Vater, über sie wachten, und habe außer Arztvisiten und seltenen Besuchen jeglichen Kontakt zur Außenwelt verloren.

Es ist also von Anfang an etwas Unerledigtes und zugleich Verheißungsvolles in dieser Beziehung, die sich erst einmal ausschließlich im Medium des Briefes entwickeln wird. Bereits am Tag darauf hält Robert Browning Elizabeth Barretts Antwortbrief in den Händen, in dem sie seine hohen Erwartungen mit dem Hinweis dämpft, wäre er damals bis an ihr Krankenbett vorgedrungen, hätte er sich womöglich verkühlt oder aber zu Tode gelangweilt und sich tausend Meilen weit weg gewünscht. Das sich hier bereits andeutende Widerspiel von Überschwang und Abkühlung, von Schwär-

merei und sanfter Zurückweisung wird schnell zum Motor des Briefwechsels der beiden. Er prescht vor, sie weicht ein wenig zurück, aber niemals zu weit, als dass er aufgeben müsste, und aus dieser Gegenläufigkeit ihres Verhaltens heraus entsteht ihre Liebe, wird stärker und schließlich verbindlich. Sie verführen sich gegenseitig, er sie durch sein Drängen und seine Beharrlichkeit, sie ihn durch ihren Widerstand, aber auch das sich darin äußernde Selbstbewusstsein.

Nur zu verständlich, dass Elizabeth Barrett Angst davor hatte, was passierte, wenn der Mann, zu dem sie sich mehr und mehr hingezogen fühlte, sie in ihrer Gebrechlichkeit zu Gesicht bekam – würde er sich abwenden, oder würde ihn, beinahe noch schlimmer, in Zukunft nicht mehr seine Empfindung, sondern seine Verantwortung leiten und ihn befangen machen? Immer wieder zögerte sie eine Begegnung hinaus, um die er sie unablässig bat, und willigte nach gut vier Monaten dennoch ein. Am 20. Mai 1845 um 3 Uhr nachmittags stieg Robert Browning schließlich die Treppen zum dritten Stock des Hauses an der Wimpolstreet Nr. 50 in London empor, in dem seine Brieffreundin ihr Zimmer hatte. Und entdeckte dabei, dass sie weniger schlimm krank war, als er befürchtet hatte, während sie ihn wohl besser aussehend fand, als die von ihm existierenden Porträts vermuten ließen. Er blieb eineinhalb Stunden, und setzte alsbald eine Liebeserklärung an sie auf – der einzige Brief der beiden, der sich nicht erhalten hat. Denn ihre Antwort war eindeutig oder schien es jedenfalls: *Sie wissen nicht, was für Schmerz Sie mir bereiten, wenn Sie so wild daherreden.* Er habe ihr *einige leidenschaftliche Dinge gesagt,*

> *Er prescht vor, sie weicht ein wenig zurück, aber niemals zu weit, als dass er aufgeben müsste…*

In 600 Tagen schrieben sich Elizabeth und Robert 537 Briefe.

die er bitte weder wiederholen noch widerrufen werde, *sondern sogleich und für immer vergessen; und so werden Sie zwischen Ihnen und mir allein sterben, wie ein Druckfehler zwischen Ihnen und dem Setzer. Und das werden Sie um meinetwillen tun..., weil es eine notwendige Bedingung für die zukünftige Freiheit unseres Verkehrs ist.*

Browning bat daraufhin seinen Brief mit der Liebeserklärung zurück und vernichtete ihn. Er hätte in dieser Situation kaum etwas Besseres tun können; denn unter dieser Voraussetzung willigte Elizabeth Barrett in eine Fortsetzung des Briefwechsels ein, der nun auch von ihrer Seite zusehends freier und leidenschaftlicher wurde. Auch seine Besuche nahmen ihren Fortgang, dehnten sich bis fünf, schließlich bis sechs Uhr aus.

Es geschah kaum lediglich aus Konvention und Anstand, dass Elizabeth Barrett, zu diesem Zeitpunkt immerhin schon neununddreißig Jahre alt und also ein »spätes Mädchen«, den Avancen des Kollegen eine derart harte Abfuhr erteilte. Die wirklichen Gründe, die dabei eine Rolle gespielt haben, waren indessen vielschichtiger Natur. Während aus Brownings Sicht das Briefeschreiben nur den Auftakt für eine reale Begegnung bildete, hätte sie es am liebsten dabei belassen und die Beziehung so lange wie möglich ausschließlich auf Ebene der Briefe weitergeführt. Für ihn waren das Treffen und der anschließende Antrag nur die natürliche Konsequenz daraus, dass man sich brieflich einander nähergekommen war und die Begegnung die entstandenen hohen Erwartungen alles andere als enttäuscht hatte. Für sie aber bedeutete es einen Bruch, der noch dadurch verstärkt wurde, dass die Folgerung, die Robert Browning aus ihrem Treffen zu ziehen können meinte, gleich beide Ebenen vermengte, indem er ihr nun wieder per Brief seine Liebe erklärte. Sie wollte einen Freund und Ratgeber, der sich mit ihr auf jenem Feld austauschte, auf dem sie sich einem Mann gewachsen fühlte: der Poesie. Und wie kann man sich besser über geschriebene Verse austauschen, als indem man darüber schriftlich kommuniziert, etwa in Form von Briefen? Er aber war im Begriff, das delikate Gleichgewicht ihrer Beziehung zu zerstören, indem er jene Trennung von Leben und Poesie nicht mitmachte, die sich für sie bislang als so hilfreich erwiesen hatte.

Zu dem Gefühl der Überrumpelung kam der Eindruck, dass Browning sie nicht ernst nahm:

Was wollte dieser Mann von einer kranken, im Prinzip bettlägerigen Frau, wo er doch die Seele einer Dichterin haben konnte?

Einige Monate später, als Robert Browning das Risiko einging, sich ihr ein zweites Mal zu erklären, gab sie seinem Werben nach. Zu diesem Zeitpunkt hatte ihre Beziehung schon eine ganz andere Form gewonnen, sowohl durch viele weitere Briefe, deren Tonfall und Inhalt zunehmend persönlicher geworden war, als auch durch zahlreiche Begegnungen, die sich an die erste angeschlossen hatten. Während ihr Roberts erste Liebeserklärung so vorgekommen war, als wolle er mit ihr spielen, war sie mittlerweile davon überzeugt, dass es Aufrichtigkeit war, die ihn dazu bewegte, ihr seine Liebe anzutragen. Nicht länger ein Eroberer und Verführer, der ihren Widerstand herausforderte, trat ihr hier entgegen, sondern ein liebender Mann, der für seine

Gefühle keinerlei Gegenleistung erwartete und gerade deshalb für sich einnahm.

Es ist offensichtlich, dass bei ihrer anfänglichen Ablehnung auch eine Angst vor der Ehe eine Rolle gespielt hat, die beiden als die unausweichliche Konsequenz eines Liebesverhältnisses erschien. Es war weniger die Sorge darum, mit Robert Browning in eine Situation materieller Abhängigkeit zu geraten, die ihren Lebensentwurf einer Existenz als Dichterin in Frage gestellt hätte. Wenn die beiden später doch ein gemeinsames Leben führen, werden sie in der Hauptsache von ihrem Vermögen leben, in Regierungsanleihen und Schiffsbeteiligungen angelegte Gelder, die ihr die Großmutter väterlicherseits und ein Onkel vermacht hatten. Anders als ihre Schwestern und Brüder war Elizabeth Barrett nicht auf das väterliche Vermögen zur Bestreitung ihres Lebensunterhaltes angewiesen. Die Befürchtungen, die die Enddreißigerin in ihrer abgeschiedenen Kammer umtrieben, hatten mehr mit einem grundsätzlichen Misstrauen demgegenüber zu tun, was alle Welt Liebe nennt. Nicht, dass sie an die Liebe nicht glauben wollte. Aber für das, was gewöhnlich unter ihrem Namen passiert, hatte sie kaum mehr als Verachtung übrig.

Später wird sie schreiben, es komme ihr vor, *dass ein unabsichtliches Missverstehen des Gefühls der Liebe auf wundersame Weise allgemein verbreitet sei, und kein Missverständnis hat so furchtbare Folgen – keins kann sie haben.* Kaum eine unter den elementaren menschlichen Gefühlsregungen, womit Frauen wie Männer die Liebe nicht schon verwechselt hätten, natürlich in bester Absicht. Elizabeth Barrett zählt auf: Eigenliebe, Großmut, Bewunderung, Mitleid, Eitelkeit, Schutzbedürfnis, Statusverlangen ... Und sie klagt: *Die Ehen zu sehen, die jeden Tag geschlossen werden! Schlimmer als Einsamkeiten – und trostloser! Im Fall der beiden glücklichsten, die ich je gekannt habe, sagte einer der Männer im Vertrauen zu einem meiner Brüder..., er hätte »sich durch die Heirat die Aussicht verdorben«; und der andere sagte zu sich selber im Augenblick, als er sein ungewöhnliches Glück beteuerte: »Aber ich hätte genau so gut daran getan, nicht gerade sie zu heiraten«.* Im

1934 und 1957 machte MGM aus der Liebesgeschichte der kranken Dichterin Elizabeth, die ihrem tyrannischen Vater ausgeliefert ist, und dem Schriftsteller Robert Browning, der unerschrocken um seine Liebe kämpft, erfolgreiche Filmproduktionen. Dieses Foto aus der Fassung von 1934 zeigt Norma Shearer als Elizabeth und Fredric March als Robert in den Hauptrollen.
Wie im wirklichen Leben hat die Liebe der beiden großartigen Literaten auch im Film ein Happy End.

Fortgang des Briefes verschärft sich der Ton der Anklage. Elizabeth Barrett spricht nun von einem *System der Männer* gegen die Frauen, das selbst weibliche Falschheit und Berechnung zu entschuldbaren Reaktionen mache. *Warum sind Frauen zu tadeln, wenn sie handeln, als hätten sie es mit Schwindlern zu tun? – ist es nicht der bloße Selbsterhaltungstrieb, der sie dazu zwingt? ... Und eure »ehrenhaften« Männer, noch die freimütigsten unter ihnen – haben sie es sich nicht zur Regel gemacht ..., dass sie eine Frau mit allen Mitteln zwingen, ihre Liebe zu gestehen ..., ehe sie selbst das Risiko eingehen, die persönlichen, erbärmlichen Eitelkeiten aufs Spiel zu setzen?*

O – wenn man sieht, wie diese Dinge von Männern eingefädelt werden!

Elizabeth Barrett scheint von dem Gefühl einer grundsätzlichen Schieflage in der Liebesbeziehung zwischen Männern und Frauen durchdrungen gewesen zu sein, gegen die kaum etwas auszurichten war. Das Grundübel der Ehe, so formuliert sie an einer anderen Stelle, bestehe in einer Asymmetrie, die schon lange vor der Heirat beginne: dem Machtzuwachs auf »seiner« und dem Anrennen dagegen auf »ihrer« Seite. Dass dieser Kampf gar nicht zu gewinnen sei, daran hatte sie zu diesem Zeitpunkt keine Zweifel.

»Es ist klar, dass die Frau durch ein Zusammenwirken von Umständen schwach und erniedrigt wurde«, heißt es in Mary Wollstonecrafts berühmter Schrift »Verteidigung der Rechte der Frau« aus dem Jahr 1792, die Elizabeth Barrett bereits im Alter von sechzehn Jahren gelesen hatte. Wollstonecraft hatte argumentiert, dass die Herabwürdigung der Frau ihre Wurzeln nicht in ihrer Natur, sondern in einer Sozialisation habe, die nicht für geistige Ausbildung sorgt, sondern lediglich geschicktes Anpassungs- und Unterwerfungsverhalten fördert. Zugleich hatte sie den Frauen aber auch ein gerütteltes Maß Mitschuld an ihrer Unmündigkeit gegeben. Zu viele Frauen machten in ihren Augen gemeinsame Sache mit denen, die ihnen auf den ersten Blick huldigten, sie auf den zweiten aber verachteten. So forderte Mary Wollstonecraft am Ende nichts weniger als eine Revolution des weiblichen Verhaltens.

Als sie Mitte zwanzig war, notierte Elizsabeth Barrett in ihr Tagebuch: »Träumte letzte Nacht davon, verheiratet zu sein, hatte soeben geheiratet. Große Pein, die Verbindung wieder aufzulösen. Kaum jemals habe ich meinen Zustand des Alleinseins mit mehr Genugtuung betrachtet als beim Aufwachen! – Ich werde niemals heiraten«. Zu diesem Zeitpunkt hatte sie bereits zwei Bücher mit Gedichten veröffentlicht und ihre Werke erschienen regelmäßig in literarischen Zeitschriften. Sie war auf dem besten Wege, »das angeborene Recht der Freiheit«, von dem Mary Wollstonecraft gesprochen hatte, für sich zu verwirklichen, allerdings, indem sie in Kauf nahm, dass das eigene Buch der Liebe bis auf einige wenige Zeilen praktisch leer blieb.

Da ihr die eigene Erfahrung fehlte, wurden die Bücher anderer, insbesondere von Frauen geschriebene Romane, um so wichtiger, um sich eine Vorstellung davon zu machen, was Liebe noch sein könnte außer Unterwerfung unter das Zwangssystem der konventionellen Ehe. Robert Browning gestand sie einmal, *ganz scharf auf Romane* zu sein, sie nicht wegen ihrer literarischen Qualitäten zu lesen, sondern aus purem Genuss an der erzählten Geschichte. An George Sands Roman »Lélia« faszinierten sie vor allem die für damalige Verhältnisse äußerst freizügigen Beschreibungen weiblichen Begehrens; wie

Die 1759 in London geborene Mary Wollstonecraft schrieb das epochemachende Werk »A Vindication of the Rights of Woman« (Verteidigung der Rechte der Frau), in dem sie dafür eintrat, Frauen an Bildung und Erziehung teilhaben zu lassen. Sie widmete es dem französischen Konventsabgeordneten Talleyrands, der 1791 ein Programm zu einem nationalen Bildungswesen vorgelegt hatte.

Brownings literarische Werke wurden besonders von der englischen Künstlergruppe der Präraffeliten geschätzt. Sein Gedicht »Love Among the Ruins« inspirierte Edward Burne-Jones zu einem Gemälde mit dem gleichnamigen Titel aus dem Jahr 1894.

• BRIEFE DER LEIDENSCHAFT • 21

Um sich zu erholen, verbrachte Elizabeth drei Jahre in der englischen Küstenstadt Torquay in Devon. Während des Aufenthalts bei ihrer Tante ertrank ihr Bruder Edward, ein traumatisches Erlebnis, von dem sie sich nie mehr befreite.

keine Schriftstellerin vor ihr hatte die skandalumwitterte George Sand, deren Dreiecksverhältnis mit dem Dichter Alfred de Musset und dem Arzt Pietro Pagallo halb Europa in Aufregung versetzt hatte, eine Sprache für die sinnliche Leidenschaft der Frau gefunden.

Leidenschaft war indessen nur eine Dimension jener Suche nach einer vom Zwang zur Unterwerfung befreiten Liebe, auf die sich damals viele, gerade gebildete Frauen in Europa machten. Der andere, nicht minder wichtige Aspekt, war jene Ebenbürtigkeit von Mann und Frau, deren Anerkennung vor Mary Wollstonecraft bereits die Französin Olympe de Gouges gefordert hatte und wofür diese auf dem Schafott gelandet war.

Elizabeth Barrett war nur bereit eine Leidenschaft zu akzeptieren, die gleichermaßen von Achtung getragen war. Das war keine Frage der Moral oder gar der Unterdrückung von Neigungen, wie man in einer verbreiteten Missdeutung des Phänomens der Achtung vermuten könnte. Es meinte vor allem Respekt vor dem anderen auch in solchen Dingen, wo er anders war als man selbst, und es meinte darüber hinaus und nicht weniger wesentlich, Selbstachtung. Insbesondere diese war Elizabeth Barrett nicht bereit preiszugeben um der Liebe willen – wobei ein wesentlicher Grund dafür sicherlich das Verhältnis zu ihrem Vater war, das gerade nicht von gegenseitiger Achtung geprägt war, sondern ihr bedingungslose Unterwerfung abverlangte.

Sicher ist die Gefahr nicht zu übersehen, dass Liebende wie Elizabeth Barrett und Robert Browning, die ihre Liebe in erster Linie in Briefen ausleben mussten, zur Idealisierung des anderen neigen. Andererseits kann der Mangel an Abstand zueinander, wie er für Liebesbeziehungen typisch ist, das Festhalten an eingefahrenen Verhaltensformen begünstigen. Im Fall von Elizabeth Barrett und Robert Browning hat sich die erzwungene Distanz und die Beschäftigung mit dem eigenen Seelenleben und dem des anderen, wie sie ein Briefwechsel mit sich bringt, jedenfalls beflügelnd ausgewirkt. Fast möchte man meinen, dass die beiden in ihren 537 Briefen eine Art von wechselseitiger Psychoanalyse (im wörtlichen Sinne der Seelenzergliederung) betrieben haben, lange bevor diese als Therapieform aufkam. Keine Gesprächs-, eine Briefkur hat schließlich zur Genesung beider Beteiligten geführt: Er wurde von seinem Lebensekel, sie von ihrem in vieler Hinsicht psychosomatischen Leiden kuriert, das man einige Jahrzehnte später als Neurasthenie bezeichnet hätte und in vieler Hinsicht auch auf die regelmäßige Einnahme von Opium seit ihrem fünfzehnten Lebensjahr zurückging. Schon nach den ersten Wochen ihres Briefwechsels konnte Elizabeth Barrett Robert Browning berichten, dass sie zum ersten Mal nach Jahren wieder das Haus verließ, anfangs zu kurzen, später auch zu längeren Spaziergängen.

Bevor es zum Happy End kam, das die beiden Liebenden in eine fünfzehnjährige, nach allem, was wir wissen, glückliche Ehe entlassen sollte, waren jedoch noch erhebliche Schwierigkeiten aus dem Wege zu räumen.

Der eigentliche Verursacher von Elizabeth Barretts Leiden war ihr tyrannischer Vater.

Denn neben dem System der Männer galt es noch ein weiteres System zu neutralisieren, das sich als Teilmenge des ersten betrachten lässt: das System der Väter. Man wird sagen müssen, dass der eigentliche Verursacher von Elizabetts Barretts Leiden ihr tyrannischer Vater war, der von seiner Familie absoluten Gehorsam verlangte. Seinen Töchtern, die längst im heiratsfähigen Alter, wenn nicht darüber hinaus waren, hatte er jeden Umgang mit Männern untersagt, sofern zu ihnen nicht verwandtschaftliche Beziehungen bestanden, und auch seine Söhne mussten sich strikt an seine Weisungen halten, wenn sie nicht riskieren wollten, dass ihnen der Geldhahn zugedreht wurde.

Allerdings verbanden Elizabeth Barrett mit diesem autoritären Vater durchaus ambivalente Gefühle, eine Art Hassliebe, die auf eine tiefe Schuldverstrickung zurückging, aus der sie sich erst durch den Briefwechsel und die Liebesbeziehung mit Robert Browning lösen konnte. Worin diese Verstrickung bestand und wie tief sie reichte, geht aus einem überlangen, in atemloser Diktion geschriebenen Brief vom 25. August 1845 hervor. Er provozierte Robert Brownings zweite Liebeserklärung und ließ in ihm den Plan reifen, alles daranzusetzen, dass sie sich aus Verhältnissen, die beide mit dem Wort »Sklaverei« bedachten, befreien konnte.

Elizabeth Barrett war einige Jahre zuvor – damals schon über dreißig – mit einer schweren Tuberkulose nach Torquay an die Südküste Englands zu einer Tante geschickt worden. Begleitet wurde sie von ihrem ein Jahr jüngeren Lieblingsbruder Edward, genannt Bro, der

Elizabeths Vater hatte keine sonderlichen Sympathien für Robert, schließlich fürchtete er, was dann auch geschah, dass sich seine Tochter gegen ihn und für ihren Geliebten entscheiden würde. Er nannte ihn einen »Granatapfel-Poeten«, vielleicht weil diese Frucht den Göttern der Unterwelt zugeschrieben wurde. Das Bild von Dante Gabriel Rossetti zeigt Proserpina, die Frau des römischen Gottes Pluto.

• BRIEFE DER LEIDENSCHAFT • 23

auch der Liebling des Vaters war. Nach einer Eingewöhnungszeit von einigen Wochen sollte sich Edward nach Jamaica aufmachen, wo die Familie mit Zuckerrohrplantagen zu Wohlstand gekommen war. Als jedoch der Zeitpunkt des Abschieds näher rückte, konnte die Schwester die Tränen nicht zurückhalten, woraufhin die Tante den Vater in einem Brief darum bat, dass der Bruder noch länger bleiben dürfe. In seiner Antwort gewährte der Vater den Wunsch, erhob jedoch zugleich einen Vorwurf, der sich der Kranken wie Feuer einbrannte. *Unter solchen Umständen weigere er sich nicht, seinen Befehl aufzuheben, aber er erachte es als sehr unrecht, von ihm so etwas zu fordern.* Die moralische Zwickmühle, in die Elizabeth infolgedessen geriet, hätte die zur damaligen Zeit Schwerkranke vielleicht noch verkraftet, wenn sich nicht das denkbar Schlimmste ereignet hätte: Von einem Segelbootsausflug kam der Bruder nicht mehr zurück und blieb trotz tagelanger Suche vermisst. Und obwohl der Vater ihr gegenüber nun keine ausdrücklichen Vorwürfe mehr erhob – angesichts des Vorbehalts, den er seinerzeit formuliert hatte, war für Elizabeth klar, wer die Schuld am Tod des Bruders und Sohnes trug: sie selbst und niemand sonst. Sie verfiel in eine schwere Depression. Aus Torquay zurück, wich die Distanz zum Vater jedoch bald der alten Nähe; so trafen sie sich beispielsweise regelmäßig an den Abenden in ihrem Zimmer zum gemeinsamen Gebet. Der Tod Bros hatte der kränklichen Schwester nicht nur vollends den Lebensmut genommen, er hatte auch die Ketten verdoppelt, die sie an den Vater und dessen Haus banden.

Elizabeths Vater, der Robert Browning nur spöttisch den »Granatapfel-Poeten« nannte, untersagte ihr sogar eine Reise, die sie aus Gesundheitsgründen antreten wollte. Elizabeth war sich sicher, dass der Vater ihre Heirat niemals billigen würde, zögerte aber den endgültigen Bruch mit ihm immer wieder hinaus, wohl auch in der Gewissheit, eine offen geführte Auseinandersetzung seelisch wie körperlich nicht verkraften zu können. Als der Vater schließlich ankündigte, die Familie werde London verlassen und aufs Land ziehen, hei-

rateten die beiden kurzfristig und in aller Heimlichkeit am 12. September 1846. Begleitet von Elizabeths Dienstmädchen und ihrem Hund Flush, einem Cockerspaniel, der durch Virginia Woolfs gleichnamigen Roman literarische Berühmtheit erlangt hat, machte sich das Paar acht Tage später erst nach Paris und dann nach Pisa auf.

Am Vorabend schrieb Elizabeth Barrett ihrem Mann noch einen Brief, den letzten der 537. Es ist ein Brief wie ein Gebet, aus dem sich ersehen lässt, wie viel diese beiden Formen miteinander zu tun haben. Mit diesem letzten Brief verließ sie auch endgültig den sicheren Boden, auf dem sie, aller Zwänge ungeachtet, ihr Leben bislang geführt hatte:

Elizabeth Barrett an Robert Browning
Freitag Abend. (Poststempel: 19. September 1846)
Also von halb vier bis vier – vier, denke ich, wird nicht zu spät sein. Ich will nicht mehr schreiben – ich kann nicht. Morgen um diese Zeit werde ich nur Dich noch haben, mich zu lieben – mein Geliebter!
Nur Dich! Als sagte einer nur Gott! Und wir werden auch Ihn noch haben, darum bete ich ...
Deine Briefe an mich nehme ich mit mir, möge ihr Gewicht auch noch so laut schreien. Ich versuchte, sie dazulassen, und konnte es nicht. Das heißt, sie wollten nicht dableiben: es war nicht meine Schuld – ich will nicht gescholten werden.
Ist dies mein letzter Brief an Dich, Liebster? O – wenn ich Dich weniger liebte ... ein wenig, wenig weniger!
Ah – dann würde ich dir sagen, unsere Heirat sei ungültig oder sollte es sein; und Du solltest mich morgen keinesfalls holen. Es ist furchtbar ... furchtbar ... dass ich hier zum erstenmal freiwillig Schmerz bereiten muß – zum erstenmal in meinem Leben ...
Betest Du für mich heut abend, Robert? Bete für mich und liebe mich, damit ich Mut fasse, wenn ich beides fühle – Deine BA

In Pisa verbringt das Paar ein halbes Jahr, und Elizabeth Barrett-Browning geht es von Tag zu Tag besser. Dort überreicht sie ihrem Mann als Brautgeschenk

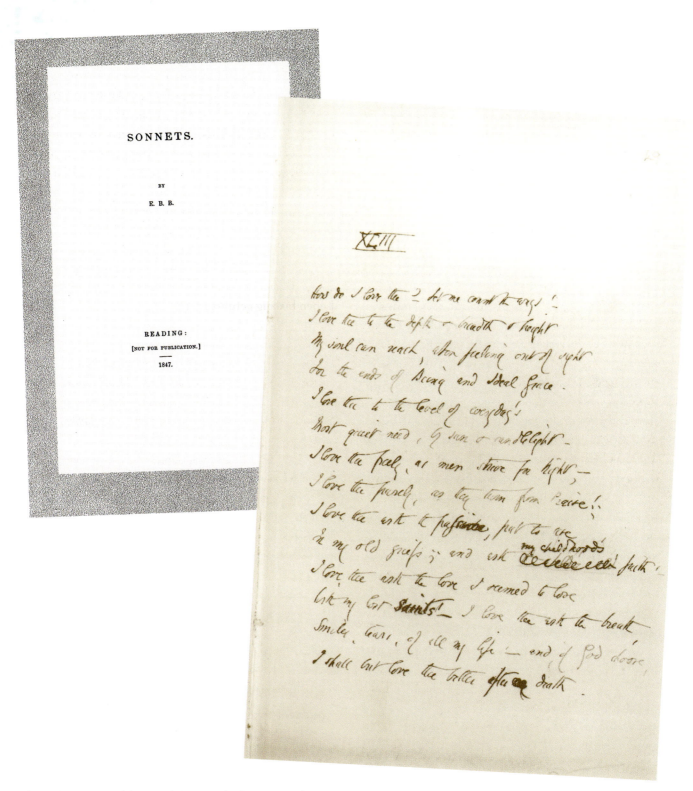

Das Sonett XLIII gehört zur schönsten Liebesliteratur – nicht nur der englischen Romantik. Rainer Maria Rilke hat das Sonett ins Deutsche übertragen.

• BRIEFE DER LEIDENSCHAFT • 25

jene 44 Liebes-Sonette, die ihren Namen in der englischen Literatur unsterblich machen sollten. Die erste Strophe des vorletzten Sonetts – hier in der Übersetzung Rilkes – kannte das literarisch gebildete England binnen Kurzem auswendig:
Wie ich dich liebe? Lass mich zählen, wie.
Ich liebe dich so tief, so hoch, so weit,
als meine Seele blindlings reicht, wenn sie
ihr Dasein abfühlt und die Ewigkeit.

Im Februar 1847 schreibt Elizabeth Barrett an ihre Schwestern:
Er liebt mich jeden Tag mehr... Wenn alle Eheleute so glücklich lebten wie wir, wie viele Witze würden dadurch Lügen gestraft.

Und zwei Monate später:
Robert ... liest mir vor, redet und scherzt, um mich zum Lachen zu bringen, erzählt mir Geschichten, improvisiert Verse in allen möglichen Sprachen ... singt Lieder, erklärt den Unterschied zwischen Mendelssohn und Spohr, indem er den Rhythmus auf den Tisch klopft, und wenn er es geschafft hat, mich in jeder Hinsicht zu belustigen, akzeptiert er es als einen Triumph ... Natürlich bin ich extrem verwöhnt – wer wollte da nicht schwach werden – ich stelle mir manchmal Eure Ansicht zu den demoralisierenden Auswirkungen so ausgedehnter Flitterwochen vor. Und dann sage ich mir, dass die Zeit, in der er mir den Hof gemacht hat, zumindest in dieser Hinsicht nicht gerade aufregend war. Seitdem hat es hundertmal mehr Aufmerksamkeiten, Zärtlichkeiten, Überraschungen, selbst Komplimente gegeben ... Wir streiten nie!

Im Jahr darauf lassen sich die Eheleute in Florenz nieder. In der Nähe der Boboli-Gärten beziehen sie eine Wohnung in einem kleinen Palazzo, der Casa Guidi. Dort wird 1849, drei Tage nach Elizabeth Barretts dreiundvierzigstem Geburtstag, der gemeinsame Sohn Robert, genannt Pen, geboren. Bis zu ihrem Tod im Jahr 1861 währt der Aufenthalt des Dichterpaars in Florenz, unterbrochen von kleinen und größeren Reisen, nach Ancona und Ravenna, nach Mailand und Rom, wo sie Thackeray treffen, nach Paris, wo Elizabeth die von ihr verehrte George Sand besucht. Da sie nun fast immer zusammen sind, ist der 537. Brief wohl auch der letzte, den sich Elizabeth Barrett und Robert Browning geschrieben haben. Dafür zählt bald alles, was in der damaligen literarischen Welt Rang und Namen hat, zu den Briefpartnern des Dichterpaars, das schon zu Lebzeiten eine Legende ist. Nur von einem, an dem ihr besonders lag und über den sie auch jetzt noch viel nachdachte, wird sie niemals eine Antwort auf ihre Briefe erhalten: ihrem Vater, der in seinem Testament ihre vollständige Enterbung verfügte.

An diesem englischen Schreibtisch hat Elizabeth ihre Briefe geschrieben und gearbeitet.

Keine Geduld mit Gecken –
Dorothy Osborne an William Temple

Sir William Temple auf einem Gemälde von Sir Peter Lely, um 1660.

Fast zwei Jahrhunderte zuvor schreibt, ebenfalls in England, Dorothy Osborne (1627–1695), das jüngste von zehn Kindern aus einer streng royalistischen Familie, an ihren späteren Mann, den Diplomaten und Schriftsteller William Temple (1628–1699), den späteren Patron Jonathan Swifts. Beide waren zu diesem Zeitpunkt Mitte zwanzig. Sie hatten sich 1649 kennengelernt; aus ökonomischen Gründen hatten sich beide Familien jedoch dem Heiratswunsch des Paars widersetzt.

Dorothy Osborne ist der Nachwelt nicht nur wegen ihrer ausnehmend lebendigen, witzigen und mit scharfem Blick für menschliche Schwächen formulierten Briefe an ihren Liebsten in Erinnerung geblieben, sondern auch wegen der Sturheit, mit der sie an ihrem Wunsch festhielt, William und nur ihn zu heiraten. Trotz intensiven und steten Drucks seitens ihrer Familie gab sie allen Freiern

> ### Sie hielt an ihrem Wunsch fest, William und nur ihn zu heiraten.

einen Korb, unter denen sich immerhin so klangvolle Namen wie Henry Cromwell, der Sohn des Lordprotektors Oliver Cromwell, befanden. Als beider Väter schließlich starben, waren die beharrlich Liebenden nach sieben Jahren Brautstand endlich am Ziel ihrer Träume angelangt; ihrer Verbindung wurde stattgegeben. Sie sollte trotz zahlreicher Schicksalsschläge bis zu Lady Temples Tod im Jahr 1698 halten.

Obwohl Dorothy Osborne, darin ganz Tochter ihrer Zeit, der Ansicht war, dass eine Frau, die Bücher schreibe – *und dazu noch in Versen!* – sich lächerlich mache, hatte sie zum Briefeschreiben ihre eigenen, positi-

veren Gedanken: Es stand ihrem Dafürhalten nach einer Frau nicht nur sehr wohl an, sondern sie war darin auch potenziell geschickter als die Gelehrten: *Große Gelehrte sind nicht die besten Schreiber (von Briefen, meine ich, von Büchern sind sie es vielleicht) ... alle Briefe, dünkt mich, sollten so frei und ungezwungen sein wie gesprochene Sprache.* Es sei ein seltsames Ding mit anzusehen, wie einige Leute Mühe darauf verwendeten, Formulierungen zu finden, die einen klaren Sinn dunkler machen – *wie ein Gentleman, den ich kannte, der nie sagte: »Das Wetter wurde kälter«, sondern »Der Winter erbietet uns seinen Gruß«. Ich habe keine Geduld mit solchen Gecken.* Keinen rhetorischen oder poetischen Aufwand betreiben zu müssen, sondern die Dinge geradeheraus, klar und deutlich beim Namen nennen zu dürfen, so wie einem eben der Schnabel gewachsen ist, schien ihr der eigentliche Vorteil des Briefeschreibens zu sein, weshalb es sich auch für Frauen besonders eigne.

Seit einiger Zeit beginnen wir das Briefeschreiben als eine Vorform der Literatur zu entdecken, die Frauen, lange bevor sie Romane schrieben, die Möglichkeit verschaffte, ihren Gefühlen, Sehnsüchten, Hoffnungen und Befürchtungen Ausdruck zu geben. Anlässlich von Dorothy Osbornes Briefen, die 1888 zum ersten Mal überhaupt in Buchform erschienen und 1928 neu ediert wurden, hat Virginia Woolf ihre berühmte These vom

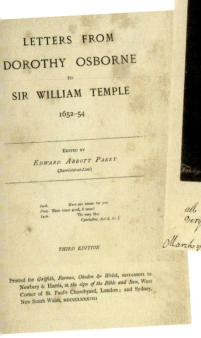

Die erste Ausgabe der Briefe von Dorothy Osborne an William Temple erschien 1888 in England.

schreiben. Und so wird schrittweise das Schweigen gebrochen; wir beginnen ein Rascheln im Unterholz zu vernehmen ...«

Die spätere Lady Temple wollte gerade keine Fiktion in die Welt setzen, sondern ganz schlicht in der Zeit des erzwungenen Getrenntseins die Verbindung zu ihrem Liebsten aufrechterhalten und ihn davon unterrichten, was bei ihr daheim los war. Ihr war in erster Linie daran gelegen, die Zeit zu überbrücken, bis sie mit Temple endlich zusammen sein konnte, weshalb ihr Schreiben auch im Moment ihrer Heirat so plötzlich aufhörte, wie es begonnen hatte.

»Rascheln im Unterholz« formuliert: »Wäre sie 1827 zur Welt gekommen, hätte Dorothy Osborne Romane geschrieben; wäre sie 1527 zur Welt gekommen, hätte sie überhaupt nicht geschrieben. Aber sie kam 1627 zur Welt, und zu diesem Zeitpunkt war es für eine Frau zwar lächerlich, Bücher zu schreiben, jedoch lag nichts Unschickliches darin, einen Brief zu

In einem Brief, den sie Temple ungefähr zur Halbzeit ihres zweijährigen Briefwechsels schickte, setzte sie ihm auseinander, welche Eigenschaften ihrer Ansicht nach ein Ehemann alle *nicht* haben durfte, um sie glücklich zu machen:

[Undatiert, 1653]
Es müssen eine ganze Menge Dinge zusammenkommen, damit ein Ehemann mich glücklich macht. Erst einmal müssen, wie mein Cousin F. sagt, unsere Temperamente zueinander passen, und außerdem muss er die gleiche Lebensart und Bildung besitzen und die gleiche Art von Gesellschaft gewohnt sein. Das heißt, er darf kein Landadliger sein, der nur etwas von Falken und Hunden versteht und für sie mehr Zuneigung als für seine Frau empfindet; auch darf er nicht zu den Typen gehören, deren Tempo gerade dazu taugt, Polizeirichter zu werden, und irgendwann im Leben Obersheriff; einer von der Sorte, die kein Buch, sondern nur Statuten lesen und nichts studieren außer zu dem Belang, wie man Reden mit lateinischen Brocken spickt, mit dem Erfolg, die unsympathischen armen Nachbarn in Erstaunen zu setzen und sie eher zu verschrecken als zu überzeugen. Er soll nicht einer von denen sein, deren Gang durch die Welt in einer Freischule beginnt, sich dann in der Universität fortsetzt und seinen äußersten Punkt erreicht, wenn er ins Rechtskollegium aufgenommen wird; der keine Freunde hat außer denen, die man an solchen Orten findet; der ein Französisch spricht, das er alten Geset-

zestexten entnommen hat, und der nichts bewundert außer den Geschichten über Feierlichkeiten, die dort vor seiner Zeit stattfanden. Er darf andererseits aber auch nicht gerade ein städtischer Galan sein, dessen Leben sich in Schenken und an fürstlichen Tafeln abspielt; der sich nicht vorstellen kann, wie man eine Stunde ohne Gesellschaft zubringt, es sei denn, man schläft; der allen Frauen, die ihm über den Weg laufen, den Hof macht, und dabei noch denkt, sie glaubten ihm, der sich alle anlacht und dabei von allen ausgelacht wird. Und auch kein weitgereister Monsieur mit einem innerlich wie äußerlich gepuderten Kopf, der nichts im Sinn hat außer Tanzvergnügen und Duelle, der sich darauf kapriziert, nach neuester Mode geschlitzte Kleidung zu tragen, wenn jeder außer ihm schon an seinem Anblick vor Kälte stirbt. Er darf in keiner Weise ein Geck sein, weder reizbar noch unverträglich, weder stolz noch gefällig. Und all dem ist hinzuzufügen, dass er mich lieben muss, und ich ihn, so sehr wir zu lieben imstande sind. Ohne dies alles würde mich sein Vermögen, so groß es auch sein mag, nicht zufrieden stellen können; wenn aber alles zusammenkommt, könnte mich auch eine bescheidene Partie nicht dazu bringen, meine Heirat zu bereuen.

Ein königliches Verlobungsdrama
Madame de Sévigné an ihren Vetter, Monsieur de Coulanges

Zwanzig Jahre später als Dorothy Osborne tut sich auf dem Kontinent eine andere Frau als Briefschreiberin hervor: Marie de Rabutin-Chantal, durch ihre Heirat Marquise de Sévigné. Nach nur sieben Jahre Ehe verstarb ihr Mann an den Folgen mehrerer Verletzungen, die er sich bei einem mit dem Degen ausgefochtenen Streit mit einem Nebenbuhler um eine seiner vielen Geliebten zugezogen hatte. Schon die Hochzeit des Paars hatte wegen eines Ehrenhandels, bei dem der Bretone Henri de Sévigné beträchtliche Verwundungen davongetragen hatte, um mehrere Wochen verschoben werden müssen. Zum Zeitpunkt ihrer Verwitwung war die Marquise gerade fünfundzwanzig Jahre alt; statt wieder zu heiraten, lebte sie fortan allein mit ihren beiden Kindern, einer Tochter und einem Sohn. Die frühe Vollwaisin – ihr Vater war gestorben, als sie gerade eineinhalb, ihre Mutter, als sie sieben Jahre alt war – hatte auf Vermittlung der Familie ihres Onkels eine hervorragende Ausbildung in Grammatik, Literatur und Sprachen erhalten. Mit einem beträchtlichen Vermögen im Hintergrund machte sie als junge Witwe eine glänzende Figur in den besten Pariser Kreisen und verfügte über Kontakte zu zahlreichen Literaten, darunter zum Salon der Madeleine de Scudéry, wo man die Ehe für eine überholte Institution hielt und für ihre Befristung oder das freie Konkubinat plädierte. In ihrem Roman »Clélie« aus dem Jahr 1657 hat Madeleine de Scudéry ein äußerst liebenswürdiges Porträt der damals dreißigjährigen Madame de Sévigné entworfen.

Bis sie als *femme de lettres*, deren Briefe überall herumgezeigt, vorgelesen und abgeschrieben wurden, Berühmtheit erlangte, sollten allerdings noch gut zehn Jahre vergehen. Als ihre über alles geliebte Tochter im Jahr 1669 den Comte de Grignan heiratete und mit ihm in die ferne Provence entschwand, begann ihr epistolographisches Talent die schönsten und vor allem auch

In Madame de Sévignés Briefgesprächen, die sie mit vielen berühmten Zeitgenossen führte, wurde das Briefeschreiben zu einer Kunstform erhoben. Der Brief (rechts) an den Abbé Le Tellier vom 21. Oktober 1667 zeigt ihre Hand- und Unterschrift.

• BRIEFE DER LEIDENSCHAFT • 29

Im Salon von Madeleine de Scudéry diskutierte man Mitte des 17. Jahrhunderts, ob die Ehe als Institution überholt sei. Ihr Roman »Clélie« wurde in ganz Europa gelesen.

üppige Blüten zu treiben. 764 Briefe soll Madame de Sévigné ihrer Tochter im Laufe der Jahre geschrieben haben. Aus diesen Briefen, nach dem Urteil vieler ihrer begeisterten Leser die schönsten französischen Briefe überhaupt, lässt sich schon ein sehr anderer Ton als jenes von Virginia Woolf beschriebene »Rascheln im Unterholz« vernehmen. Hier sind wir, um im Bild zu bleiben, schon weit oberhalb, auf der Ebene der Baumkronen angelangt, deren Blätter im Wind rauschen und die alles Licht abbekommen. Madame de Sévigné hat das gewöhnliche Briefeschreiben zu einer Kunstform erhoben, die alles ist, nur nicht gekünstelt. Ihre Briefe sind eine Fortsetzung der im Salon gepflegten Konversation, die in ihren besten Momenten nie bloß oberflächlich war, sondern es verstand, noch von den intimen und schweren Dingen so zu handeln, dass nicht der Geruch der Peinlichkeit entstand. Hier schreibt eine genaue, zuweilen unbarmherzige Beobachterin der Komödien und Tragödien des Lebens, die Weltläufigkeit mit einer intimen Kenntnis der menschlichen Antriebskräfte und Gefühlsregungen verbindet. Marcel Proust, dessen Romanwerk auf vielen Seiten den Einfluss der scharf beobachtenden und rhythmisch pulsierenden Prosa der Briefe Madame de Sévignés erkennen lässt, hat an ihr besonders geschätzt, dass sie die Dinge in der Reihenfolge der Eindrücke zeige und nicht, indem sie zuvor deren Ursache erkläre.

Die früh verwitwete Madame de Sévigné hat keine Liebesbriefe geschrieben, es sei denn, man wollte ihre besorgten und von großer Anhänglichkeit und Mitteilungsfreudigkeit zeugenden Schreiben an die so weit entfernt lebende Tochter als solche bewerten. Sie interessierte sich für alles, was in Paris und Versailles an ihre wachen Ohren gelangte. So entging ihr auch nicht ein Liebesdrama, das 1670 rund um den Königshof für beträchtliches Aufsehen sorgte.

Dazu ist es gut, Folgendes zu wissen: Der älteste Bruder des französischen Königs führte, wenn man von ihm sprach, den Titel »Monsieur« (redete man ihn jedoch selbst an, so hieß er »Monseigneur«); seine Gemahlin hieß dementsprechend »Madame«, die älteste Tochter »Mademoiselle«. Was aber tun, wenn ein »Monsieur« starb und ihm ein anderer nachfolgte, der auch über eine älteste Tochter verfügte? Im Fall von Anne Marie Louise d'Orléans, Duchesse de Montpensier, der Nichte Ludwigs XIII., behalf man sich damit, vor das Mademoiselle noch das Adjektiv »grand« zu setzen und nannte sie fortan nur »la Grande Mademoiselle«. Das war nicht nur eine Konsequenz daraus, dass ihr Vater, nach dem Tode Ludwigs XIII., »le Grand Monsieur«, Philippe von Orléans, der älteste Bruder Ludwigs XIV., hingegen »le Petit Monsieur« genannt wurde. Es war auch eine unüberhörbare Anspielung auf das äußere Erscheinungsbild der Herzogin von Montpensier, die sehr groß und sehr korpulent und deren Bewegungen alles andere als graziös waren. Bis zum Alter von zweiundvierzig Jahren war la Grande Mademoiselle unverheiratet geblieben, verliebte sich dann aber leidenschaftlich in den sechs Jahre jüngeren Grafen Antonin Lauzun, einen in der Gascogne geborenen Generalleutnant der Dragoner, der bei Hof rasch Karriere gemacht hatte. Mit viel Sinn für dramatischen Suspense schildert Madame de Sévigné die Reaktionen des Hofes auf den Höhepunkt dieser Affäre.

An Herrn von Coulanges
Paris, Montag, 15. Dezember 1670
Jetzt melde ich Ihnen die erstaunlichste, überraschendste, herrlichste, wunderbarste, frohlockend-siegreichste, verwirrendste, einzigartigste, außergewöhnlichste, unwahrschein-

lichste, unerwartetste, größte, kleinste, seltenste, alltäglichste, aufsehenerregendste, bis heute geheimste, glanzvollste, beneidenswerteste Tatsache der Welt, etwas, wofür es in den vergangenen Jahrhunderten nur ein einziges Beispiel gibt, und sogar dieses Beispiel stimmt nicht ganz; eine Tatsache, die man in Paris nicht zu glauben vermag (wie könnte man sie also in Lyon glauben?), etwas, um dessentwillen jedermann ach und weh schreit, das aber Frau von Rohan und Frau von Hauterive mit Wonne erfüllt, etwas endlich, das nächsten Sonntag vor sich gehen soll, und dann wird, wer es sieht, seinen Augen nicht trauen. Also am Sonntag soll es geschehen, doch wird es vielleicht am Montag nicht geschehen sein. Ich kann mich nicht entschließen, es Ihnen zu sagen. Sie dürfen dreimal raten. Sie geben auf? Also muß ich es sagen: Herr von Lauzun heiratet am Sonntag im Louvre, erraten Sie wen? Ich wette hundert gegen eins, daß Sie es nicht erraten, tausend gegen eins. Ich höre Frau von Coulanges sagen: warum soll das schwer sein? er heiratet Mademoiselle de Retz – Keine Spur. – Wie dumm wir sind, sagen Sie, es ist Mademoiselle Colbert. – Weit gefehlt. – Dann bestimmt Mademoiselle de Créqui? – Sie sind auf dem Holzweg.

Doppelporträt von Anne Marie Louise de Bourbon-Orléans, Herzogin von Montpensier, einer Nichte des französischen Königs Ludwig XIII. (1627–1693), und ihrem Ehemann Antonin Nompar de Caumont, Herzog von Lauzun (1633–1723).

Ich muß es Ihnen doch wohl endlich verraten: Er heiratet am Sonntag im Louvre, mit Zustimmung des Königs, Mademoiselle ... Welche Mademoiselle? Bei meiner Treu, er heiratet Mademoiselle. Ich schwöre Ihnen hoch und heilig: Mademoiselle, die Grande Mademoiselle, die Tochter von Monsieur selig, die Enkelin Heinrichs IV., Mademoiselle d'Eu, Mademoiselle de Dombes, Mademoiselle de Montpensier, Mademoiselle d'Orléans, Mademoiselle, Cousine des Königs, die für den Thron bestimmt war, Mademoiselle, die einzige Partie in Frankreich, die Monsieur ebenbürtig wäre. Wenn dies nicht ein schöner Gesprächsstoff ist! Falls Sie protestieren, außer sich sind, falls Sie sagen, das könne nicht wahr sein, es stimme nicht, man mache sich über Sie lustig, man spotte Ihrer, es sei übel, einen solchen Scherz zu erfinden, kurz, wenn Sie uns beschimpfen, so geben wir Ihnen recht. Wir haben genau dasselbe getan.
Leben Sie wohl. Aus den übrigen Briefen dieses Kuriers werden Sie erfahren, ob, was wir sagen, wahr ist oder nicht.

Am Tag darauf entschied Ludwig XIV., dass seine Kusine nicht so weit unter ihrem Stand heiraten durfte. Madame de Sévigné griff erneut zur Feder.

An Herrn von Coulanges
Paris, Freitag, 19. Dezember 1670
Was man nennt: aus allen Wolken fallen, das ist gestern abend in den Tuilerien geschehen. Aber ich muß weiter zurückgreifen. Sie sind noch bei der Freude, der Wonne, dem Entzücken der Prinzessin und ihres glückseligen Geliebten. Am Montag also, wie Sie wissen, wurde die Sache bekanntgegeben. Der Dienstag verging mit Reden, Staunen, Gratulieren. Am Mittwoch setzte Mademoiselle für Herrn von Lauzun eine Schenkung fest, um ihm die nötigen Titel, Namen und den Rang zu verleihen, wie sie im Ehevertrag stehen sollten, und dieser wurde am selben Tag redigiert. Die Prinzessin gab Herrn von Lauzun in Erwartung eines Besseren vier Herzogtümer: voran die Grafschaft d'Eu, welche die erste Pairie von Frankreich ist und den höchsten Rang verleiht; dann das Herzogtum von Montpensier, dessen Namen er den ganzen Tag geführt hat; des weiteren das Herzogtum von St. Fargeau und das von Châtellerault, alles zusammen ist auf zweiundzwanzig Millionen geschätzt. Dann wurde der Ehevertrag aufgesetzt, laut welchem er den Namen Montpensier annahm. Donnerstagmorgen, also gestern, hoffte Mademoiselle, der König werde unterschreiben, wie

• BRIEFE DER LEIDENSCHAFT • 31

er zugesagt hatte. Jedoch gegen sieben Uhr abends war seine Majestät durch die Königin, durch Monsieur und einige Graubärte überredet worden, diese Sache schade seinem Ruhm, und er entschloß sich, das Ganze rückgängig zu machen. Nachdem er Mademoiselle und Herrn von Lauzun zu sich befohlen hatte, teilte er ihnen in Gegenwart des Prinzen von Condé mit, er verbiete ihnen, weiter an diese Heirat zu denken. Herr von Lauzun nahm diesen Befehl mit aller Ehrerbietung, allem Gehorsam, aller Standhaftigkeit und aller Verzweiflung, die einem so tiefen Sturz gebührt, entgegen. Mademoiselle, entsprechend ihrem Temperament, brach in Tränen aus, schrie, jammerte, wehklagte. Sie hat seither das Bett nicht mehr verlassen und nichts zu sich genommen als etwas Hühnerbrühe. Welch ein schöner Traum, welches Thema für einen Roman oder eine Tragödie, welch ein Gesprächsstoff vor allem, um endlos zu beraten und zu reden! Dies tun wir, bei Tag und bei Nacht, am Abend und am Morgen, ununterbrochen, endlos. Wir hoffen, Sie werden desgleichen tun, e fra tanto vi bacio le mani.

Lauzun erlebte im Jahr darauf seinen völligen Sturz; er wurde in den Kerker geworfen und erst zehn Jahre später gelang es der Herzogin, unter Preisgabe eines nicht gerade geringen Teils ihrer Besitztümer, ihren Geliebten freizukaufen. Daraufhin soll das nicht mehr ganz taufrische Paar (die Herzogin war zu diesem Zeitpunkt immerhin schon vierundfünfzig Jahre alt) heimlich geheiratet haben. Doch schon bald überwarfen sie sich, wie es heißt, wegen seines launenhaften und tyrannischen Benehmens. Laut Saint-Simon soll sich Lauzun eines Tages an seine Frau mit dem Befehl gewandt haben: »Louise d'Orléans, tire-moi mes bottes« – Luise, zieh mir die Stiefel aus; so sprach man zur damaligen Zeit höchstens mit seinem Stiefelknecht –, woraufhin sie ihn vom einen auf den anderen Augenblick verließ, und zwar endgültig. Selbst auf ihrem Sterbebett soll sie sich geweigert haben, ihn zu empfangen.

Vom Ersticken an großen Leidenschaften
Julie de Lespinasse an den Comte de Guibert

Die beiden Liebenden Julie de Lespinasse (1732–1776) und ihr elf Jahre jüngerer Liebhaber, der Comte de Guibert (1744–1790).

Einhundert Jahre später begegnen wir in vielen Briefwechseln einem ganz anderen Bild von der Liebe, als es noch zu Zeiten von Madame de Sevigné oder Lady Temple vorherrschte. Im 18. Jahrhundert erscheint die Liebesleidenschaft als eine Macht, die den gesellschaftlichen und moralischen Konventionen widerstreitet und allen Anstrengungen spottet, ihr irgendwie mit den Mitteln der Vernunft habhaft zu werden. Die Leidenschaft hat nicht nur ihre eigene Vernunft, sie kann den Menschen, von dem sie Besitz ergriffen hat, auch in einen Schwärmer und Phantasten verwandeln, der lieber noch den Tod in Kauf nähme, als seine Träume einer Realitätsprüfung zu unterziehen.

Ach! Ich werde Ihnen verrückt erscheinen: ich werde mit einer Offenherzigkeit und Hingabe zu Ihnen reden, als ob ich wüßte, daß ich morgen sterben muß; hören Sie mir denn auch zu mit der Nachsicht und Teilnahme, die man für die Sterbenden hat. Dies schrieb am 21. Juni 1773 Julie de Lespinasse an den Comte de Guibert, einen erfolgreichen Offi-

zier und brillanten Kriegstheoretiker mit einer vielversprechenden Zukunft, der sich zu dieser Zeit in Berlin aufhielt. Aber auch die Schreiberin dieser Zeilen war keine Unbekannte: Im Jahr 1732 als uneheliches Kind in Lyon geboren, war sie im Alter von einundzwanzig Jahren von ihrer Tante, der Marquise du Deffand, als Gesellschafterin nach Paris geholt worden.

Nach zehn Jahren, in denen Julie de Lespinasse von der Marquise nicht nur unendlich viel gelernt hatte, sondern von der alten Frau auch gehörig schikaniert worden war, kam es zum Bruch, mit der Folge, dass die Jüngere ihren eigenen Salon gründete und einen Großteil der Klientel der Marquise gleich mitnahm. Die Mademoiselle de Lespinasse, die nach dem Auszug bei ihrer Tante mit d'Alembert in einer Josephs-Ehe zusammenlebte, war rasch ein aufgehender Stern am Pariser Salonhimmel. Sie kurbelte die Unterhaltung an, scheute kein Thema, wusste noch dem entlegensten Gegenstand einen reizvollen Aspekt abzugewinnen, sie wirkte ausgleichend, wo viele unterschiedliche Ansichten und Temperamente aufeinanderzuprallen drohten und zog mit ihrer Liebenswürdigkeit und intelligenten Gesprächsführung alle Anwesenden in ihren Bann.

Doch es gab noch eine zweite, von der ersten sehr verschiedene Julie de Lespinasse. Ihr begegnen wir in ihren Briefen, die erst dreißig Jahre nach ihrem Tod veröffentlicht werden sollten. Diese Briefe sind alles andere als eine Fortsetzung der im Salon gepflegten Konver-

• BRIEFE DER LEIDENSCHAFT • 33

Die Marquise du Deffand war nicht nur eine gebildete, sondern auch schlagfertige und witzige Frau. Sie führte in Paris einen Salon, dessen Attraktivität durch ihre Nichte Julie ruiniert wurde, als diese einen eigenen Salon gründete und die Besucher ihrer Tante erfolgreich abwarb.

sation auf dem Feld der schriftlichen Kommunikation. Es sind zuweilen exaltiert wirkende, oft aber auch erschütternde Zeugnisse der Selbstentblößung einer Frau, die weder sich selbst noch ihren Briefpartner in irgendeiner Weise schonte. *Mag Ihre Seele auch bewegt sein*, schrieb sie an Guibert noch ganz zu Anfang ihres Briefwechsels, *so ist sie dennoch nicht so angegriffen wie die meine, die unablässig zwischen Erregung und Erschlaffung schwankt. Über nichts vermag ich mit Bestimmtheit zu urteilen, würde ich mich doch stets irren, wäre ich doch sogar imstande, Gift als ein Beruhigungsmittel zu nehmen.*

Julie de Lespinasse hatte den elf Jahre jüngeren Comte de Guibert am 21. Juni 1772 auf einem ländlichen Fest kennengelernt. Sie ging damals auf die Vierzig zu, der in ganz Europa berühmte Verfasser des »Essai général de tactique«, stand im 29. Lebensjahr. Ihre große Liebe zu dieser Zeit war jedoch ein anderer Mann: José y Gonzaga Marques de Mora, Sohn eines spanischen Diplomaten; er hielt sich aus familiären und gesundheitlichen Gründen niemals mehr als einige Monate am Stück in Paris auf. In den langen Zeiten ihrer Trennung schrieb sich das Liebespaar beinahe täglich; als der Marques de Mora einmal für zehn Tage in Fontainebleau weilte, gingen täglich, morgens wie abends, jeweils zwei Briefe zwischen Paris und Fontainebleau hin und her. Ein Jahrzehnt zuvor war Rousseaus Roman *Briefe zweier Liebender aus einer kleinen Stadt am Fuße der Alpen* erschienen, der jedoch nicht unter seinem offiziellen, sondern dem Schmutztitel der Erstausgabe in die Geschichte eingehen sollte: *Julie, oder die neue Heloïse*.

Rousseaus Briefroman, der in den Jahren zwischen 1761 und 1800 siebzig Auflagen erlebte, hatte in Paris und ganz Europa eine wahre Briefschreibewut unter Liebenden ausgelöst. So berichtete etwa der britische Schriftsteller Horace Walpole, Altersfreund der Marquise du Deffand und ein guter Beobachter des Pariser Lebens, über diese Mode in einem Brief vom 12. September 1771: *Man kannte hier Leute, die sich viermal am Tag Briefe schrieben. Ich erfuhr beispielsweise von einem Paar, das niemals voneinander getrennt war, aber, da sie sich beide heftig liebten, sahen sie sich gezwungen, einander Briefe zu schreiben, weshalb sie einen Paravent zwischen sich aufstellten, hinter dem er seiner Frau auf der einen Seite Briefe schrieb, während sie ihm von der anderen Seite ihre Antworten hinüberwarf.*

Wie viele andere jüngere Frauen auch hatte Julie de Lespinasse Rousseaus Briefroman verschlungen. Die Briefe der Heloïse hätten sie so sehr angerührt, dass sie davon krank geworden sei, beichtete Julie in einem späteren Brief dem Baron d'Holbach. Wie ihre Briefe an den Comte de Guibert zeigen, hatte sie sich jedoch nicht nur in jungen Jahren bedingungslos der Empfindsamkeit ausgeliefert. In dem gleichen Brief an den Baron d'Holbach räumte sie deshalb auch ein, sie sei sich keineswegs sicher, dass ihr Herz sich stets jenem Verhalten unterwerfen würde, das ihr die Vernunft vorgeschrieben habe. Unschwer zu erraten, was sie damit meinte: jenes liebenswürdige und ausgleichende Verhalten, das

sie im Salon an den Tag legte und das die Mehrzahl ihrer Zeitgenossen mit ihrer Persönlichkeit identifizierte.

In einem Pariser Salon soll damals allen Ernstes die Frage diskutiert worden sein, was mehr zu wünschen sei – die Mutter, die Schwester oder die Geliebte des Comte de Guibert zu sein. Kaum zu vermeiden, dass es bei Julie de Lespinasse zu beträchtlichen Gefühlsschwankungen kam: *Mein Gott, welcher Zauber oder welches Verhängnis hat Sie mir zugeführt, mich zu verwirren?*

Am Jahrestag ihrer Begegnung wird sie diesbezüglich schon um einiges deutlicher, und es ist hier auch schon viel von ihrer späteren Enttäuschung und ihren Anschuldigungen zu spüren:
Bei meiner Ehre, ich bin überzeugt, er war das Unglück meines Lebens, dieser eine Tag, den ich, ein Jahr ist es nun her, in Moulin-Joli [dem Landsitz, auf dem sie sich kennengelernt hatten] verbrachte. Das Verlangen, eine neue Verbindung einzugehen, lag mir damals sehr fern, waren doch mein Herz und mein Leben derart übervoll, dass mir nichts abwegiger gewesen wäre als das Verlangen nach neuen Herzensangelegenheiten. Sie jedoch wollten sich einmal mehr beweisen, welche Macht Sie über eine ehrbare und gefühlvolle Person ausüben können. Aber wie bemitleidenswert ist das alles. Sind wir denn wirklich frei? Kann alles, was ist, auch ganz anders sein? Sie waren damals keineswegs frei, als Sie mir sagten, Sie schrieben mir oft, und ich meinerseits besitze nicht die Freiheit, eben dieses mir nicht lebhaft zu ersehen.

Die gängige Meinung über dieses zweite aussichtslose Liebesverhältnis der Julie de Lespinasse ist, dass es keinerlei Chance gegeben habe, es zum Positiven zu wenden. Julie habe irgendwann erkannt, dass Guibert alles Mögliche, aber nicht Mora, ihr erster, kränklicher und inzwischen verstorbener Geliebter, sei; selbst Guiberts Untreue und seine Heirat – seien nur Zwischenfälle ihres unaufhaltsamen Niederganges, Symptome ihrer Liebeskrankheit zum Tode gewesen. Am 22. Mai 1776, annähernd vier Jahre nach der Begegnung mit Guibert, gut drei Jahre nach dem Beginn des Briefwechsels mit Guibert und fast auf den Tag genau zwei Jahre nach dem Tod ihres Geliebten Mora wird auch Julie de

Briefromane wurden die große Mode im 18. Jahrhundert. Während Goethes »Leiden des jungen Werther« (1774) in Deutschland zu Hysterien und Selbstmorden aus Ergriffenheit führten, begeisterten Montesquieus »Persische Briefe« (1721), Jean-Jacques Rousseaus »Julie oder Die neue Heloïse« (1761) und Choderlos de Laclos' »Gefährliche Liebschaften« (1782) in Frankreich das Publikum. In einer Zeit, in der es weniger um Gefühl als um Verstand ging, vor allem in Fragen der Eheschließung, plädierte Rousseau in seinem Briefroman für die Ehe aus Neigung und gegen den Standesdünkel des Adels, der im Falle der Liebenden Saint-Preux und Julie d' Étanges zu einem verhängnisvollen Verzicht führt. Wenn Verstand und Vernunft siegen, bleiben Herz und Gefühl eben auf der Strecke.

Julie de Lespinasse galt nie als Schönheit, erst recht nicht als sie von den grassierenden Blatternarben entstellt wurde, dennoch konnte sie sich über mangelnde Liebhaber nicht beklagen.

Lespinasse sterben – wahrscheinlich an einer Überdosis Opium, was einen Selbstmord nahelegt. Und selbst wenn es bei ihr keinen bewussten Entschluss gegeben haben sollte, aus dem Leben zu scheiden, so war es doch ein Selbstmord auf Raten.

Sicher entsprach der Comte de Guibert nicht jener Karikatur eines Liebhabers, als die ihn der französische Kritiker Sainte-Beuve gezeichnet hat: ein dickfelliger Esel und halber Narr, dem die Liebesbriefe aus den Taschen fielen und der noch an Julies Grab ohne Ahnung von dem Aufruhr der Gefühle war, den er angerichtet hatte. Guibert war ein Liebhaber alter Schule, ein Verführer, für den die Liebe in erster Linie ein Spiel war, zu dem Zweck, Eroberungen zu machen und sich selbst zu bestätigen; nicht nur auf dem Gebiet des Krieges, sondern auch dem des Herzens war er eher ein Taktiker als ein Schwärmer. So war es wohl Julies Verhängnis, verführt von den Vorstellungen von Liebe, die Rousseau in die Welt gesetzt hatte, einem Mann wie Guibert zu begegnen, der zur Projektionsfläche ihrer Sehnsüchte und Leidenschaften taugte, ihr aber nicht das zu geben vermochte, wonach sie verlangte: erfüllte Liebe. Allerdings muss man ihm zugute halten, von ihrer Seite auch mit unermesslichen Ansprüchen konfrontiert gewesen zu sein: Nicht nur forderte sie von ihm stets Rechenschaft über seine Gedanken, Handlungen und Empfindungen, sie mutete ihm auch eine Aufgabe zu, der er schwerlich gewachsen war, mit der er aber auch einfach nichts anzufangen wusste. *Im Übermaß meiner Leiden, schrieb sie ihm einmal, weiß ich nicht mehr, ob ich Sie oder den*

> *Er vermochte nicht das zu geben, wonach sie verlangte.*

Tod mir ersehne. Sie oder er, einer von beiden wird mir die Lösung bringen oder mich für immer heilen. Nichts auf der Welt vermag sonst etwas für mich zu tun.

Dass Briefwechsel eine heilende Funktion entwickeln können, hatten wir an dem von Elizabeth Barrett und Robert Browning gesehen: Die Briefe, die sie einander schrieben, begründeten ihre Liebe und führten auf beiden Seiten dazu, dass sie sich aus alten Vorstellungen und Verhältnissen lösten. Der Briefwechsel von Julie de Lespinasse mit dem Comte de Guibert – es sind auch einige seiner Briefe erhalten – konfrontiert uns hingegen eher mit einem Spiegelkabinett der Vorstellungen und Leidenschaften, in dem vor allem sie sich ihren Kopf blutig rennt. Ihre Briefe gelten nur in gewissem Maß einem Mann aus Fleisch und Blut; mehr einem Traumbild, zu dem sich die Erinnerungen an Mora, Julies übersteigerte Phantasie und ihr Bild des Comte de Guibert bis zur Ununterscheidbarkeit vermischten. Die Psychologie hat dafür einen schillernden Begriff geprägt: den der Projektion. Er meint unter anderem die Überlagerung einer bestimmten Person mit einer anderen – wie im Fall von Mora und Guibert –, er meint darüber hinaus aber vor allem, dass ein Mensch die Gefährdung, die er verspürt, nicht in sich selbst, sondern außerhalb seiner selbst, etwa in einem anderen Menschen sucht und sodann gegen diese vermeintliche äußere Gefahr anrennt, mit Angst, Fluchtversuchen, Verwünschungen, zuweilen auch mit permanenter Reflexion reagiert. Julie kreist in ihren Briefen stets um Guibert, um seine Reaktionen, gerade auch um die vermeintlichen und die ausbleibenden, welche dann wieder Anlass zu Vorwürfen bilden. Sie macht sich auf diese Weise völlig abhängig von dem, was er denkt und tut, exakter gesagt, von dem, was sie meint, dass er denkt und tut. Briefe, zumal wenn es um Liebesbriefe geht, können das Spiel gegenseitiger Projektionen, vor dem keine Liebesbeziehung gefeit ist, bis zur Unerträglichkeit aufheizen. Das hat mit ihrer Eigentümlichkeit zu tun, eine Nähe des anderen zu suggerieren, die in vieler Hinsicht nur auf dem Papier besteht. Die in Liebesbriefen stets geführte Klage darüber, dass die Antwort des anderen auf sich warten lässt und sich Briefe überschneiden, die Angst, dass Briefe verloren gehen oder sie ganz ausbleiben, schließlich die Neigung, den Rhythmus des Briefwechsels zunehmend zu steigern, sich täglich einen, zwei oder noch mehr Briefe zu schreiben, und wehe, wenn der andere dann das Tempo verschleppt – das alles hat mit dieser Verschränkung von Abwesenheit und Gegenwart, von Nähe und Entfernung des anderen zu tun, die für die Briefkommunikation charakteristisch ist.

In dieser Hinsicht ist der Briefwechsel der Salondame Julie de Lespinasse mit dem Kriegstheoretiker Guibert ein Vorläufer jener Brieflieben, die eineinhalb Jahrhunderte später ein Versicherungsangestellter aus Prag namens Franz Kafka pflegen wird; nur dass es im Paris des 18. Jahrhunderts die Frau war, die Liebesleidenschaft und Briefverkehr miteinander kurzschloss und ihren Geliebten mit Briefen peitschte, die von der Erwartung einer Erfüllung sprachen, von der klar war, dass sie niemals eintreten konnte.

Wie kam man nur auf den Gedanken, dass Menschen durch Briefe miteinander verkehren können!

Franz Kafka, der die Ersetzung von Geschlechtsverkehr durch Briefverkehr perfektioniert hat, wird zwei Jahre vor seinem Tod, natürlich in einem Brief, den Verdacht formulieren, dass alles Unglück seines Lebens von der Möglichkeit des Briefeschreibens herkomme:

Menschen haben mich kaum jemals betrogen, aber Briefe immer und zwar auch hier nicht fremde, sondern meine eigenen. Es ist in meinem Fall ein besonderes Unglück, von dem ich nicht weiter reden will, aber gleichzeitig auch ein allgemeines. Die leichte Möglichkeit des Briefschreibens muß – bloß theoretisch angesehn – eine schreckliche Zerrüttung der Seelen in die Welt gebracht haben. Es ist ja ein Verkehr mit Gespenstern und zwar nicht nur mit dem Gespenst des Adressaten, sondern auch mit dem eigenen Gespenst, das sich einem unter der Hand in dem Brief, den man schreibt, entwickelt oder gar in einer Folge von Briefen, wo ein Brief den andern erhärtet und sich auf ihn als Zeugen berufen kann. Wie kam man nur auf den Gedanken, daß Menschen durch Briefe miteinander verkehren können! Man kann an einen fernen Menschen denken und man kann einen nahen Menschen fassen, alles andere geht über Menschenkraft. Briefe schreiben aber heißt, sich vor den Gespenstern entblößen, worauf sie gierig warten. Geschriebene Küsse kommen nicht an ihren Ort, sondern werden von den Gespenstern auf dem Wege ausgetrunken. Durch diese reichliche Nahrung vermehren sie sich ja so unerhört. Die Menschheit fühlt das und kämpft dagegen; sie hat, um möglichst das Gespenstische zwischen den Menschen auszuschalten und den natürlichen Verkehr, den Frieden der Seelen zu erreichen, die Eisenbahn, das Auto, den Aeroplan erfunden, aber es hilft nichts mehr, es sind offenbar Erfindungen, die schon im Absturz gemacht werden, die Gegenseite ist soviel ruhiger und stärker, sie hat nach der Post den Telegraphen erfunden, das Telephon, die Funktelegraphie. Die Geister werden nicht verhungern, aber wir werden zugrundegehn.

Komm in meinen Süden
Caroline Schlegel an Friedrich Wilhelm Joseph Schelling

[Braunschweig] Mittwoch früh [März? 1801]

Mein allerliebster Freund, ich schreibe Dir gleich frisch auf der Tat nach Deiner artigen Sendung… Ihr Sinn ist doch liebreich, den kleinen Bitterkeiten zum Trotz; Du irrst Dich, aber ich hoffe, Du wirst nicht etwa meinen, Recht zu haben. Denn wenn ich Dich gleich verlasse, so tu ich es doch ganz anders, wie Du vorgibst Dir einzubilden, und ich habe niemals so fest und unauflöslich an Dir gehangen. Wenn Du mich von Dir losmachen wolltest, so würdest Du mein Leben mit zerreißen. Also was Du schwatzest vom Wunsch frei zu sein, und von der Möglichkeit, dass mich mein innerer Genius nicht eben zu Dir unwiderstehlich hinzöge, das ist alles Torheit – denn eben zu Dir; ich habe es nie allmächtiger empfunden. Ich will bloß dabei bleiben, was ich bin, was ich nicht ändern könnte ohne mich zu zerstören, mir treu, um Dir desto treuer zu sein. Die Furcht Dein Missfallen zu erregen, und der zerrüttende Eindruck, den Dein Missfallen auf mich macht, die muss ich fliehen um der Liebe und meines heiligen unabänderlichen Grames willen, der solche Störungen nicht mehr erträgt…

Nein, das ist kein Abschiedsbrief, den hier die neben Rahel von Varnhagen und Bettina von Arnim bedeutendste Briefeschreiberin deutscher Sprache an ihren annähernd zwölf Jahre jüngeren Geliebten, den damaligen neuen Star unter den idealistischen Philosophen, Friedrich Wilhelm Joseph Schelling, schreibt.

Den Freund vom Geliebten zu unterscheiden, das will hier nicht sagen, lass uns Freunde bleiben,

Caroline Schlegel galt unter Zeitgenossen nicht als besonders tugendhaft. Nachdem sie sich von August Wilhelm Schlegel scheiden ließ, heiratete sie den Jenaer Universitätsprofessor Friedrich Wilhelm Schelling (rechts).

lass die Liebe unsere Freundschaft nicht zerstören, worauf Frauen wie Männer sich seit je berufen, wenn sie auf eine sanfte Trennung hinauswollen. Die Freundschaft ist hier keine milde Gabe, um der Hitze der Leidenschaft zu entkommen.

Caroline Schlegel war zu diesem Zeitpunkt seit knapp fünf Jahren in zweiter Ehe mit dem Philologen und Shakespeare-Übersetzer August Wilhelm Schlegel verheiratet. Es war eine Vernunftehe, die sie acht Jahre nach ihrer Verwitwung eingegangen war. Nach dem Tod ihres ersten Mannes war sie zunächst nach Göttingen und 1792 nach Mainz gezogen, wo sie mit dem Naturforscher Georg Forster und dem

August Wilhelm Schlegel war Übersetzer und Philosoph. Mit seinen Übertragungen von Shakespeares Dramen ins Deutsche wurde er unsterblich.

Jacobinerclub in Verbindung kam. Als die Preußen im Frühjahr 1793 das Mainzer Umland von den Franzosen zurückeroberten, wurde Caroline zusammen mit ihrer achtjährigen Tochter als Sympathisantin und Kollaborateurin verhaftet, auf die Festung Königstein verbracht und schließlich unter Hausarrest gestellt. Zu dieser Zeit war sie wieder schwanger, nach einer leidenschaftlichen Liaison mit einem französischen Leutnant, der in Mainz stationiert gewesen war. Caroline war fest entschlossen, sich zu töten, falls die uneheliche Schwangerschaft entdeckt werden sollte, was den Entzug des Erziehungsrechts für die Tochter und den Verlust des Witwengehalts bedeutet hätte. Schließlich kam sie durch eine Bittschrift ihres jüngsten Bruders frei, und August Wilhelm Schlegel begleitete sie nach Lucka bei Leipzig, wo sie unter falschem Namen im November 1793 einen Sohn zur Welt brachte, den sie bald nach der Geburt in Pflege gab und der mit nur eineinhalb Jahren verstarb. Fortan galt sie als »leichtfertige« Frau, die zu-

dem Demokratin war – ihr Ruf war ruiniert. Erst die 1796 erfolgte Heirat mit Schlegel sicherte ihr die Rückkehr in die bürgerliche Gesellschaft und führte darüber hinaus zu einer Konsolidierung ihrer angespannten Finanzlage.

Das Paar zog nach Jena; es begann die kurze, legendäre Zeit der Jenaer Frühromantik mit Caroline als geselligem Mittelpunkt, als Redakteurin, Übersetzerin und Gastgeberin. In dieser Zeit lernte Caroline Schelling kennen, der im Alter von erst dreiundzwanzig Jahren zum außerordentlichen Professor der Jenaer Universität ernannt worden war.

Rasch entwickelte sich zwischen beiden eine Beziehung, die über bloße Freundschaft hinausging.

Der Ehemann August Wilhelm Schlegel duldete ihre Liaison, die im Freundes- und Bekanntenkreis zu reichlich Klatsch Anlass gab. Als dann im Sommer 1800 Carolines allseits geliebte, wunderschöne und hochintelligente Tochter Auguste innerhalb weniger Tage an der Ruhr starb und zudem noch Schelling, der als Naturphilosoph der damals ungemein populären Brownschen Erregungstheorie anhing, sich in ihre ärztliche Behandlung eingemischt hatte, ohne etwas retten zu können, nahm der Klatsch verleumderische Züge an. Die Mutter habe ihre Tochter mit Schelling verkuppeln wollen, hieß es, und Auguste sei als Sühneopfer vielfacher fremder Schuld gestorben. Der von Caroline nie verwundene Tod der Tochter, das ist *der heilige, unabänderliche Gram*, von dem ihr Brief an Schelling spricht. Begreiflicherweise blieb auch das Liebespaar von Schuldgedanken nicht verschont. Schelling ging so weit, sich und Caroline jegliches Recht auf Liebesglück abzusprechen und machte ihr wiederholt Vorwürfe. Caroline, selbst am Rande einer Nervenkrise, versucht den Geliebten von seiner Melancholie zu kurieren. Ihr Brief fährt fort:

• BRIEFE DER LEIDENSCHAFT • 39

O ich habe Dich schrecklich lieb, unbegreiflich lieb, und nun wird es erst ganz an den Tag kommen. Könnt ich Dir nur meinen Sinn einflößen, alle Spannung weghauchen, Dich selbst fest halten in Deiner Anmut, bei Deiner leichtern Stimmung. Süßes Herz, Du bist auch liebenswürdig, der Himmel ist nur noch nicht klar. Wolken fliehen hin und her, der Sturm jagt sie vor das Angesicht der Sonne. Kein Klima gibt es auf der Erde ohne Wolken, aber nur im Norden steigen sie so unaufhörlich wieder empor, komm in mein Süden, komm, Du geliebtester aller Menschen ... Nimm unser wunderbares Bündnis, wie es ist, jammre nicht mehr über das, was es nicht sein konnte, nicht die reine irdisch schöne beschränkte Liebe zweier Wesen, die frei von allen Fesseln sich zum erstenmal begegnen ..., ja, nicht einmal ein mutiges Zerreißen aller vorher gegangner Bande ...

Donnerstag.
Spotte nur nicht, Du Lieber, ich war doch zur Treue geboren, ich wäre treu gewesen, mein Lebenlang, wenn es die Götter gewollt hätten, und ungeachtet der Ahndung von Ungebundenheit, die immer in mir war, hat es mir die schmerzlichste Mühe gekostet, untreu zu werden, wenn man das so nennen will, denn innerlich bin ich es niemals gewesen. Dieses Bewusstsein eben von innerlicher Treue hat mich oft böse gemacht ... Und wenn ich mir Verzweiflung bereitet hätte in der Verzweiflung der von mir Geliebten – ja, ich würde im Schmerz darüber verzweifeln, im Gewissen nicht, niemals könnte ich wie Jacobi ausrufen: verlasse Dich nicht auf Dein Herz. Ich müsste mich verlassen auf mein Herz über Not und Tod hinaus, und hätte es mich in Not und Tod geleitet. Du siehst, ich nehme es mit der Treue im Großen – aber gewiss nicht um Dir zu entschlüpfen, nur weil mir das so nahe liegt; indem ich mir treu bin, bin ich es auch Dir.

Caroline Schlegel war nicht mehr fünfundzwanzig, sie war verheiratet und war es zuvor schon einmal gewesen, sie hatte bereits Kinder, und Auguste war tot, durch wessen Schuld auch immer: Schellings Bitterkeit und seine Vorhaltungen ließen ihr dennoch keine Ruhe. In seinem nicht überlieferten Brief hatte der Freund und Geliebte wohl gleich das ganze Geschlecht der Weiber der Untreue bezichtigt. Caroline entwarf eine kleine Apologie ihrer Art und Weise, das Leben zu führen, indem sie zwischen Untreue und Treulosigkeit unterschied und die Treue zu sich selbst zur alles entscheidenden Prämisse und zum letzten Ankerpunkt ihrer Lebenskunst erklärte.

Zwei Jahre später wurde die Ehe von August Wilhelm Schlegel und Caroline geschieden. Am 26. Juni 1803 heirateten Caroline und Schelling. Das Paar lebte zuerst in Würzburg, später in München, jeweils dort, wo sich Schelling die besten beruflichen Chancen boten. Am 7. September 1809 starb Caroline Michaelis, verwitwete Böhme, geschiedene Schlegel, verheiratete Schelling, fünf Tage nach ihrem 36. Geburtstag, an derselben Krankheit wie neun Jahre zuvor ihre geliebte Tochter Auguste.

Bauen im Bestand
George Sand schreibt ihre Briefe an Alfred de Musset nachträglich um

Über kaum eine Frau wurde soviel Häme ausgegossen wie über George Sand, und das nicht nur von Männern, sondern auch von Frauen. Eine Spießerin der Unmoral hat sie Baudelaire genannt. »Sie ist dumm, sie ist schwerfällig, sie ist geschwätzig; sie hat in moralischen Angelegenheiten dieselbe Tiefe des Urteils wie Portiersfrauen ...« Und kein Gran liebenswürdiger dann Simone de Beauvoir: »Solange George Sand jung ist, gefällt mir ihr Verlangen nach Unabhängigkeit, ihr Leseeifer, ihr Bedürfnis zu lernen und die Landschaft zu durchstreifen sowie die Klarheit ihrer Entscheidungen ... Widerwärtig ist mir aber die Tugendmaske, die sie sich vorzubinden liebt. Sich Liebhaber zu leisten, sie zu betrügen, ihnen etwas vorzulügen – warum nicht? Aber man muß dann nicht auf seine Wahrheitsliebe pochen ... Mit dreißig Jahren spielt sie bereits die vom Leben zermalmte Frau, die sich vorbehaltlos aufopfert, während sie in Wirklichkeit ihre ganze Umgebung beherrscht. Was ich ihr am wenigsten verzeihe, ist die systematische Verfälschung der Stimme ihres Innern, durch die ihr jeweiliges Verhalten zu einem erbaulichen Beispiel aufzuschönen versteht.« Fest steht: Wie keine Frau zuvor hat George Sand das Thema der weiblichen Gleichberechtigung in ihren Büchern und zugleich in ihrem Leben zum zentralen Thema gemacht. Was hat nur so viele gegen sie aufgebracht?

Sich männliche Pseudonyme zuzulegen, um auf dem literarischen Markt mehr Erfolg zu haben, häufig überhaupt erst für voll genommen zu werden, ist ein viel begangener Ausweg schreibender Frauen aus der ih-

Die junge George Sand, hier dargestellt in einer Bleistiftzeichnung aus dem Jahre 1833, wusste, dass man in einer Welt der Männer nur dann als Schriftstellerin reüssieren kann, wenn man sich einen männlichen Namen zulegte, was sie tat.

nen auferlegten Unmündigkeit gewesen. Mit George Sand hatte dieser Trick eine neue Dimension erreicht; denn alle Welt wusste, dass hinter diesem männlichen Autorennamen eine Frau steckte: Aurore Dupin, seit 1836 geschiedene Dudevant, mutierte zu dem Schriftsteller George Sand und nahm sich selbstbewusst die Freiheit heraus, über Dinge, allen voran Erotik und Sexualität, zu schreiben, über die zu schreiben bislang Männern vorbehalten gewesen war; bei alldem blieb sie jedoch eine Frau, als die sie auch anerkannt werden wollte. Das Gleiche galt für ihre Bevorzugung von Männerkleidung. Wenn die von ihr geliebten Hosen ihre Weiblichkeit nicht verbargen, sondern erst recht und auf neue Weise betonten, dann hieß das eben auch, dass eine Frau es sich leisten konnte, sich von den konventionellen Verhaltensmustern zu verabschieden, ohne an Attraktivität und Aufmerksamkeit einzubüßen.

Vielleicht ist das Aufsehen, das sie in Männerkleidern erregte, für George Sand eine Art Urszene ihres lebenslangen Strebens nach Selbststilisierung gewesen; es vermittelte ihr eine Ahnung davon, was sich alles erreichen ließ, wenn man nur die nötige Chuzpe an den Tag legte. Irgendwann ging sie dann so weit, ihre eigenen, sehr privaten Briefe mit dem Ziel der Ikonisierung ihrer Person nicht nur auszuschlachten, sondern sie zu verfälschen, und zwar nicht irgendwelche Briefe, son-

• BRIEFE DER LEIDENSCHAFT • 41

Der französische Dichter Alfred de Musset war einer der zahlreichen Liebhaber George Sands; sie betrog ihn, während er krank in Venedig im Bett lag, mit seinem italienischen Arzt.

dern immerhin Liebesbriefe, die in unseren Augen einen besonderen Anspruch an Authentizität besitzen.

Ihr legendäres Liebesdrama in Venedig mit dem Dichter Alfred de Musset, den sie schon bald mit dessen Arzt, dem Italiener Pietro Pagallo betrog, der ihr aber ebenfalls rasch auf die Nerven ging – im Nachhinein betrachtet war es geradezu darauf angelegt, Literatur zu werden, zumindest ab jenem Punkt, an dem sich solche instabilen Liebesbeziehungen regelmäßig nicht mehr den hehren Illusionen von einer Liebe zu dritt, einer Leidenschaft ohne Eifersucht zu fügen beginnen, sondern in einen permanenten Nervenkrieg der Involvierten mit den üblichen Nicklichkeiten und Schlägen unter die Gürtellinie ausarten. Als ihnen dies bewusst wurde, müssen zumindest die beiden Literaten unter den Beteiligten beschlossen haben, ihre große Liebe nicht in Gezänk und Schmutz untergehen zu lassen, sondern sie schönzuschreiben. *Ich will einen Roman schreiben,* so Musset mit großem Pathos an die Sand. *Ich habe große Lust dazu, unsere Geschichte aufzuschreiben. Ich glaube, das würde mich heilen und mein Selbstgefühl heben.*

Ich würde Dir einen Altar errichten, und sei es mit meinen Knochen... Mit nicht minder großem Pathos hatte schon die Sand in einem ihrer Briefe an Musset die Liebe einen Tempel genannt, den der Liebende dem Gegenstand seiner Verehrung baut. *Das Großartige darin ist nicht so sehr die Gottheit als vielmehr der Altar.*

Doch auch bei der Kunst des Altarbauens erwies sich George Sand, wie schon während ihrer Liebesbeziehung, als die Beweglichere und diejenige mit der schnelleren Auffassungsgabe von beiden. Als Musset sich nach dem endgültigen Bruch mit ihr im Jahr 1835 an seinen autobiografischen Roman »Bekenntnisse eines Weltkindes« setzte, der 1836 erschien, war ihm seine ehemalige Geliebte längst zuvorgekommen. Bereits 1834 hatte sie in der »Revue de Deux Mondes« die ersten drei ihrer »Briefe eines Reisenden« veröffentlicht. Sie waren an Alfred de Musset gerichtet und in Ton und Inhalt untadelig und durchaus konventionell. Jedem literarisch einigermaßen bewanderten Zeitgenossen war jedoch sofort klar, worum es ging: um große Liebe an ei-

> *Sie redigierte und frisierte ihren Briefwechsel mit Musset kunstgerecht.*

nem Schauplatz, der sich wie kein anderer dazu eignete, und der von Stund an mit zwei neuen Namen belegt war: Alfred de Musset und George Sand.

Doch damit sollte es nicht sein Bewenden haben. George Sand war nicht nur schneller, ihre Verarbeitung des Erlebten war auch nachhaltiger. Nach dem Bruch mit Musset hatte sie sich ihre Briefe an ihn zurückerbeten, vorgeblich, damit sie nicht in böswillige Hände gerieten. Als sie dann gut zwanzig Jahre später den Roman »Elle et Lui« schrieb, der das Liebesdrama von Venedig in die moralinsaure Geschichte einer Hingabe der Frau an den Mann aus purem Mitleid verwandelte – der Roman wurde nach Mussets Tod veröffentlicht –,

»Ich habe den ganzen Tag gearbeitet. Am Abend hatte ich zehn Verse gemacht und eine Flasche Schnaps getrunken; sie hatte einen Liter Milch getrunken und ein halbes Buch geschrieben.«
Alfred de Musset und George Sand

hat sie auch ihren Briefwechsel mit Musset für eine posthume Veröffentlichung kunstgerecht redigiert und frisiert – ein Eingriff, der zuerst dem Herausgeber der Pléiade-Ausgabe von George Sands Werk, George Lubin, aufgefallen ist. Etliche Briefe aus der Periode der Liebschaft mit Musset weisen in ihrem Schriftbild nämlich Eigentümlichkeiten auf, die die Schriftstellerin erst nach 1856 entwickelt hat. Sämtliche Eingriffe beziehen sich, soweit sich das noch rekonstruieren lässt, auf ihre Rolle in dem Dreiecksverhältnis Musset – Pagallo – Sand. Es ist, als habe sie nachträglich ihre aktive, auch sexuell aktive Rolle in dem Liebesdrama herunterspielen wollen. So muss der unvoreingenommene Leser den Eindruck erhalten, sie habe nie mit Pagallo geschlafen, Musset indessen sei in Venedig zu Huren gegangen, habe sich eine Geschlechtskrankheit geholt und sodann ihr offiziell die Liebe aufgekündigt. Man kann es auch so sagen: Der Altar wurde nun restauriert und umgebaut und dabei klammheimlich einer neuen Gottheit geweiht: statt der freien Liebe, für deren Recht George Sand einst in ihren Büchern und mit ihrem Leben gestritten hatte, wurde hier nun eine neue Form von Wohlanständigkeit verehrt; und statt des Geliebten, dem die ganze übermenschliche Anstrengung des Tempelbaus ja ursprünglich einmal gelten sollte, war es nun die Erbauerin selbst, die sich hier ein Denkmal setzte.

Das Gesagte gilt auch für den folgenden Brief, mit dem sich George Sand aus der trotz des Bruches nicht nachlassenden Umklammerung ihres Liebhabers befreien wollte.

Armer, unglücklicher Mann, ich habe Dich wie einen Sohn geliebt. Es ist die Liebe einer Mutter, und meine Wunde blutet noch immer. Ich fühle Mitleid mit Dir und verzeihe Dir alles, aber wir müssen einander aufgeben. Ich sage Dir: Wir müssen einfach darüber hinwegkommen ... Dein Verhalten ist beklagenswert, einfach unmöglich. Mein Gott, welch einem Leben überlasse ich Dich! Nichts als Trunksucht und Dirnen! Aber da ich Dich nicht zurückhalten kann, warum sollte ich meine Schande und meine Qual verlängern? ...

Und warum musst Du immer weiter von Pietro plappern, da ich Dir doch ausdrücklich verboten habe, ihn je mit einem Wort zu erwähnen? Was gibt Dir – dies nur nebenbei – das Recht, mich über Venedig zu verhören? War ich Dein Eigentum damals in Venedig? Warst Du nicht verärgert über mich, als ich krank wurde, und hast Du nicht gesagt, es gebe nichts Verdrießlicheres und Öderes als eine kranke Geliebte? Begann nicht in ebendiesem Augenblick unsere Beziehung auseinanderzubrechen? Mein Lieber, ich möchte nicht die Vergehen beider Seiten gegeneinander aufrechnen, aber Du musst schon versuchen, Dich wirklich an alles zu erinnern. Du vergisst nur allzu leicht, was wirklich passiert ist. Ich finde keinen Gefallen daran, Dir zu sagen, wie schlecht Du Dich benommen hast. Ich habe Dir nie Vorwürfe gemacht, habe mich nie beklagt, dass ich meinen Kindern, meinen Neigungen und Pflichten entrissen wurde, dass ich dreihundert Meilen weit fortgeschleppt und dann mit verletzenden Bemerkungen verstoßen wurde, und das aus keinem anderen Grund als dem, dass ich eine Migräne hatte – dass ich mit wundem Blick zu erkennen gab, in welch tiefe Traurigkeit mich Deine Gleichgültigkeit gestürzt hat. Ich habe

• BRIEFE DER LEIDENSCHAFT • 43

Die Liaison zwischen George Sand und Alfred de Musset gab reichlich Gelegenheit zum Klatsch, Karikaturisten fanden großen Gefallen daran, über das Verhältnis der beiden zu spotten. In der oben gezeigten Tuschezeichnung aus dem Jahr 1833 sieht man George Sand aufrecht zu Pferde, während ihr Liebhaber Alfred gerade zu Boden stürzt. Der Künstler Eugène-Louis Lamis macht sich in seinem Aquarell (unten) lustig über die Unfähigkeit der beiden, sich noch gegenseitig zu ertragen. Während sie sich die Augen zuhält, drückt er seine Hände fest auf die Ohren. Die große Liebe dauerte ein Jahr, wobei sie sich noch ein weiteres Jahr Briefe schrieben.

mich nie beklagt, ich verbarg meine Tränen. Und dann, eines Abend, den ich nie vergessen werde, im Albergo Danieli die schrecklichen Worte: »George, ich habe mir selbst etwas vorgemacht. Ich bitte Dich um Verzeihung, aber ich liebe Dich nicht. Wenn ich nicht krank gewesen wäre und ich nicht angenommen hätte, dass man mich am folgenden Tag zur Ader lassen würde, wäre ich auf der Stelle abgereist. Aber Du hattest kein Geld, ich wusste nicht, ob Du von meinem etwas annehmen würdest, und ich konnte Dich nicht allein und ohne einen roten Heller in einem fremden Land zurücklassen, dessen Sprache Du nicht verstehst. Wir schlossen die Tür zwischen unseren Zimmern und versuchten unser altes Leben als gute Freunde wiederaufzunehmen, aber das war jetzt unmöglich. Du wurdest verdrießlich, verschwandest am Abend immer, und eines Tages bekanntest Du mir, Du habest Dir wahrscheinlich eine galante Krankheit zugezogen. Wir waren niedergeschlagen. Ich sagte: »Reisen wir ab, ich nehme Dich bis Marseille mit.« Und Du hast geantwortet: Ich glaube, das wäre das beste, aber ich muß erst noch etwas schreiben, da wir nun einmal hier sind. Pietro kam und kümmerte sich um Dich, und es kam Dir nie in den Sinn, eifersüchtig zu sein, und noch weniger dachte ich je, ich könnte ihn lieben. Aber als ich mich dann doch in ihn verliebte und die Seine wurde, welche Pflichten Dir gegenüber, so frage ich Dich, habe ich damit verletzt? Welche Pflichten hatte ich dem Mann gegenüber, der mich die fleischgewordene Langeweile, Träumerin, Närrin, Betschwester und was weiß ich noch alles genannt hat?

In Wirklichkeit hatte sich die Geschichte ziemlich anders zugetragen: George Sand und Alfred de Musset waren im Dezember nach Venedig aufgebrochen. Dort war es zu dieser Jahreszeit kalt und neblig. Zuerst zog sich George Sand eine Erkältung mit starken Kopfschmerzen zu und ging ihm auf die Nerven. Danach erkrankte Alfred de Musset schwer an einem typhusähnlichen hohen Fieber, verbunden mit Delirien, und sie sah sich gezwungen, ihn zu pflegen. In ihrer Not zog sie einen Arzt herbei, besagten Pietro Pagallo, mit dem sie bald ein Verhältnis einging, über das sie Musset im Unklaren ließ, auch als er bald nach seiner Rekonvaleszenz

Venedig den Rücken kehrte, wohingegen sie sich bei ihrem neuen Geliebten einquartierte. Erst Anfang August kehrte George Sand nach Paris zurück, und ein nach Henry James' unüberbietbarer Formulierung »nicht ganz unbedeutendes Stück in ihrem Reisegepäck« war – Pietro Pagallo. In der Zwischenzeit hatte Musset natürlich längst Verdacht geschöpft und stellte Nachforschungen an. So erfuhr er, was, wie in solchen Fällen üblich, außer ihm längst alle wussten: dass George Sand ihn während seines Fieberanfalls in Venedig nach Strich und Faden hintergangen hatte. Es kam zum endgültigen Bruch der Beziehung. Doch konnten beide wohl nicht so rasch voneinander lassen; die Leidenschaft flackerte noch einmal kurz auf, aber das Vertrauen war endgültig zerstört.

Müssen wir Baudelaire und der Beauvoir also recht geben: Ist zumindest die ältere George Sand einfach eine Spießerin der Unmoral, ein verlogener Tugendbold gewesen? Es war dem amerikanischen Romancier Henry James vorbehalten, noch in Unkenntnis von George Sands systematischer Verfälschung ihrer eigenen Briefe, den Charakter dieser doch unvergleichlichen Frau sehr viel genauer zu erfassen, ohne moralische Maßstäbe anzulegen und über sie den Stab zu brechen. Henry James hat nicht gezögert, den grandiosen Stil gerade der Briefeschreiberin Sand zu bewundern, selbst noch dort, wo sie korrigierend in ihre eigene Vergangenheit eingriff; für ihn war vielmehr die Tatsache ausschlaggebend, dass sie die intimsten Dinge ohne jede Scheu in der Öffentlichkeit zum Besten gab. Ihre Art, sich preiszugeben, meinte er, ähnele der eines übereifrigen Zeugen vor Gericht, der »mehr erzählt, als gefragt« ist, und zwar lauter Dinge, die sich nicht recht überprüfen lassen. Sein unausgesprochener Verdacht war wohl, dass die Sand eine Vorläuferin jenes Selbstenthüllungsdrangs war, der sich bereits zu seiner Zeit in der Öffentlichkeit breitmachte, aber inzwischen ganze Branchen

der Kommunikations- und Unterhaltungsindustrie am Leben erhält, von den Verlagen über das Fernsehen bis hin zu Internet-Blogs. Hier findet die von Musset und der Sand vorexerzierte Verwandlung von privaten Leidenschaften in einen Stoff der Unterhaltung und Erbauung für ein breites Publikum seine Fortsetzung auf dem Stand der heutigen Kommunikationstechniken. Angesichts dieser Entwicklung mag man sich eine Kultur der Diskretion zurückwünschen. Andererseits muss man zugeben, dass der Preis, den die Sand »auf alle Leidenschaft, allen Schmerz, alles direkte Erleben und alles Bekennen, ... und auf die geringsten Hemmungen, darüber zu reden, ausgesetzt hat«, einem Motiv entsprang, das wir bis heute gutheißen: das Recht von jedermann und jeder Frau, das Leben »aus erster Hand zu erfahren«, wie Henry James sagt. Dass die ältere George Sand sich dann dazu hergab, ihre eigenen Lebensspuren zu frisieren, mag einem dennoch als ein Kardinalfehler ihres Charakters erscheinen. Nur, ist eine sehr lockere Beziehung zur Wahrheit nicht geradezu die Grundlage jener »heiter leichten Gesprächigkeit«, die nicht nur gute Talkshows, sondern auch einen gelungenen Brief auszeichnet und die wir, wenn wir einmal ehrlich sind, auch gar nicht missen wollen? Wahrscheinlich hat George Sand mit zunehmendem Alter einfach erkannt, dass Leidenschaft aus dem, der von ihr fortgerissen wird, nicht per se einen besseren Menschen macht. Ein Spielverderber, wer es da mit der Wahrheit so genau nimmt.

> *Sie gab die intimsten Dinge in der Öffentlichkeit zum Besten.*

Lebensbilanz
Božena Němcová an Josef Němec, ihren Mann

Briefe können auch Bilanzen sein – Bilanzen einer Liebschaft, einer Ehe, eines Lebens. Man begegnet dem häufig in Gestalt von Abschiedsbriefen, wenn vor dem anderen eine Trennung gerechtfertigt, vielleicht sogar der Entschluss, aus dem Leben zu gehen, erklärt werden muss.

Eine eindrucksvolle und offene Lebensbilanz in Gestalt eines sehr langen Briefes an ihren Mann verdanken wir der tschechischen Schriftstellerin Božena Němcová, der Autorin des berühmten Romans »Großmutter. Bilder aus dem Landleben«, des sicherlich populärsten Prosawerks in tschechischer Sprache.

Zugleich zeigt der Brief vom 13. Juni 1857 an den in Villach weilenden Josef Němec, der in dem Wunsch geschrieben wurde, sich den Ehemann noch längere Zeit vom Leibe zu halten, dass der Autorin auch andere Sprachmittel zur Verfügung standen als die des Märchens oder der Idylle. Hätte Božena Němcová, die »erste moderne tschechische Frau«, wie sie genannt wurde, nicht schon bald darauf das Schreiben aus gesundheitlichen Gründen aufgeben müssen – sie starb 1862, im zweiundvierzigsten Lebensjahr –, hätte dieser Brief gut zur Keimzelle eines anderen literarischen Schreibens, jenseits ihrer Vorstellungen von Nationalliteratur, werden können. Der Komet, von dem am Ende unseres Auszugs aus dem dreimal so umfangreichen Brief die Rede ist, bezieht sich übrigens auf eine Weissagung, die damals halb Europa in Angst und Schrecken versetzte: Am 13. Juni 1857 werde ein Komet mit der Erde zusammenstoßen und sie zerstören.

Božena Němcová kämpfte ihr Leben lang um Selbstbestimmung und gegen einengende Konventionen.

Für Božena Němcová bedeutete Schreiben Freiheit und Selbstverwirklichung. Mit ihrem Werk »Großmutter – Babička« erlangt sie auch außerhalb Tschechiens Berühmtheit. Ihr Bild von den Männern war indes kein besonders gutes. Ihr Vorwurf »Ich fand in den Männern nur grobe Despoten, nur den Herrn« war auch gegen ihren Mann, Josef Němec, (rechts) gerichtet.

46 • BRIEFE DER LEIDENSCHAFT •

An Josef Němec, Prag, 13.6.1857

Lieber Mann!

Denk nicht, daß ich Dich hier nicht gern sehe oder kein Verständnis dafür habe, wie Dir dort zumute ist. Ich kann es mir gut vorstellen, schließlich kenne ich Dich, aber was läßt sich machen; Du kämst, und es wäre der alte Ärger. Ich würde Dich auch gerne sehen, oft, wenn ich allein oder mit den Kindern spazierengehe, fühle ich mich sehr verlassen und sehne mich nach Dir, aber ich habe viel zu entbehren gelernt, auch das. Dann wieder denke ich, wenn Du hier wärst, ginge es doch nach der alten Leier, wir würden uns nicht verstehen, und so freue ich mich, daß ich wenigstens meine eigene Herrin bin... Ich lebe hier auch anständiger als manch eine Nonne, doch dann überkommt mich unwillkürlich die Sehnsucht, wenn Du hier wärst, daß ich meinen Kopf an Deine Brust lehnen und ein wenig weinen könnte. Ich weiß, dort ist meine einzige Zuflucht, alles andere ist fremd. Du hast mir gesagt und denkst, daß Du mir nichts wert bist – und daß in meiner Seele ganz andere Ideale leben – aber da hast Du nicht so ganz recht. Ich leugne nicht, daß ich früher das Ideal eines Mannes vor Augen hatte, ebenso wie der Ehe.

Ersterer war ein Muster an Vollkommenheit und Schönheit, letztere schien mir der Himmel. – Nun, ich war jung, unerfahren, nur in der Natur erzogen, mir selbst überlassen. Niemand hat sich um meine Phantasien gekümmert oder mich den rechten Blick auf die Welt gelehrt. Meine überschwengliche Phantasie war es auch, die mich zu Dir geführt hat, und Dich wiederum hat auch nur das Äußere gelockt und vielleicht mein unverdorbenes Gefühl. Hättest Du damals den Verstand gehabt, wie Du ihn heute hast, hättest Du mich so gekannt wie jetzt, Du hättest eine andere Frau aus mir gemacht. Ich liebte Dich, und meine Ideale vergaß ich. Doch es kam anders, und wir haben beide gelitten...

Wenn ich die Welt und mich selbst so gekannt hätte, wäre das freilich nicht geschehen. Kaum eine Frau hält die Würde der Ehe so hoch, wie ich es tat und noch tue, aber meinen Glauben an diese Würde habe ich bald verloren. Wo wäre sie zu sehen? – Nichts als Lüge, Täuschung, privilegierte Sklaverei, erzwungene Pflicht – kurz Gemeinheit. – Mein Herz begehrte, sehr geliebt zu werden. Ich wollte einen Mann haben, den ich hätte anbeten können, der hoch über mir stünde, ich hätte mein Leben für ihn geopfert, aber ich fand in den Männern nur grobe Despoten, nur den Herrn. – Das ließ die Innigkeit erkalten – die Achtung ging verloren, Bitterkeit und Trotz nisteten sich im Herzen ein. So kam es – ich lebte wieder in mir selbst, wie als Mädchen, die alten Ideale hielten wieder Einzug in meine Seele. Meinen Körper habt ihr gehabt, meine Taten, meine Aufrichtigkeit, aber meine Sehnsucht ging in die Ferne, wohin, verstand ich selber nicht. Ich sehnte mich, ich wollte den leeren Platz in meinem Herzen füllen und wußte nicht, womit... Verehrer hatte ich nicht nur einen – der hatte den Geist, der mich fesselte, der andere den Körper, dieser hatte das Herz, jener den Verstand, aber letztlich konnte ich in ihnen nicht finden, wonach ich mich sehnte: den Mann, den ich anbeten wollte. – Alle hatten ihre Schwächen, der Nimbus fiel, und es waren ganz gewöhnliche Menschen, von denen ich keinen zum Mann genommen hätte. Die Sehnsucht aber ruht in meinem Herzen wie ein Tropfen, der nicht verdunstet und nicht versiegt, der ewig funkelt wie ein Diamant...

Wäre diese Liebe, diese Poesie nicht in mir gewesen, wie hätten wir miteinander gelebt? – Es hätte ein schlimmes Ende mit mir genommen, denn ich hätte alles Vertrauen in Dein Herz und alle Achtung vor Dir verloren; wäre ich nicht zu besserer Einsicht gekommen, wäre es so geblieben. Das aber ist wahr, daß Du mir schöner erscheinst und es mich öfter nach Dir verlangt, wenn Du fern bist. Das ist natürlich, und Dir geht es wohl auch so. Sind zwei Menschen unablässig beisammen, verrichten sie all ihre Bedürfnisse voreinander, schöne, unschöne, da wird der eine dem anderen alltäglich. Dann ist da weder Verlangen noch Poesie, nur Gewohnheit... Ich wünschte mir, daß zwischen uns in allem Tun und Handeln Freude wäre, und nicht nur diese kalte Pflicht. – Goethe sagt: »Was ist Pflicht? – Pflicht ist, was der Mensch sich selbst befiehlt!« – Alles aber kann der Mensch sich nicht befehlen; ich würde Dir auch gern in jener einen Pflicht willfahren, aber gerade hier gilt kein Gesetz, kein Muß, weder Drohung noch Bitte, wenn das Gefühl nicht gegenseitig entflammt.

Gerade hierbei sollten die Männer stets vergessen, daß sie die Herren sind, und sich gegen die Frauen, die sie achten, wie Liebhaber benehmen. Hier muß man das Gefühl möglichst schonen, sich möglichst vor jeder Gemeinheit hüten. – Ich zumindest glaube, daß ein solches Benehmen die Blüte manch eines Ehebunds bis in die späten Jahre erhalten könnte. Was denkst Du? – Aber ich bin wieder einmal ins Schwatzen gekommen, über Dinge, über die ich mit Dir vielleicht nicht sprechen sollte. Was geschrieben ist, ist geschrieben, es hilft Dir wenigstens, in die geheimen Winkel Deiner Frau zu blicken – wo sie ihre Geheimnisse verwahrt – und wenn uns heute nacht der Komet hinwegfegt, so wirst Du zu manchem Vers die Note kennen.

Frontbericht vom Ehekrieg
Katherine Mansfield an Samuel Koteliansky

Im Frühjahr 1912 brannte der Schriftsteller D. H. (David Herbert) Lawrence (1885–1930), der gerade an seinem dritten Roman »Söhne und Liebhaber« arbeitete, mit Frieda Weekly durch, der Frau seines ehemaligen Lehrers. Frieda, geborene von Richthofen, eine entfernte Verwandte des »Roten Barons« Manfred von Richthofen, war sechs Jahre älter als ihr Liebhaber und ließ drei Kinder zurück – ein Punkt, der auch nach ihrer Scheidung von Weekly und der Eheschließung mit Lawrence Anlass vielfacher und sehr heftig geführter Auseinandersetzungen zwischen den beiden werden sollte.

Über »Rhythm«, eine junge, avantgardistische literarische Zeitschrift, deren Herausgeber John Middleton Murry war, lernte das Liebespaar Katherine Mansfield (1888–1923) kennen, die mit Murry liiert war. 1911 war Mansfields Erstling »In einer deutschen Pension« erschienen, eine Sammlung von 13 Kurzgeschichten, zumeist satirischen Charakters, häufig in einem Ton gehalten, der einen zeitgenössischen Kritiker an

Porträtfotografie von Katherine Mansfield (1888–1923).

französische und russische Novellisten erinnerte. Bald verbrachten die beiden Paare viel Zeit zusammen, machten Pläne für Zeitschriften und Wohngemeinschaften und lebten dann im Frühjahr 1916, auf energisches Betreiben der Lawrences hin, in der Tat Haus an Haus an der einsamen und windgepeitschten Nordküste von Cornwall. Es war keine gute Zeit für Katherine Mansfield, die gesundheitlich angegriffen war, sich aber auch zunehmend als Außenseiterin in dem Viergespann fühlte. Lawrence war ungeheuer launisch: gerade noch von »weiblicher« Sanftheit, konnte er im nächsten Augenblick völlig die Beherrschung verlieren. Frieda hingegen redete andauernd über Sex und Sexsymbole; genervt schlug Katherine vor, das Lawrencesche Haus in »The Phallus« umzubenennen, was Frieda dann tatsächlich noch eine gute Idee fand. In einem Brief an Samuel Koteliansky, einen ukrainischen Juden und ihren besten Freund, schildert Katherine Mansfield einen der Ehekräche Strindbergscher Ausmaße der Lawrences. Ihr Bericht, der es mit Katherine Mansfields besten Erzählungen aufnehmen kann, liest sich wie eine Reportage von der Front des ewigen Kriegs der Geschlechter.

Der Schriftsteller D. H. Lawrence (1885–1930) (links) heiratete Frieda Weekly (rechts), geborene Freiin von Richthofen (1879–1956), die Frau seines früheren Lehrers.

Cornwall – Gemälde der Küste von Kingsland, von Pickle Point aus gesehen, von Thomas J. Purchas.

An S. S. Koteliansky
[Higher Tregerthen, Zennor, Cornwall]
Donnerstag, [11. Mai 1916]

Du kannst über diesen Brief lachen, so viel Du magst, Lieber, alles über die GEMEINSCHAFT. Es ist aber auch komisch.

Zur Zeit reden Frieda und ich nicht einmal miteinander. Lawrence ist ungefähr eine Million Jahre entfernt, obwohl er nebenan wohnt. Er und ich reden noch miteinander, doch schon seine Stimme ist schwach wie eine Stimme, die über einen Telephondraht kommt. Und nur, weil ich die Lage zwischen diesen beiden nicht ertragen kann, das zum einen. Es ist demütigend – es beleidigt unsagbar die Seele. Ich weiß nicht, was einen mehr anwidert – wenn sie sehr liebevoll sind und miteinander spielen oder wenn sie einander anbrüllen und er Frieda die Haare ausreißt und sagt »Ich schneide Dir die verdammte Kehle durch, Du Aas« und Frieda die Straße auf und ab rennt und nach »Jack« kreischt, der sie retten soll!! Das ist nur die Hälfte dessen, was gestern abend buchstäblich passiert ist. Du weißt ja, Catalina, Lawrence ist nicht mehr gesund; er hat ein wenig den Verstand verloren. Wenn man ihm bei irgendetwas widerspricht, bekommt er einen Tobsuchtsanfall, ist völlig außer sich, und das geht so fort, bis er so erschöpft ist, daß er nicht mehr stehen kann und ins Bett muß und dort bleiben, bis er sich wieder erholt hat. Und egal, was der Grund für die Meinungsverschiedenheiten ist, er sagt, das kommt

Samuel Solomonovich Koteliansky, fotografiert von der englischen Exzentrikerin Lady Ottoline Morrell, Oktober 1930.

23 Worsley Road
Hampstead, N.W.
28 Dezember 1915
Dienstag Nacht 22.45

Wig, mein Liebling,
Ich bin voller Zuversicht, dass ich noch vor diesem Brief bei Dir sein werde und dass wir ihn zusammen lesen und dabei Tränen lachen. Darum muss er kurz sein. Ein langer Brief würde mir das Gefühl geben, als würden wir voneinander fern gehalten werden.
Ich bin heute aus Garsington zurückgekommen. Dort habe ich diesen Morgen Deine beiden Telegramme erhalten, in denen Du schriebst, ich solle kommen. Als ich hier ankam, kam ein weiteres, in dem Du mich anflehtest nicht zu kommen. Das hat mich fertig gemacht. Es kam mir plötzlich so kindisch vor, nicht kindisch, aber verbrecherisch, auch nur einen weiteren Tag von Dir entfernt zu sein. Was auch immer kommt, ich muss bei Dir sein. Wir werden in unserer Villa zusammen leben, bis der Sommer kommt. Oh, wie wir glücklich & unbeschwert sein werden.
Ich muss morgen zum Konsulat gehen (Mittwoch) – ich werde am Donnerstag aufbrechen. Ich zittere allerdings vor Angst, dass sie Schwierigkeiten machen. Sie haben so viele Gesetze in den letzten Tagen erlassen. Ich hoffe & bete, dass sie es nicht tun & mit Deinem Telegramm, denke ich, werde ich sie überzeugen können. Oh mein Liebling – möge es so kommen & am Samstag werde ich Dein liebes Gesicht in meiner Hand halten.
Jag

Katherine Mansfield, genannt »Wig«, und John Middleton Murry – »Jag« – in ihrer Londoner Wohnung in Kensington im Oktober 1913.

daher, weil Du mit Deinem Geschlecht auf Abwege geraten bist und einem obszönen Geist angehörst. Diese Anfälle treten immer auf, wenn ich ihn länger als einen zufälligen Augenblick sehe, denn wenn ich dann etwas sage, das nicht »sicher« ist, platzt er sofort! Es ist, als säße man an einer Bahnstation, und Lawrences Laune ist wie eine große schwarze Maschine, die da schnauft und schnaubt. Ich kann an nichts denken, für alles bin ich blind und warte auf den Moment, da sie mit einem letzten Kreischer platzt! Wenn er auf Frieda wütend ist, sagt er, sie war es, die ihm das angetan hat und daß sie »ein Käfer ist, der sich an meinem Leben genährt« hat. Ich glaube, das stimmt. Ich glaube, augenblicklich leidet er an ganz echter Monomanie, nach allem was er von ihr erduldet hat. Laß Dir erzählen, was Freitag geschah. Ich ging hinüber zu ihnen zum Tee. Frieda sagte, Shelleys Ode an eine Lerche sei falsch. Lawrence sagte: »Du gibst an; davon verstehst Du überhaupt nichts.« Dann fing sie an. »Jetzt habe ich aber genug. Hinaus aus meinem Haus, du kleiner Gottallmächtiger du. Ich habe genug von dir. Willst du wohl jetzt den Mund halten.« Lawrence sagte: »Ich gebe dir gleich eins auf die Backe, damit du still bist, du dreckige Göre.« Usw. Usw. Darauf verließ ich das Haus. Zum Abendessen erschien Frieda. »Ich habe endgültig Schluß mit ihm gemacht. Es ist alles für immer aus und vorbei.« Dann ging sie aus der Küche & fing an, im Dunkeln immer im Haus herumzulaufen. Plötzlich erschien Lawrence und stürzte sich wie ein Wilder auf sie, worauf ein Gekreische und eine Rauferei losging. Er schlug sie – schlug sie tot – Kopf, Gesicht und Brust und riß ihr die Haare aus. Während sie ständig nach Murry um Hilfe kreischte. Schließlich rasten sie in die Küche und immer um den Tisch herum. Nie werde ich vergessen, wie L. aussah. Er war so weiß – fast grün und schlug einfach drauf – prügelte die große weiche Frau. Dann fiel er in einen Sessel und sie in einen anderen. Keiner sagte ein Wort. Stille trat ein, unterbrochen nur von Friedas Schluchzen und Schniefen. In gewisser Weise war ich fast froh, daß die Spannung zwischen ihnen für immer vorüber war – und daß sie die »Intimität« beendet hatten. L. saß da und starrte zu Boden und kaute an den Nägeln. Frieda schluchzte. Plötzlich, nach

einer langen Zeit – ungefähr eine Viertelstunde – schaute L. auf und fragte Murry etwas über französische Literatur. Murry antwortete. Ganz allmählich kamen die drei wieder an den Tisch. Dann schenkte F. sich Kaffee ein. Dann redeten sie und L. allmählich wieder miteinander und sprachen einer Portion »sehr fetten aber sehr guten Käsemakkaroni« zu. Und am nächsten Tag peitschte er sich, und das weit heftiger, als er je Frieda geschlagen hatte, und er riß sich fast ein Bein aus, um ihr das Frühstück ans Bett zu bringen und ihr den Hof zu machen.

Die starken Stimmungsschwankungen von D. H. Lawrence könnten Vorboten seiner Tuberkuloseerkrankung gewesen sein, deren Diagnose erst 1925 erfolgte. *Nach einem dieser Anfälle ist er nun krank, hat Fieber, ist verstört und gebrochen*, schrieb Katherine Mansfield an ihre Freundin Beatrice Campbell. Auch Katherine Mansfield selbst wird später einen ähnlichen Hang zu Wutausbrüchen an sich bemerken. Da hatte sich der *große schwarze Vogel*, von dem sie in einem Brief an Murry aus dem Jahr 1918 spricht, schon auf ihr niedergelassen.

Im Februar dieses Jahres hatte sie ihren ersten blutigen Auswurf, und die Tuberkulose, die damals noch Schwindsucht hieß, zerstörte ihren Körper in den folgenden Jahren mehr und mehr. Die immer wieder aufflackernde Sehnsucht danach, mit Murry, den sie bald darauf heiratet, ein festes, gemeinsames Zuhause zu beziehen, sollte sich nicht erfüllen; Katherine Mansfield setzte ihr unstetes Wanderleben fort, bis sie ihr Weg im Oktober 1922 – nur wenige Wochen vor ihrem Tod – in das gerade gegründete »Institut für die harmonische Entwicklung des Menschen« des Esoterikers Georges Gurdijeff im Schloss Prieuré in Fontainebleau führte. Es war ein Schlussstrich unter eine zwölf Jahre währende, in vieler Hinsicht unentschiedene Beziehung zu einem in seinen Möglichkeiten stark eingeschränkten Literaten, der nicht besonders tatkräftig war und dessen Idealisierung ihrer Person Katherine letztlich nicht gutgetan hatte. Bevor sie zu Abschiedsbesuchen und dann nach Fontainebleau aufbrach, hinterlegte sie einen Abschiedsbrief in ihrer Bank, die ihn Murry nach ihrem Tod aushändigte:

Liebster Bogey,
Seit Tagen möchte ich Dir schon diesen Brief schreiben. Mein Herz hat sich die ganze Zeit so merkwürdig benommen, dass ich mir nicht vorstellen kann, dass es nichts bedeutet. Und da ich Dich nur sehr gern unvorbereitet ließe, versuche ich einfach niederzuschreiben, was mir in den Sinn kommt. Alle meine Manuskripte überlasse ich gänzlich Dir, Du kannst damit machen, was Du willst. Sieh sie eines Tages durch, mein Lieber, und vernichte alles, was Du nicht verwendest. Bitte vernichte alle Briefe, die Du nicht behalten möchtest, und alle Papiere. Du weißt, wie sehr ich Sauberkeit liebe. Mach reinen Tisch, Bogey, und hinterlasse alles ordentlich – tust Du das?

Die Bücher gehören natürlich Dir... Gelder gehören natürlich alle Dir. Überhaupt, mein liebster Liebster, hinterlasse ich alles Dir – dem geheimen Du, dessen Lippen ich heute morgen geküsst habe. Trotz allem, wie glücklich waren wir! Ich spüre, keine anderen Liebenden sind freudiger über die Erde gegangen – trotz allem.

Leb wohl – mein teurer Liebster.
Ich bin auf immer und ewig
Deine WIG

Aufforderung zum Urlaub vom Leben
Vita Sackville-West schreibt an Virginia Woolf

*N*icht ganz nach meinem strengeren Geschmack – gerötet, schnurrbärtig, papageienbunt, mit der ganzen geschmeidigen Ungezwungenheit der Aristokratie, doch ohne den Geist der Künstlerin. Sie schreibt 15 Seiten am Tag – hat wieder ein Buch beendet ... – kennt alle Welt – aber könnte ich sie je kennen? Ich soll am Donnerstag bei ihr dinieren, notierte Virginia Woolf unter dem Datum des 15. Dezember 1922 in ihr Tagebuch. Gemeint war Vita Sackville-West, zehn Jahre jünger als sie – Virginia Woolf war zu diesem Zeitpunkt vierzig, Vita dreißig Jahre alt –, der Herkunft und ihrem Auftreten nach eine Aristokratin *comme il faut*; die Sackvilles gingen auf Wilhelm den Eroberer zurück und hatten alles zu bieten, was eine Bürgerliche damals an der Aristokratie faszinieren konnte: Herrensitze, politischen Einfluss, Mäzenatentum, Weltgewandtheit, Skandale.

Ich bete Virginia an, und das würdest Du auch tun. Ihr Charme und ihre Persönlichkeit würden Dich zu Boden strecken. Es war eine gute Abendgesellschaft ... Mrs. Woolf ist so einfach: Sie macht unbedingt den Eindruck von etwas Großem. Sie ist völlig ungekünstelt, ganz ohne äußere Verzierungen – sie zieht sich abscheulich an. Anfänglich hält man sie für unscheinbar; dann zwingt sich einem eine Art geistiger Schönheit auf, und man entdeckt eine gewisse Faszination darin, sie zu beobachten ... Liebster, ich habe richtig mein Herz verloren, so schwärmt vier Tage später Vita Sackville-West in einem Brief an ihren Mann

Die Schriftstellerin Vita Sackville-West (links), Vintageprint von Emil Otto Hoppé.

Harold Nicholson, der als Diplomat gerade an der Friedenskonferenz in Lausanne teilnahm. Er und Vita hatten sich vor zehn Jahren kennengelernt und 1923 geheiratet. In den ersten vier Jahren ihrer Ehe gebar Vita drei Kinder, eins davon eine Totgeburt. Danach entdeckte sie, dass ihr Mann homosexuelle Beziehungen hatte, und begann kurze Zeit später selbst ein leidenschaftliches Liebesverhältnis mit der ebenfalls verheirateten Violet Trefusis. In der Folge arrangierten sich die Eheleute: Während jeder von beiden sexuell eigene Wege ging und auch die beruflichen Lebenskreise getrennt blieben, hielten die Liebe zu den beiden Söhnen, gemeinsame Reisen und ein liebevoller Briefwechsel in den Phasen der Trennung das Paar zusammen. *Wärst Du in eine andre Frau verliebt oder ich in einen anderen Mann*, schrieb Vita 1926 an ihren Mann, *so fänden wir beide oder einer von uns eine natürliche sexuelle Erfüllung, die unserer eigenen Beziehung zwangsläufig etwas wegnehmen würde. So aber haben die Verbindungen, die Du und ich eingehen, überhaupt nichts mit der natürlicheren, normaleren Einstellung zu tun, die wir gegeneinander haben und stören daher nicht.* Das war wohl auch beschwichtigend gemeint. Denn zu diesem Zeitpunkt hatte ihre Liebesbeziehung mit Virginia durchaus Dimensionen (auch sexuelle) erreicht, die beide Ehemänner beunruhigte und Leonard Woolf, Virginias Mann, auch dann und wann giftig werden ließ. So verfiel Vita auf die Strategie, die vielen Liebesbriefe, die sie zu dieser Zeit an ihr *geliebtes Wesen* schrieb, im Inneren von Briefen zu verstecken, die auch Leonard zur Lektüre bestimmt waren. Virginia spöttelte verblüfft: *Du bist ein Wunder an Diskretion – ein Brief in einem zweiten. An so etwas habe ich nie gedacht.*

52 • BRIEFE DER LEIDENSCHAFT •

Umschlag der Originalausgabe des Romans »The Waves« von Virginia Woolf, der 1931 im Verlag der Woolfs, The Hogarth Press, erschien.

Erst einmal geriet die Beziehung der beiden jedoch ins Stocken, und es sollten fast eineinhalb Jahre vergehen, bis sie wieder Fahrt aufnahm. Anlass waren ein Vorwurf und ein Angebot, beide kamen von Virginia, und beide waren kaum verhüllte Aufforderungen. Der Vorwurf lautete, Vita schreibe ihr immer nur sehr unpersönliche, wenig intime Briefe. Das Angebot hingegen war, eine Geschichte für die Hogarth Press zu verfassen, die Virginia Woolf zusammen mit ihrem Ehemann 1917 gegründet hatte und in der sie das Lektorat innehatte. Daraufhin schrieb Vita, die mit ihrem Mann gerade Bergtouren in den Dolomiten unternahm, Virginia einen Brief, der in ihrem Leben Epoche machen sollte:

Tre Croci
Cadore. [Italien]
16. Juli [1924]
Meine liebe Virginia
Ich hoffe, niemand hat mir bisher einen Handschuh hingeworfen oder wird das jemals tun, ohne daß ich bereit gewesen wäre, ihn aufzunehmen. Du hast mich gebeten, eine Geschichte für Euch zu schreiben. Auf Bergesgipfeln und neben grünen Seen schreibe ich sie für Dich. Ich verschließe meine Augen vor dem Blau des Enzians, vor dem Korallenrot der Androsace. Ich verschließe meine Ohren vor dem Rauschen der Flüsse; ich verschließe meine Nase vor dem Duft der Pinien; ich konzentriere mich auf meine Geschichte. Vielleicht wirst Du ja zum Verbindlichen Verleger, und ich erhalte meine Geschichte zurück – »Die Hogarth Press bedauert, daß das beiliegende Manuskript«, etc. – oder wie auch immer Eure Formulierung lautet. Trotzdem werde ich ohne Groll bleiben. Wegen der Gipfel und der grünen Seen und der Herausforderung wird es sich gelohnt haben, und Dir allein soll sie gewidmet sein ...
Heute stieg ich hinauf zum ewigen Schnee und fand dort leuchtendgelbe Mohnblumen, die gleichermaßen dem Gletscher wie dem Sturm trotzen; und schämte mich vor ihrem Mut ... Ich kann Dir nicht sagen, wie viele dolomitische Meilen und Steigungen ich bis jetzt schon in meinen Beinen habe. Ich habe das Gefühl, als ob sich die reine physische Energie und das Wohlbefinden den ganzen Intellekt einverleibt hätten. So sollte man sich fühlen, davon bin ich überzeugt. Ich denke über junge Bergsteiger nach, mit Seilen und Eispickeln behangen, und glaube, nur sie haben verstanden, wie man das Leben leben soll – Ich frage mich, ob Du jemals Bloomsbury und die Kultur schwänzen und mit mir auf eine Reise gehen wirst? Nein, natürlich wirst Du das nicht. Ich habe Dir einmal gesagt, ich würde lieber mir Dir als mit irgendjemand anderem nach Spanien fahren; und

Virginia Woolf (1882–1941), undatierte Lithografie von Edgar Holloway.

• BRIEFE DER LEIDENSCHAFT • 53

Du hast verwirrt geschaut, und ich hatte das Gefühl, ich hätte einen Fauxpas begangen – wäre zu persönlich, genau gesagt –, aber die Behauptung bleibt trotzdem wahr, und ich werde mich nicht zufrieden geben, bis ich Dich fortgelockt habe. Willst Du nächstes Jahr mit zu dem Ort kommen, an dem die Zigeuner aller Länder eine alljährliche Pilgerfahrt zu irgendeiner Madonna machen? ... es ist ein Ort irgendwo in der Nähe der baskischen Provinzen, zu dem ich immer mal reisen wollte, und nächstes Jahr FAHRE ICH. Ich finde, Du solltest auch mitkommen. Betrachte es, wenn Du willst, als literarischen Stoff, – so wie Du, glaube ich, alles betrachtest, menschliche Beziehungen eingeschlossen. O ja, Du magst Menschen eher mit dem Kopf als mit dem Herzen – verzeih mir, wenn ich mich irre. Natürlich muß es Ausnahmen geben, es gibt immer welche. Aber im allgemeinen ... Und dann glaube ich, daß man Menschen niemals in ihrer eigenen Umgebung kennenlernen kann; man lernt sie nur fern von zu Hause kennen, getrennt von all den dünnen Fäden und Spinnennetzen der Gewohnheit. Long Barn, Knole, Richmond und Bloomsbury. Alles zu gewohnt und beengend. Entweder bin ich daheim, und Du bist fremd; oder Du bist daheim, und ich bin fremd; so ist keine je die tatsächlich eigentliche Person, und das führt zu Verwirrung. Aber in den baskischen Provinzen unter einer Horde Zinganros [Zigeunern] wären wir beide gleichermaßen fremd und gleichermaßen wirklich.

Alles in allem glaube ich, Du solltest Dich entschließen, Urlaub zu machen und mitzukommen.

Vita

Aus der größeren gemeinsamen Reise, die Vita Virginia zu Beginn ihrer Liebesbeziehung vorschlug, wurde nichts, wie sie selbst schon vorausgesehen hatte, sieht man einmal von einem gemeinsamen einwöchigen, relativ ereignislosen Aufenthalt in Burgund ab – mehr Kumpanei als Honeymoon, wie Virginias Woolfs Biografin Hermione Lee meint. Die Chance, die Virginia aus dem Brief herausgelesen hatte, sich durch eine Beziehung mit Vita einen zumindest zeitweiligen Urlaub vom Leben zu verschaffen, ließ sie sich hingegen

Das Bücherzimmer in Vitas Haus in Sissinghurst, »The Book Room«, von Annie Harris.

nicht entgehen. Dennoch sollte Vita auch in anderer Hinsicht Recht behalten: Virginias Strategie, mit den Dingen des Lebens umzugehen, bestand darin, sie zum Stoff ihrer Schriftstellerei zu machen. Die Überschneidung von Literatur und Liebe markiert nicht nur den Beginn, sondern auch das Ende ihrer erotischen Beziehung. Zu Anfang »ködert« die Verlegerin und Literatin die Lebenskünstlerin und Belletristin mit der Aussicht, ihre Geschichte »Seducers in Ecuador« in ihrem Verlag unter lauter großen Namen der Literatur zu veröffentlichen. (Als sie das Manuskript dann in Händen hält, ist sie voll gönnerhaften Lobes: *...ich bin sicher, dass Du etwas bedeutend Interessanteres gemacht hast ...als bisher. [Die Erzählung] ist natürlich nicht ganz durchgehalten; ich finde, sie könnte gestrafft werden, und gerader gezielt, aber darin liegt nichts, was sie verderben könnte.*) Ende 1927 dann, als Vitas Interesse für andere Frauen, etwa für Mary Campbell, die Frau des südafrikanischen Dichters Roy Campbell, unabweisbar wurde, gelang es Virginia Woolf aufs Neue, die Kontrolle über ihre Beziehung zu gewinnen:

52 Tavistock Sqre. [W.C.1]
9. Okt. [1927]
Gestern morgen war ich völlig verzweifelt: Du kennst doch das verdammte Buch, das Dadie und Leonard mir, Tropfen um Tropfen, aus der Brust reißen? »Fiction«, oder sonst ein Titel dieser Art. Ich konnte kein Wort aus mir herauspressen; und ließ zum Schluß den Kopf in die Hände sinken: tauchte meine Feder in die Tinte, und schrieb folgende Worte, wie automatisch, auf ein sauberes Blatt: Orlando: Eine Biographie. Kaum, daß ich dies getan hatte, wurde mein Körper von Entzücken durchflutet und mein Gehirn von Ideen. Ich schrieb rasend schnell bis um 12 ... Und jetzt werde ich jeden Morgen bis um 12 Fiction (meine eigene Fiktion) schreiben ... Aber hör zu; angenommen, es stellt sich heraus, daß Orlando Vita ist; und daß das Ganze von Dir und den Lüsten Deines Fleisches und den Verlockungen Deines Geistes handelt (Herz hast Du keines, die Du mit der Campbell über die Feldwege schlenderst) – angenommen

das Ganze hat diese Art von Schimmer von Realität, der meinen Personen manchmal anhaftet ... angenommen, sage ich, daß Sibyl nächsten Oktober sagt »Da ist Virginia doch tatsächlich hingegangen und hat ein Buch über Vita geschrieben« ... wird es Dir etwas ausmachen? Sag ja; oder Nein: Deine Vortrefflichkeit als Thema entspringt hauptsächlich Deiner edlen Geburt (Aber was sind, nichtsdestoweniger, 400 Jahre Adel?) und der dadurch sich bietenden Gelegenheit für verschnörkelte beschreibende Passagen in großer Üppigkeit. Außerdem gebe ich zu, daß ich Lust hätte, einige sehr seltsame, widersprüchliche Strähnen in Dir zu entflechten und neu zu zwirnen: mich ausführlich mit der Frage Campbell zu beschäftigen; und außerdem, wie ich Dir gesagt habe, überfiel mich plötzlich der Gedanke, wie ich die Gattung Biographie in einer Nacht revolutionieren könnte: und folglich würde ich, falls es Dir genehm ist, diese Sache gerne in die Luft schleudern und sehen, was passiert.

Vita Sackville erteilte ihre Erlaubnis – *Siehst Du, jede Rache, die Du jemals nehmen wolltest, wird zum Gebrauch bereitliegen* – und begann sich gegenüber Mary Campbell gleich »Orlando« zu nennen. Da hatte ihr Virginia Woolf allerdings noch nicht den Clou des Buches verraten: der Wechsel der Hauptfigur von einem Geschlecht zum andern. »Orlando. Eine Biographie«, erschienen 1928, wurde nicht nur der witzigste, sondern auch der populärste Roman Virginia Woolfs.

Große Lieben

Der ungarische Fotograf **Nickolas Muray**, der eigentlich Miklós Mandl heißt,
lernte **Frida Kahlo** 1931 in Mexiko kennen. Ihre leidenschaftliche Affäre dauert etwa ein Jahr.
Am 16. Februar 1939 schreibt sie ihm aus Paris:

*Mein bezaubernder Nick.
Mi Niño,*

*(...) Heute Morgen ist Dein Telegramm eingetroffen.
Ich habe geweint vor Glück, und weil ich Dich mit jeder Faser
meines Herzens vermisse. Dein Brief, mein Liebling, kam gestern,
und er ist so wunderbar, so zärtlich, daß ich keine Worte habe,
um Dir zu sagen, wie sehr ich mich gefreut habe.
Ich bete Dich an, mein Liebster, wie ich nie zuvor jemanden geliebt habe,
glaub mir – nur Diego ist in meinem Herzen so nah wie Du – immer. (...)*

*Liebe, liebe Frida,
Ich hätte Dir schon längst schreiben sollen. Eine komplizierte Welt, in der Du und ich leben.
Es war sicher schrecklich für Dich, aber für mich nicht minder, als ich Dich in N.Y. habe stehenlassen
und dann von Ella Paresce erfahren mußte, daß Du abgereist bist.
Ich war darüber weder schockiert noch verärgert, ich wußte ja, wie unglücklich Du bist,
wie sehr Dir Deine gewohnte Umgebung, Deine Freunde, Diego und Dein Haus und
deine vertrauten Gewohnheiten fehlen.
Ich weiß, daß New York für Dich nur eine vorübergehende Zwischenstation war und
daß Du bei Deiner Rückkehr Deine heimische Umgebung völlig intakt vorgefunden hast.
Von uns dreien waren für Dich eigentlich immer nur zwei wirklich wichtig, das habe ich schon lange gespürt.
Das haben mir auch Deine Tränen verraten, wenn Du seine Stimme gehört hast.
Der eine, der ich bin, wird ewig dankbar sein für das Glück,
das die eine Hälfte Deines Wesens mir so großzügig geschenkt hat.
Meine liebste Frida – genau wie Du habe ich mich schon immer unendlich nach echter Zuneigung gesehnt.
Als Du abgereist bist, war mir klar, daß alles vorbei ist. Dein Instinkt hat Dich klug geleitet.
Du hast das logisch einzig Richtige getan, denn ich konnte Mexiko nicht für Dich nach New York verpflanzen,
und ich habe inzwischen begriffen, wie unverzichtbar das alles für Dich ist. (...)*

Herzlichst, Nick

Anaïs Nin und **Henry Miller** schreiben sich über zwanzig Jahre lang Briefe von großer Leidenschaft und Intensität, getragen von gegenseitigem Respekt für die künstlerisch-literarische Begabung des anderen.

An Henry
Louveciennes, 11. Juni 1932

(...) Dinge, die ich Dir zu sagen vergaß: (...) daß ich Dich liebe und daß ich, wenn ich morgens erwache, meinen Verstand einsetze, um mehr Wege zu entdecken, Dich richtig zu würdigen.
Daß June, wenn sie zurückkommt, Dich noch viel mehr lieben wird, weil ich Dich geliebt habe. Neue Blätter sind auf der Krone, auf dem höchsten Punkt Deines bereits überreichen Hauptes.

Daß ich Dich liebe.
Daß ich Dich liebe.
Daß ich Dich liebe.

Ich bin eine Idiotin geworden wie Gertrude Stein. Das stellt Liebe mit intelligenten Frauen an. Sie können keine Briefe mehr schreiben.
Anais

An Anais
Clichy, 14. Juni 1932

(...) Ich bin verrückt nach Dir! Jedesmal, wenn ich Dich sehe, entdecke ich neue Wunder, neue Hüftlinien, ein neues Lächeln, neue Grübchen, neue Verrücktheiten. Letzteres beunruhigt mich furchtbar.
Du wirst eine Medici.
Aber Dein Schreibtisch fasziniert mich am meisten von allem. Fordere mich auf, irgendwann darüber zu schreiben. Über seine Geographie. Wenn Du arm wärst, weißt Du, was ich dann täte? Ich würde für Deinen Lebensunterhalt arbeiten. Friseur und Taxifahrer werden – oder Putzfrau. Ich würde Ehefrau, Ehemann, Dichter usw. sein – alles gleichzeitig. Weil ich Dich wahnsinnig,
wahnsinnig liebe.
Heinrich (Henry Miller)

»Was für ein Leben!«
BRIEFE DER FREUNDSCHAFT

Aus der Antike ist uns ein Freundschaftsideal überliefert, das vollkommene Übereinstimmung und Seelenharmonie der Beteiligten fordert. Traditionell gehörte dazu auch die Zeitenthobenheit des Freundschaftsverhältnisses. Montaigne etwa hat (sexuelle) Leidenschaft und Freundschaft dadurch voneinander abgegrenzt, dass er auf ihre unterschiedliche Dauer abstellte. Die Leidenschaft, von ihm auf die »Liebe zu den Frauen« eingegrenzt, sei, wie er zugeben müsse, »zwar heftiger, beißender und verzehrender, aber es flackert nur flüchtig auf, in beständigem Wechsel hin und her wabernd: eine Fieberhitze, die bald steigt, bald fällt und bloß einen Zipfel von uns ergreift. Bei der Freundschaft hingegen umfasst uns eine alles durchdringende, dabei gleichmäßige und wohlige Wärme, beständig und mild, ganz Innigkeit und stiller Glanz; nichts Beißendes ist in ihr, nichts, das uns verzehre.«

Allerdings sind durchaus Zweifel angebracht, ob diese idealtypische Deutung der Formen, die menschliche Beziehungen annehmen können, überhaupt noch unserer Empfindung entspricht. Bereits vor hundert Jahren hat Georg Simmel, einer der Pioniere der modernen Soziologie, darauf aufmerksam gemacht, dass wir auch auf dem Gebiet der Freundschaft zunehmend zu Differenzierungen neigen. Es gibt eben Grade von Freundschaft: man kann dem einen mehr und dem anderen weniger Freund sein, ohne der Beziehung gleich die Bezeichnung Freundschaft absprechen zu wollen. Die Freundschaft zu dem einen kann sich aber auch stärker auf diesen und die zu einem anderen stärker auf jenen Aspekt unserer Persönlichkeit beziehen. Und schließlich muss die beste Freundin oder der beste Freund nicht zeitlebens dieselbe Person sein. Freundschaft hat eben auch immer damit zu tun, in die Intimsphäre einer anderen Person einzudringen, und dabei spielen Fragen der Tiefe, des Umfangs und der Art der Beziehung eine wichtige Rolle. Und entscheidend ist nicht zuletzt das Geschlecht.

In ihrer epochemachenden Analyse des »anderen Geschlechts« hat Simone de Beauvoir für diesen Unterschied historische und soziale Gründe angeführt. Auf Seite der Frauen konstatierte sie eine übermächtige, bis in die Gegenwart fortwirkende Tradition von Schwächegefühlen: »Während die Männer als Individuen über eigene Gedanken und Entwürfe miteinander kommunizieren, sind die Frauen, gefangen in der Allgemeinheit ihres weiblichen Schicksals, durch eine Art immanente Komplizenschaft vereint ... Sie schließen sich zusammen, um eine Art Gegenwelt zu schaffen, deren Werte den männlichen Werten überlegen sind.«

Diesem Phänomen stehen Männer nicht selten verständnislos, zumindest erstaunt, nicht zuletzt eifersüchtig gegenüber: Mit der bisweilen verschwörerisch anmutenden Gemeinschaftlichkeit, der warmherzigen, in ihren Augen oft leichtfertigen Intimität von Frauen untereinander, in der Wichtiges und Belangloses einander unvermutet abwechseln, können sie wenig anfangen, ja fühlen sich davon bedroht. Frauen »diskutieren nicht über Meinungen, sondern tauschen Vertraulichkeiten und Rezepte aus«, hat Simone de Beauvoir, anti-feministischer Umtriebe unverdächtig, einmal den grundlegenden Unterschied der Kommunikation von Männern und Frauen untereinander auf den Punkt gebracht.

Blickt man ein, zwei Jahrhunderte zurück, wird man des Schemas gewahr, nach dem sich Männer- und Frauenfreundschaften voneinander unterscheiden: Der Mann, der im feindlichen Draußen sich bewähren muss, findet sich selbst, indem er sich gegen andere durchsetzt. Die Frau, die im Hause waltet, findet sich selbst, indem sie in sich hineinhorcht und sich mit anderen austauscht. Bis heute reagiert die Mehrzahl der Frauen, die emotionalem Stress ausgesetzt sind, mit Selbstanalyse: sie führen endlose Gespräche mit Freundinnen und vertrauen ihre Gefühle Briefen oder einem Tagebuch an. Männer hingegen neigen in solchen Situationen dazu, sich abzulenken, sich noch mehr in die Arbeit zu stürzen, Sport zu treiben oder die Probleme in Alkohol zu ertränken. Das sind natürlich Klischees. Sie machen jedoch deutlich, dass die Voraussetzungen einer Männer- und einer Frauenfreundschaft nicht dieselben sind. Und das gilt auch für die jeweiligen Briefwechsel.

Dabei ist das Spektrum der weiblichen Freundschaftsbriefe unerwartet groß. Oftmals war die seit der Kindheit vertraute Schwester oder eine andere Verwandte auch die beste Freundin im Erwachsenenalter, zumal wenn es wegen der eingegangenen Ehe an einem Ort fern der Heimat verbracht wurde. Eine in Kindheitstagen entstandene Nähe und Vertrautheit ist wohl die solideste, vielleicht sogar die einzige Grundlage für eine lebenslange Freundschaft. Ein eigenes Kapitel im Buch der Frauenfreundschaften hätte die literarische Freundschaft verdient. Hier beschränke ich mich auf ein Beispiel, das zugleich zeigt, dass sich auch in Frauenfreundschaften die von Sigmund Freud entdeckte Ambivalenz der Gefühlsverhältnisse findet: Die gegenseitige Anziehungskraft war bei Katherine Mansfield und Virginia Woolf unzweifelhaft sehr stark, doch blieb ihre Freundschaft nie ohne grundsätzliche Vorbehalte einander gegenüber und scheiterte letztlich an ihrer Rivalität als Schriftstellerinnen. Und auch das weite Feld der Freundschaften von Frauen und Männern untereinander ist mit zwei Beispielen vertreten – einem aus jungen und einem aus alten Jahren. Nicht selten spielt hier Resignation hinein: im Freund eigentlich den idealen Lebenspartner gefunden zu haben, doch die Leidenschaft, sie will es anders.

Wovon man schweigen muss, darüber kann man Briefe schreiben
Liselotte von der Pfalz an Frau von Harling und die Raugräfin Amalie Elisabeth

W enn Ihr wissen solltet, wie alles hier ist, sollte es Euch gar kein Wunder nehmen, dass ich nicht mehr lustig bin. Eine andere in meinen Platz … würde vielleicht vor Kummer längst gestorben sein; ich aber werde nur dick und fett davon. So schrieb die Herzogin Elisabeth Charlotte von Orléans aus Versailles an ihre deutschen Verwandten, und in diesen beiden Sätzen scheint schon das ganze Dilemma, aber auch die ganze Eigenwilligkeit dieser Pfälzer Prinzessin am Hof Ludwigs XIV. auf. Im Alter

Man schätzt, dass Liselotte, die in Heidelberg geboren wurde und dann nach Frankreich heiratete, etwa 60 000 Briefe in Deutsch und in Französisch verfasst hat.

von neunzehn Jahren war die Tochter des Kurfürsten Karl Ludwig von der Pfalz auf Vermittlung einer Pariser Tante mit Herzog Philipp I. verheiratet worden, der seinem Status als Bruder Ludwigs XIV. gemäß am Hofe »Monsieur« genannt wurde.

Darüber hinaus war Liselotte in Versailles mit einem Verhaltensstil konfrontiert, der völlig von demjenigen abwich, nach dem sie erzogen worden war, und der auch ihrem offenherzigen Temperament widersprach. Statt der von ihr geschätzten Ungezwungenheit und Direktheit herrschte hier das Korsett der Etikette; ein offenes Wort war schwierig, selbst im engsten Kreis galt es, sich zu verstellen, wollte man seine Ziele erreichen; zudem gab es kaum Rückzugsmöglichkeiten, ständig war man von Leuten umgeben, die schlimmstenfalls auch Spione sein konnten. Weder konnte Elisabeth Charlotte über ihre eigene Person verfügen noch sah sie für sich Möglichkeiten, über das bloße Repräsentieren hinaus politische Entscheidungsprozesse in irgendeiner Weise verantwortlich mitzugestalten und auf diese Weise ihren Einfluss geltend zu machen. *Ich vor mein Teil wollte lieber ein regierender Reichsgraf sein mit seiner Freiheit, als ein enfant, denn wir sind in der Tat nichts anderst als gekrönte Sklaven,* klagte Madame. Und fügte hinzu: *Ich wäre erstickt, wenn ich dieses nicht gesagt hätte.*

Erschwerend kam hinzu, dass ihr anfangs gutes Verhältnis zu Ludwig XIV. sich immer mehr abkühlte. Ihr burschikoses Auftreten imponierte dem König, der sie gerne mit auf die Jagd nahm – ein Zeitvertreib, den seine Gattin verabscheute. Die Nachrichten darüber drangen bis zu Madame de Sevigné, die in einem ihrer Briefe verwundert feststellte: *Der König hat ein Verlan-*

gen, Madame zu vergnügen, wie er es niemals für jemand anderen gehabt hat. Doch dann wendete sich das Blatt: Nachdem er seinen ehelichen Pflichten durch das Zeugen von drei Kindern (von denen nur zwei überlebten) nachgekommen war, zog sich Monsieur völlig von ihr zurück. Ludwig XIV. hingegen ließ seine Soldaten in Liselottes Heimatland einmarschieren und dort eine Taktik der verbrannten Erde praktizieren – das kostete ihn die Sympathien seiner Schwägerin. Und mit Madame de Maintenon wählte er sich eine Frau zur Mätresse, die jeden Einfluss der Deutschen auf ihn unterband. Sie glaube nicht, dass ein böserer Teufel in der Welt könne gefunden werden, als diese *alte zott* mit aller ihrer Devotion und Heuchelei, urteilte Liselotte über ihre Rivalin. Sie mache das alte deutsche Sprichwort wahr: »Wo der Teufel nicht hinkommen kann, da schickt er ein alt Weib hin.« Ludwigs Mätresse selbst blieb die herzliche Abneigung von Madame natürlich keineswegs verborgen, was deren Isolation indessen nur noch verstärkte.

> Die Mätresse Ludwigs XIV., Madame de Maintenon, und Liselotte von der Pfalz konnten sich gegenseitig nicht ausstehen, woraus beide kein Geheimnis machten.

In dieser Situation, die bis zum Tode Ludwigs XIV. im Jahr 1715 anhielt, schrieb Elisabeth Charlotte Briefe sonder Zahl nach Deutschland. Zigtausende sollen es insgesamt gewesen sein, 6000 davon blieben der Nachwelt erhalten. Das tägliche Schreiben von Briefen ersetzte ihr jene *Lust der Freundschaft*, die sie im höfischen Leben so außerordentlich vermisste.

In ihren Briefen formulierte Elisabeth Charlotte mit einer Direktheit und Unverblümtheit, die nicht selten bis zur Grobheit ging. Sie, die eine leidenschaftliche Leserin war, schrieb einmal, sie lese nicht soviel als sie schreibe – im Klartext, sie schreibe noch mehr als sie schon lese –, *denn im Schreiben kann man noch eher mit den Leuten reden, als im Lesen, und das muß ich immer tun.* Kaum anzunehmen, dass diese Frau, die keineswegs auf den Mund gefallen war und sich die französische Sprache sofort nach ihrer Ankunft in Versailles bis zu einem hohen Grad an Perfektion angeeignet hatte, nicht auch am Hofe und in Gesellschaft das Wort geführt haben soll; dort aber musste sie genau auf die Wahl ihrer Worte und deren möglichen Hinter- und Nebensinn achten. In ihren Briefen hingegen schrieb sie frisch von der Leber weg, so wie es ihr in den Sinn kam. Das nannte sie *teutsch heraus* schreiben, was bei den Lesern der Briefe in den nachfolgenden Jahrhunderten Anlass zu nicht wenigen, auch zu nationalistischen Missverständnissen gegeben hat. Ihr hingegen ging es in erster Linie darum, sich jene Unverstelltheit zu bewahren, ohne die sie wohl nicht leben konnte.

Sie formulierte mit Direktheit und Unverblümtheit.

Das Festhalten an der Muttersprache in den Briefen geschah nicht in der Absicht, Kultur- und Sprachenpolitik zu betreiben, sondern das Gefühl für den eigenen Wert zu bewahren in einer Welt, die nicht die ihre war. Wohl wusste sie, dass ihre Briefe vom Zensurbüro des Königs gelesen wurden: *Hierauf wäre noch viel zu sagen,* äußerte sie sich einmal, *aber es ist der Feder nicht zu vertrauen; denn alle Briefe werden gelesen und wieder zuge-*

• BRIEFE DER FREUNDSCHAFT • 61

Elisabeth Charlotte

Liselotte hieß eigentlich Elisabeth Charlotte von der Pfalz,
sie war Herzogin von Orléans und die Schwägerin des französischen Königs Ludwig XIV.
Rechts unten: Mit Amalie Elisabeth, Raugräfin von der Pfalz,
korrespondierte Liselotte intensiv. Gemälde um 1700, Künstler
unbekannt, Privatbesitz.

pitschiert. Nicht zuletzt im Vertrauen auf ihre eigenwil-
lige Diktion scherte sie sich jedoch oftmals nicht darum. Die Herzogin von Orléans war einer der seltenen
Fälle, wo der frische, zupackende Schreibstil den Rede-
stil an Natürlichkeit übertroffen haben dürfte.

So wie man ihre Bedeutung als Briefschreiberin
missversteht, indem man Liselotte von der Pfalz zur
Repräsentantin deutscher Volkstümlichkeit macht, so
engt man diese Bedeutung auch künstlich ein, wenn
man in ihr nur die Hofberichterstatterin sieht, die einen
Blick von außen auf eine merkwürdige Realität wirft.
Merkwürdig im Sinne von bemerkenswert war ihr nämlich auch die eigene Person, und zwar gerade dort, wo
sie ein Teil dessen war, was Simone de Beauvoir die Allgemeinheit des weiblichen Schicksals genannt hat. Vielleicht als erste Frau überhaupt schrieb die Herzogin
ausführlich über die kreatürlichen Aspekte des Lebens
als Frau, über Geburt und körperlichen Verfall, und
nahm auch in dieser Hinsicht kein Blatt vor den Mund.
Der erste der beiden hier abgedruckten Briefe wurde

wenige Wochen nach der Geburt des Sohnes Philipp geschrieben, der nach dem Tod Ludwigs XIV. im Jahr
1715 bis zur Volljährigkeit von Ludwig XV. im Jahr 1723
Regent von Frankreich werden sollte. Der erstgeborene
Sohn war im Jahr zuvor noch im Kleinkindalter gestorben. Der zweite Brief entstand gut zwei Jahrzehnte später, Elisabeth Charlotte war damals 46 Jahre alt; eine
Entstellung des Äußeren durch die Narben, die die damals äußerst verbreiteten Pocken – wenn man sie denn
überlebte – am Körper und auch im Gesicht hinter-
ließen, war keine Seltenheit. Noch ein Jahrhundert später
wird etwa Maria Theresia mehrfach die Heiratspläne,
die sie für ihre Familie hegte, ändern müssen, da zwei
ihrer Töchter von den Pocken hinweggerafft und eine
dritte von ihnen völlig verunstaltet wurde.

An Frau von Harling

St. Cloud, 10. Oktober 1676

*Ob ich zwar schon heute an ma tante einen großen Brief
geschrieben habe, welches einer von den ersten ist, so ich
seider [seither] meinem Kindbett schreibe, so will ich doch
diese post nicht vorbeigehen lassen, ohne Euch zu danken
vor alle guten wünsche, so Ihr mir sowohl als meinem neu-
geborenen Kind tut. Was mich anbelangt, so habe ich mich,
seider ich niederkommen bin, Gott sei dank über die maßen
wohl befunden und bis auf die stunde nicht die geringste In-
kommodität gehabt, obzwar die Kindsnöten diesesmal viel
härter gewesen als die zwei andere mal; bin zehn stunden
lang in den großen schmerzen gewesen, welches mich, um
die Wahrheit zu sagen, deromaßen abgeschreckt hat, daß
ich gar nicht wünsche, eine Orgelpfeife daher zu setzen, wie
Ihr mir schreibt, denn sie kommen einem gar zu sauer an.
Und wann sie denn nur noch leben blieben, dann wäre es
noch eine Sache, allein wann man sie sterben sieht, als wie
ich das traurige Exempel dies Jahr experimentiert, dann ist
wahrlich keine Lust darbei. Was diesen meinen überbliebe-
nen de Chartres, den ich Euch so manchmal wünsche, anbelangt, so ist er Gott sei dank nunmehr in vollkommener
Gesundheit so wohl als sein Schwesterchen, welches so fett
ist wie eine gemäste Gans und sehr groß vor ihr alter. Ver-*

gangenen Montag seind sie beide getäufet worden und hat man ihnen Monsieurs und meinen Namen geben, also daß der Bub jetzt Philipp und das Mädchen Elisabeth Charlotte heißt. Nun ist eine Liselotte mehr auf der welt; Gott gebe, daß sie nicht unglücklicher als ich sein möge, so wird sie sich wenig zu beklagen haben. Im übrigen aber so bin ich Euch auch sehr obligiert, daß Ihr sowohl als ich wünschet, meinen Sohn bei Euch zu haben; ich glaube, daß wann ihn ma tante nun sehen sollte, würde er sie einen Augenblick divertieren, denn er kann nun ganz reden und alleine gehen und den ganzen tag durch plaudert er einem den kopf so voll, daß man nicht weiß, wo man ist; er entreteniert immer den König und die Königin, wann sie herkommen.

An Raugräfin Amalie Elisabeth
Port Royal, 22. August 1698
... Ihr müßt meiner sehr vergessen haben, wenn Ihr mich nicht mit unter den Häßlichen rechnet; ich bin es all mein tag gewesen und noch ärger hier durch die Blattern worden. Zudem so ist meine Taille monstrueuse in dicke, ich bin so viereckt wie ein Würfel, meine haut ist rötlich mit gelb vermischt; ich fange an, grau zu werden, habe ganz vermischte haare schon, meine stirn und augen seind sehr runzelig, meine Nase ist ebenso schief, als sie gewesen, aber durch die Kinderblattern sehr brodiert, sowohl als beide backen; ich habe die backen platt, große Kinnbacken, die zähn verschlissen, das maul auch ein wenig verändert, indem es größer und runzeliger geworden. So ist meine schöne
                                                   Figur bestellt.

Liselotte wurde in Heidelberg geboren und blieb ihr Leben lang der deutschen Sprache und Kultur verbunden. Wie stark es sie erschüttert haben muss, als ihr Schwager Ludwig XIV. den Befehl gab, sich die gesamte Pfalz einzuverleiben, in dessen Verlauf auch Mannheim, Heidelberg (einschließlich des Heidelberger Schlosses, 1693) zerstört wurden, belegt der Brief der Pfälzischen Prinzessin, geschrieben in Versailles am 20. März 1689, an ihre Tante Sophie, Kurfürstin von Hannover:

... und was mich am meisten schmerzt, ist, dass man sich meines Namens gebraucht, um die armen Leute ins äußerste Unglück zu stürzen (...) Sollte man mir aber das Leben darüber nehmen wollen, so kann ich doch nicht lassen zu bedauern und zu beweinen, dass ich so zu sagen meines Vaterlands Untergang bin (...) Ja ich habe einen solchen Abscheu vor allem, das man abgesprengt hat, so dass ich alle Nacht, sobald ich ein wenig einschlafe, das Gefühl habe, ich sei zu Heidelberg oder zu Mannheim und sehe all die Verwüstung und dann fahr ich im Schlaf auf und kann 2 Stunden nicht einschlafen.

Oben: Liselotte auf einem Gemälde um 1700, als sie sich dick und von den Blattern (Pocken) entstellt fühlte.

• BRIEFE DER FREUNDSCHAFT • 63

Eine schändliche Welt
Lady Mary Wortley Montagu an ihre Schwester

Was für die Franzosen ihre Madame de Sevigné und für die Deutschen ihre Liselotte von der Pfalz ist, ist für die Engländer Lady Mary Wortley Montagu: eine Frau der Gesellschaft, deren Briefschreibekunst Maßstäbe für kommende Generationen setzte. Obwohl sie auch als Dichterin hervortrat, ist die Montagu der Nachwelt ebenfalls in erster Linie als Epistolographin im Gedächtnis geblieben, zumal ihrer berühmten »Turkish Embassy Letters« wegen, der »Briefe aus dem Orient«.

Dafür ist sie mit Lobeshymnen bedacht worden, von Voltaire (der ihre Briefe höher als die seiner Landsmännin Madame de Sevigné schätzte) über Samuel Johnson, Edward Gibbon und Thomas Carlyle bis hin zu Arno Schmidt. Die Briefe gehen auf ihre Reise nach Konstantinopel zurück, die sie von 1716 bis 1718 an der Seite ihres Mannes Edward Wortley Montagu unternahm, der zum Außerordentlichen Botschafter Britanniens am Hof der Türkei ernannt und mit einer heiklen Friedensmission betraut worden war. Anders als die Herzensausbrüche der Liselotte von der Pfalz, die aus-

> Lady Montagu hatte nicht die Absicht, den für sie von ihrem Vater auserwählten Mann zu heiraten, sie brannte 1712 mit ihrem späteren Ehemann Edward Wortley Montagu durch und verprasste auf ihrer Flucht die Mitgift, die für die ursprünglich angedachte Ehe bestimmt war.

schließlich für den jeweiligen Empfänger geschrieben waren, anders aber auch als die wohlgesetzten Briefe der Madame de Sevigné, die in einem begrenzten Kreis von Bekannten, Freunden und Verwandten zirkulierten, hat Lady Montagu wohl bald an eine Veröffentlichung ihrer Briefe gedacht. Sehr selbstbewusst hat sie von ihrer Rundreise, die sie auf dem Hinweg über Rotterdam, Frankfurt, Wien, Prag, Dresden, Hannover, Wien, Belgrad und Adrianopel, auf dem Rückweg dann über Malta, Tunis, Genua, Turin, Lyon und Paris führte, von einer Fahrt gesprochen, *die seit der Zeit der griechischen Kaiser kein Christ unternommen hat.*

Einige Jahre nach ihrer Rückkehr nach London schrieb sie an ihre Schwester, die Briefe der Madame de Sevigné, die sie gerade gelesen hatte, seien ja sehr hübsch, *aber ich versichere Dir ohne die geringste Eitelkeit, dass in vierzig Jahren meine Briefe ebenso unterhaltsam sein werden. Ich rate Dir deshalb, keinen davon fortzuwerfen.* Dabei wäre diese Ermahnung zur Vorsicht nicht einmal nötig gewesen – und dass sie ausgesprochen wurde, offenbart dann doch das Ausmaß der Eitelkeit der Lady Montagu; von unbekannter Hand gefertigte Abschriften ihrer Briefe wurden schon sehr bald nach ihrer Rückkehr im Freundeskreis herumgegeben, und auch ihr Tagebuch, das sie 1761, da war sie bereits fünfundsiebzig Jahre alt, einem anglikanischen Geistlichen mit der Bestimmung übergab, damit nach seinem Gutdün-

ken zu verfahren, enthielt alle 52 posthum dann veröffentlichten Briefe – und zwar schon nicht mehr in Form von Abschriften, sondern in größtenteils überarbeiteten Versionen, von denen wir heute oftmals nicht mehr wissen, wie viel daran original und wie viel Nachbearbeitung, Nachdichtung oder gar Neudichtung ist.

Der im Folgenden abgedruckte Brief an ihre Schwester Frances, verheiratete Mar, gehört jedoch nicht zu dieser Sammlung, sondern datiert aus einer späteren Phase ihres Lebens, als sie den Zenit ihrer gesellschaftlichen Reputation, die ihr durch die Reise und die türkischen Briefe zugewachsen war, bereits überschritten hatte. Anlass der hier vorgenommenen Abrechnung mit dem miserablen Weltzustand aus der Feder einer Frau, die auf die Vierzig zuging, sind die Eskapaden ihres Sohnes Edward, der die große Reise in den Orient als Kleinkind mitgemacht hatte. Ob nun dieses frühe Vagabundendasein, ein von den Eltern vererbtes Fernweh oder die Vernachlässigung durch den Vater den Ausschlag gegeben haben – jedenfalls hatte der gerade Fünfzehnjährige die fatale Neigung, von zu Hause durchzubrennen. Bereits im Jahr zuvor hatte die Mutter an ihre Schwester geschrieben:

Jener junge Liederjahn, mein Sohn, gab neulich Fersengeld und beförderte seine Person nach Oxford, seiner Meinung nach vollkommen befähigt für die Universität. Nach recht aufwendiger Suche fanden wir ihn und versetzten ihn, sehr gegen seinen Willen, in den bescheidenen Status eines Schuljungen zurück.

Doch diesen sollte er nicht lange beibehalten. Im Jahr darauf machte Edward Wortley junior seine Schulbücher zu Geld, tauschte seine standesgemäße Kleidung gegen die eines Jungen von der Straße ein und heuerte heimlich auf einem Schiff der Marine an. Die verzweifelten Eltern starteten daraufhin eine Suchaktion und setzten eine Belohnung für denjenigen aus, der Auskunft über den Verbleib ihres Sohnes geben konnte. In einer Zeitungsannonce wandten sie sich sogar an den Ausreißer höchstpersönlich mit dem Versprechen, ihn freundlich aufzunehmen, wenn er von

»Pocken, so furchtbar und allgegenwärtig bei uns, sind hier gänzlich harmlos.«
Als Edward Wortley Montagu britischer Botschafter am osmanischen Hof wurde, begleitete ihn seine Frau mit dem kleinen Sohn, der den Namen seines Vaters trug, und einem Gefolge von Dienern. Sie reisten über Wien nach Konstantinopel. Während ihres Aufenthalts studierte sie nicht nur die türkische Sprache, sondern bereiste das gesamte Land, lernte Land und Menschen kennen und schätzte die überraschenden Freiheiten der türkischen Frauen und ihrer Kultur, die weder Korsetts tragen mussten noch von der Erbsünde wussten. Eines ihrer größten Verdienste aber war, dass sie die türkische Sitte, sich gegen die Pocken zu impfen zu lassen, in England einführte, was allerdings zunächst auf heftigen Widerstand der Ärzte traf.
Lady Montagus Sohn hatte vermutlich etwas von der Exzentrik seiner Mutter geerbt. Er riss nicht nur von der Schule aus, sondern begab sich auch auf ausgedehnte Reisen und lebte im türkischen Stil in Venedig. Seine Familie hielt ihn für verrückt. Dieser Stich zeigt ihn im türkischen Gewand.

Brief von Lady Mary Wortley Montagu an den Philosophen und Kunstkritiker Herzog Francesco Algarotti, vom 16. Juli 1739.

An Lady Mar
[September 1727]
Es ist eine schändliche Welt, liebe Schwester, und ich kann gut verstehen, egal, ob man nun in Paris oder in London ist, dass man an dieser Mischung aus Narrheit und Schurkerei erstickt, aus der sich die meisten Menschen zusammensetzen. Mit einem Haufen höflicher Lumpe oder rechtschaffener Idioten würde ich noch Geduld haben. Doch Stammvater Adam lässt durch seine gesamte Nachkommenschaft hindurch grüßen; erst biss er gleich einem Toren in den Apfel und dann verriet er gleich einem Schuft seine Mittäter. ...
All diese und fünfhundert weitere Dinge haben bei mir zu der Überzeugung geführt (obwohl ich für den Urheber des Buches der Natur tiefe Bewunderung hege), dass unser wirklicher Zustand der der Strafe ist. Ich bin davon überzeugt, seit meiner Geburt verdammt zu sein, und indem ich mich der göttlichen Gerechtigkeit füge, zweifle ich nicht daran, die Strafe durch ein vorheriges Leben auch verdient zu haben ...
Ich werde sehr fromm, wie Du merkst, setze all meine Hoffnungen auf das Fortleben und bin völlig von der Wertlosigkeit dieses Lebens überzeugt. Erinnerst Du Dich nicht, wie unglücklich wir waren in dem Salon in Thoresby? Wir glaubten, dass Heiraten uns auf der Stelle in den Besitz all dessen bringen würde, was wir uns wünschten; dann kam das Leben mit Kind, und Du siehst, wohin es führt, das Leben mit Kind.
Dennoch bin ich nach allem weiterhin der Meinung, dass es ausgesprochen dämlich ist, sich auf ein schlimmes Schicksal herauszureden; man sollte all seinen Geist und Mut zusammennehmen und von seinem Herzen zehren, wenn sich keine andere Nahrung finden lässt. Dahin gehen meine gegenwärtigen Bemühungen, und ich springe herum, obwohl mir 5000 Nadeln ins Herz stechen. Ich versuche mich mit einer kleinen Zofe zu trösten, die im Moment alles ist, was ich liebe, doch ach, noch trägt sie einen Kinderrock. Mit 14 wird sie mit dem Butler durchbrennen. Da hast Du eine der verflixten Folgen großer Enttäuschung: nicht nur dass man sich wegen der gegenwärtigen Dinge grämt, man lässt auch alle Hoffnung auf die Zukunft fahren und die großen Erwartungen weichen der Melancholie. Quelle vie.

sich aus zurückkehre, und ihn zur See statt zur Schule zu schicken, solle dies sein großer Wunsch sein. *Ich war zum Schreiben niemals schlechter aufgelegt,* äußerte sich Lady Montagu zu diesem Punkt gegenüber ihrer Schwester: *Ich bin bis aufs Blut gereizt von einem jungen Vagabunden, meinem Sohn, der es in seinem Alter fertiggebracht hat, sich zum Gespött der ganzen Nation zu machen. Er hat sich als fahrender Ritter aufgemacht, Gott weiß wohin, und bislang ist es unmöglich, ihn zu finden ... Nichts, was mir jemals zustieß, hat mich so bewegt. Ich bin kaum in erträglicher Laune, um darüber zu sprechen oder zu schreiben, und ich leugne nicht, davon in einer Weise getroffen zu sein, dass mir der Sinn danach steht, das Meer zu überqueren, um in Erfahrung zu bringen, welche Wirkung ein neuer Himmel und eine neue Erde auf mein Gemüt nehmen.*

Im Monat darauf – der Sohn war immer noch nicht aufgetaucht – kamen Erinnerungen an die eigene Kindheit dazu: Lady Montagus Mutter war sehr früh gestorben, und ihr Vater, *der sich nicht verpflichtet fühlte, der Erziehung seiner Kinder besondere Beachtung zu schenken,* hatte die kaum vierjährige Mary und ihre jüngeren Geschwister zu seiner Mutter abgeschoben. Als dann auch die Großmutter starb – Mary war zu diesem Zeitpunkt gerade zehn Jahre alt –, wurden die vier Geschwister einmal mehr umgesiedelt, auf den Landsitz Thoresby Hall, und dort in die Obhut der Gouvernante gegeben. Mit dem in dem Brief erwähnten Salon könnte der Bibliotheksraum von Thoresby gemeint sein, in dem Mary, wie nicht wenige Jugendliche aus den besseren Kreisen ihrer Zeit, sich durch intensive Lektüre jene Bildung verschaffte, die ihr als Mädchen vorenthalten wurde:

Gefühl mit Verstand
Jane Austen an ihre Schwester Cassandra

Das Gemälde um 1788/89 des britischen Künstlers Ozias Humphry zeigt vermutlich – es gibt keine Gewissheit – Jane Austen im Alter von vierzehn Jahren.

Die neue Heloïse« (1761), Goethes »Die Leiden des jungen Werthers« (1774), Frances (Fanny) Burneys Romane »Evelina« (1778) und »Camilla oder ein Bildnis der Jugend« (1796), den Jane Austen bei Erscheinen sofort subskribierte, aber auch John Clelands »Memoiren eines Freudenmädchens« (1749), besser bekannt als »Fanny Hill«, fanden nicht nur viele Leser, sondern auch viele Nachahmer, und in beiden Gruppen bildeten Frauen die Mehrheit.

Briefe galten unter den schriftlichen Ausdrucksformen als diejenige mit der größten Nähe zur Mündlichkeit, zum Gespräch. »Schreibe nur wie du reden würdest, und so wirst du einen guten Brief schreiben«, hatte der junge Goethe seiner Schwester empfohlen – selbstredend in einem Brief. Die Nähe zur Konversation spiegelt sich auch darin wider, dass Briefe häufig im Familien- und Freundeskreis vorgelesen wurden, selbst dann, wenn sie einigermaßen vertrauliche Mitteilungen enthielten. Es gab geradezu einen Wettbewerb unter den Empfängern von Briefen, wer das Maximum an Vertrauensbeweisen anderer auf seine Person vereinigen

Als Jane Austen Romane zu schreiben begann, dominierte der Briefroman die belletristische Produktion. Samuel Richardsons Romane »Pamela« (1740) und »Clarissa« (1747–51), aber auch das von Jane Austen geliebte Spätwerk »Die Geschichte des Sir Charles Grandison« (1753/54), Rousseaus »Julie oder

Ein englischer Schreibtisch aus der Zeit des Regency mit vielen kleinen Schubladen und einem Geheimfach.

• BRIEFE DER FREUNDSCHAFT • 67

Cassandra Austen, die ältere Schwester von Jane, war zeitlebens die engste Vertraute der Schriftstellerin.

konnte. Aber auch der Schreiber eines Briefes ging in dem Gefühl zu Werke, wenigstens auf dem Papier an der Geselligkeit der Abwesenden, etwa seiner Familie oder Freunde, teilhaben zu können.

Die Ungekünsteltheit und Spontaneität des Briefes verhalf ihm aber noch in anderer Weise zu einer beispiellosen Karriere im bürgerlichen Zeitalter: Er wurde zur bevorzugten Form, um seine Empfindungen zu erkunden, ihnen Ausdruck zu verleihen und sie anderen mitzuteilen. Ein Briefroman erzählt seine Geschichte im Spiegel der etwa von einem fiktiven Herausgeber mitgeteilten Briefe. Der Fortgang der Handlung ergibt sich da allein indirekt – aus dem, was der Leser den einzelnen Briefen entnehmen kann. Das scheint auf den ersten Blick ein Nachteil zu sein. Aus dem Nachteil wird jedoch dort ein Vorteil, wo es in erster Linie darum geht, das Innenleben der Romanfiguren dem Leser möglichst unmittelbar und plastisch zu vergegenwärtigen. Die mitgeteilten Briefe erlauben dem Leser den Zugang zur verborgenen Bewusstseinswelt der Romanheldin bzw. des Romanhelden. In diesem Sinne ist der Brief im Roman ein Vorläufer des inneren Monologs. Mit den literarischen Mitteln der Zeit verschaffte der Briefroman seinen Lesern jedenfalls die Suggestion, den fiktiven Charakteren, mit denen sie sich identifizierten, direkt ins Herz zu schauen. Das hatte bislang keine literarische Form vermocht und erklärt allein schon den ungeheuren Erfolg des Romans bei einem Publikum, dem die Einfühlung in empfindsame Seelen als das Nonplusultra des Kunstgenusses erschien. Und genau an diesem Punkt setzte die Kritik Jane Austens an.

Jane Austens Weg zur Romanautorin begann nicht nur mit dem Verfassen von Lustspielen und Burlesken,

Sie schuf Romane, die Frauen über ihre Möglichkeiten aufklärten.

die im Familienkreis aufgeführt wurden, sie knöpfte sich auch das populäre Genre des Briefromans vor und beutete es parodistisch aus. Das geschah etwa in »Liebe und Freundschaft«, einem Werk der fünfzehnjährigen Autorin, das auf brillante und bis heute äußerst komische Weise die geheiligten Themen und Motive der Romane Richardsons und auch des »Werther« travestiert. Insbesondere den Empfindsamkeitskult nahm die angehende Romanautorin mit einem großen komischen Talent aufs Korn: sie zerpflückte nicht nur die Stereotypen, mit denen der sentimentale Roman arbeitet – etwa dem der Liebe, die sich auf den ersten Blick einstellt, oder der Seelenfreundschaft –, sie zeigte auch, dass sich hinter der herbeigeschriebenen Empfindungsseligkeit häufig Sprachlosigkeit und mangelndes Urteilsvermögen verbargen.

Dennoch waren die ersten ernsthaften eigenen Romanprojekte, die Jane Austen im Alter von gut zwanzig Jahren in Angriff nahm, weiterhin dem Genre des Briefromans verpflichtet gewesen. Veröffentlicht wurden sie jedoch erst gut 15 Jahre später; in der Zwischenzeit – einer langen Schreib- und auch Lebenskrise – hatte sich die Autorin an ihre gründliche Umarbeitung gemacht, so dass kaum noch etwas an ihre ursprüngliche Form erinnerte. Jane Austens große literarische Leistung ist es, dem Roman die Betulichkeit, Weitschweifigkeit und Geschwätzigkeit der Vorgänger genommen, ihn von erstarrten Formen entschlackt und ihm eine neue Spritzigkeit verliehen zu haben. Darüber hinaus hatte sie eine Ahnung davon, dass ihre Leserschaft vorwiegend weiblich war, und schuf Romane, die Frauen über ihre Position in der Gesellschaft und ihre Möglichkeiten aufklärten, etwas aus ihrem Leben zu machen.

Dieselbe Autorin, die in den von ihr geschaffenen Romanen den Brief als Abkürzung des Weges zum Herzen ihrer Romanfiguren und der Leser ablehnte, hat zeitlebens außerordentlich lebendige Briefe geschrieben. Sie hatten allerdings weder etwas von Herzensergüssen noch erhoben sie in irgendeiner Weise literarische Ansprüche.

Der Brief war für Jane Austen das passende Mittel, um vor allem der Schwester Cassandra von den Begebenheiten – besonderen wie gewöhnlichen, häufiger gewöhnlichen – ihres Alltags zu berichten und mit ihr in Kontakt zu bleiben; heute würden die meisten von uns wahrscheinlich zum Telefon greifen, um sich über die dort berichteten Dinge – Ausflüge, Krankheiten, Kleider, Einkäufe, Bälle, Ereignisse in der Nachbarschaft – auszutauschen. Wenn ein Kritiker der posthum erschienenen und auch nie für eine Veröffentlichung bestimmten Briefe von einer »Wüste der Trivialitäten mit gelegentlich eingestreuten Oasen kluger Bosheit« sprach, so ist das sicher nicht völlig falsch. Nur ist das Alltägliche, für den, der es zu bewältigen hat, nie nur trivial, und es kommt natürlich schon auf den Ton an, in dem darüber berichtet wird. Und hier finden wir alle Tugenden der Darstellung wieder, die auch die Leser von Janes Austens Romanen bis heute schätzen: die gänzliche Unsentimentalität, mit der die Dinge des Lebens betrachtet werden, die Vorliebe für Klatsch und für die sprechenden Unzulänglichkeiten gerade derjenigen, die sich über derlei erhaben dünken, die scheinbare Beiläufigkeit, mit der Wesentliches abgehandelt wird, das Gespür für die Absurditäten des Alltags, einen unübertroffenen spöttischen Lakonismus, die Aufmerksamkeit für die Gegenwart, die für Jane Austen mehr zählte als alle Vergangenheit oder Zukunft, oder auch der ironische Vorbehalt, den sie eigentlich in keiner Situation aufgab.

So wird etwa auch das Thema der Freundschaft, das für Jane Austen keineswegs unwichtig war, von ihr gleichsam beiläufig und mit ironischem Unterton abgehandelt. Freundschaft war für die Austen ein graduelles Phänomen; man konnte mit dem einen mehr Freund sein als mit dem anderen: Hier kam es – wie in fast allen Dingen des Lebens – nicht nur aufs Gefühl, sondern auf die genaue Beobachtung und ein waches Urteilsvermögen an. Am unteren Ende der Freundschaftsskala befand sich die gesellschaftlich erwünschte, absehbare Beziehung, die sie für oberflächlich hielt, weil ihr keinerlei Aufmerksamkeit für die Besonderheiten des anderen entsprach. Das zeigt etwa die Cassandra berichtete Geschichte mit Mrs. Chamberlayne, einer Dame der Gesellschaft aus dem Kurort Bath, deren gutgemachte Frisur sie wohl respektiere, wie sie in einem anderen Brief an Cassandra schrieb, für die sie aber ansonsten keine Gefühle aufbringen könne:

Dieses Aquarell einer Rückenansicht von Jane fertigte ihre Schwester Cassandra im Jahr 1804 an.

• BRIEFE DER FREUNDSCHAFT • 69

Bath zählte im 18. Jahrhundert mit seinen Fassaden im »Georgian Style« zu einem der elegantesten Badeorte Europas.

Am oberen Ende der Freundschaftsskala war hingegen eine Verbindung wie die zu Martha Lloyd angesiedelt, der Jane und Cassandra Austen seit Kindheitstagen verbunden waren und die später die zweite Frau ihres Bruders Francis werden sollte. Zu ihr war ein Vertrauensverhältnis möglich, das vor Gefühl und Verstand gleichermaßen Bestand hatte.

Steventon, Dienstag, 8. Januar [1799]
Meine liebe Cassandra,
Von Deiner Besorgnis, dass Mrs. Hulberts Dienstbote mich im Wäldchen von Ashe Park ermorden könnte, ist in Deinem Brief so wenig zu spüren, dass ich große Lust habe, Dir gar nicht zu erzählen, ob ich nun dort war oder nicht, und nur sagen werde, dass ich in jener Nacht und auch der nächsten gar nicht nach Hause gekommen bin, da Martha mir liebenswürdigerweise in ihrem Bett Platz gemacht hat ... Kindermädchen und Kind schliefen auf dem Fußboden, und wir alle hatten einiges Durcheinander, aber große Behaglichkeit. Das Bett taugte ausgesprochen gut dazu, wach

Die Freundschaft zwischen Mrs. Chamberlayne und mir, die Du vorausgesehen hast, ist schon in vollem Gange – jedes Mal, wenn wir uns sehen, reichen wir uns die Hände. Unser langer Spaziergang nach Weston war wieder für gestern ausgemacht und fand auf bemerkenswerte Weise statt. Alle aus unserer Gesellschaft sagten unter irgendeinem Vorwand ab, außer uns beiden, und wir hatten deshalb ein Tête à tête, aber das hätten wir nach den ersten beiden Metern auch dann gehabt, wenn sich die halbe Einwohnerschaft von Bath mit uns auf den Weg gemacht hätte.
Es hätte Dich amüsiert, unser Vorankommen zu beobachten: Wir gingen beim Sion Hügel hoch und durch die Felder zurück. Was das Besteigen eines Hügels anbelangt, ist Mrs. Chamberlayne wirklich famos; nur unter großer Mühe konnte ich mit ihr Schritt halten, dennoch hätte ich um alles in der Welt nicht aufgegeben. Im ebenen Gelände dann war ich mit ihr gleichauf. Und so sputeten wir uns unter einer schönen heißen Sonne, sie ohne Sonnenschirm oder irgendeine Krempe an ihrem Hut, die ihr Schatten gespendet hätte, und ohne irgendwann einmal Halt zu machen. Wir überquerten den Kirchhof von Weston mit einer solchen Eile, als hätten wir Angst, bei lebendigem Leibe verbrannt zu werden. Nachdem ich gesehen habe, wozu sie in der Lage ist, kann ich nicht anders, als Hochachtung für sie zu empfinden ...

Jane Austen und ihre Schwester schrieben sich, wenn sie sich nicht sahen, zahlreiche Briefe, von denen die ersten etwa fünfzig Jahre nach Janes Tod von ihrem Neffen veröffentlicht wurden.

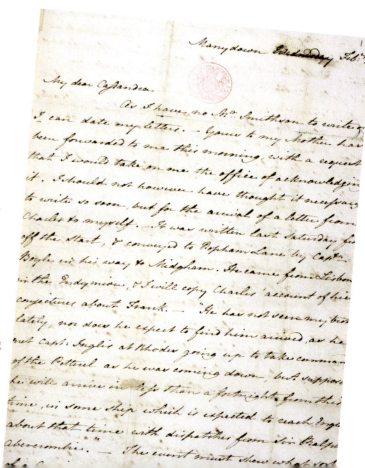

70 • BRIEFE DER FREUNDSCHAFT •

darin zu liegen und bis um 2 Uhr in der Früh zu plaudern, und dann den Rest der Nacht zu schlafen. Ich liebe Martha mehr denn je, und ich habe vor, sie nach Möglichkeit zu besuchen, wenn sie nach Hause kommt.

Ein solches Gefühl der Nähe zeichnete auch Jane Austens Beziehung zu der zwei Jahre älteren Schwester Cassandra aus, die zugleich ihre beste Freundin war. Die beiden waren umgeben von sechs Brüdern aufgewachsen, hatten aber als Mädchen, auf deren Ausbildung damals sehr viel weniger Wert gelegt wurde, stets ihren eigenen Bereich und einen gewissen Freiraum im Elternhaus gehabt. Beide blieben unverheiratet; Jane wohl letztlich aus freien Stücken, weil sich eine Existenz als Gattin und Mutter nicht mit ihrer Schriftstellerei vertragen hätte, Cassandra aufgrund einer Liebesgeschichte mit unglücklichem Ausgang. Die beiden Schwestern teilten sich ihr Leben lang ein Schlafzimmer; waren sie einmal getrennt, schrieben sie sich regelmäßig zweimal in der Woche. Laut ihrer Mutter war die Anhänglichkeit der beiden so groß, dass »wenn Cassandra sich hätte enthaupten lassen, dann hätte Jane darauf bestanden, dass man sie ebenfalls enthaupten solle«. Doch hat diese Nähe über den Lebenslauf hinweg insbesondere für Jane zuweilen auch etwas Bedrückendes, sie Beengendes gehabt. Wie wir aus ihren Briefen schließen können, war sie stets darauf bedacht, die ältere Schwester bei Laune zu halten, was dazu führte, dass sie den Spott, mit dem sie über andere herzog, dann und wann auch übertrieb. In diesem Motiv, zu schreiben, um einen anderen, in diesem Fall die ältere Schwester, zum Lachen zu bringen, lässt sich auch eine Art Urszene ihrer Schriftstellerei vermuten. Doch sind wir da insofern auf Spekulationen angewiesen, als Cassandra Austen nach Janes Tod ihren gesamten Anteil an der gemeinsamen Korrespondenz vernichtet und auch die Briefe ihrer Schwester »zensiert« hat: entweder ebenfalls durch Vernichtung oder indem sie Passagen unkenntlich machte.

• BRIEFE DER FREUNDSCHAFT • 71

Meisterin grüßt Troubadour
George Sand an Flaubert

»Jeden Tag lese ich ein paar Seiten George Sand und bin regelmäßig für ein Weilchen entrüstet«, hatte Gustave Flaubert, dessen Entrüstungspotenzial nicht gerade unerheblich war, im Jahr 1855 geschrieben; da war »Madame Bovary«, sein erstes gedrucktes Werk, noch gar nicht erschienen, wohingegen es die nach Flauberts Meinung von Quartanern und Näherinnen gelesene, allerdings auch siebzehn Jahre ältere George Sand bereits auf gut drei Dutzend Veröffentlichungen gebracht hatte. Den Grund für seine Abneigung hatte Flaubert, der Priester des Dogmas der Unpersönlichkeit in der Kunst, bereits drei Jahre zuvor in einem Brief an seine ebenfalls zehn Jahre ältere Geliebte Louise Colet ausgeplaudert, als er ihr riet: *Du wirst in den Vollbesitz Deines Talentes gelangen, indem Du Dein Geschlecht ablegst, das Dir zur Wissenschaft dienen soll und nicht zur Verbreitung. Bei George Sand riecht man die weißen Blüten, das schwitzt, und die Absicht fließt zwischen den Wörtern wie zwischen Schenkeln ohne Muskeln.*

Angesichts dieser harschen Zurückweisung mag es einem wie ein Wunder erscheinen, dass die beiden Schriftsteller, deren literarische, soziale, politische und ästhetische Vorstellungen verschiedener kaum sein konnten, von 1866 an bis zu George Sands Tod im Jahr 1876 eine intensive Freundschaft verband. Sie hat ihren Niederschlag in einem Briefwechsel gefunden, den Kenner für einen der schönsten, wenn nicht den schönsten Briefwechsel des 19. Jahrhunderts halten. Schon bald nannte er sie *großes Herz* und *teurer, guter* oder *lieber Meister*, und sie ihn *mein Benediktiner* oder *mein Troubadour*. *Ich weiß nicht*, schrieb er ihr, *welche Art von Gefühl ich Ihnen entgegenbringe, aber ich empfinde für Sie eine besondere*

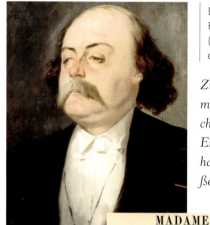

Der um siebzehn Jahre jüngere Gustave Flaubert, Autor von »Madame Bovary« (1857), begann 1863 einen Briefwechsel mit der Schriftstellerin George Sand.

Zuneigung, die ich bislang noch für niemanden verspürt habe ... Unsere nächtlichen Plaudereien waren wirklich reizend. Es gab Augenblicke, da ich mich zurückhalten musste, um sie nicht wie ein großes Kind abzuküssen. Alphonse Jacobs, der viele Jahre seines Lebens darauf verwendet hat, die Briefe der beiden zusammenzutragen, meinte den Mechanismus dieses Wunders herausgefunden zu haben. Ihre Korrespondenz, so schrieb er, lasse »an die Unterhaltung zwischen zwei Alten denken, voller gegenseitiger Bewunderung und glücklich, jemanden zu finden, mit dem man über die wesentlichen Dinge des Lebens sprechen kann, dabei verwundert bemerkend, dass man unterschiedlich sein und sich dennoch verstehen kann.« Hinzu kam sicherlich das lebenslange Bedürfnis George Sands, sich Partner auszuwählen, denen sie mütterliche Zuneigung entgegenbringen konnte, und schließlich ein Charakterzug, den die Brüder Goncourt an Flaubert beobachtet haben, der aber genauso George Sand zueigen war, wie wir bereits an ihrer Beziehung zu Musset beobachten konnten (Kapitel 1): die Marotte nämlich, »immer gewaltigere Dinge als die anderen gemacht und ertragen zu ha-

Das Château de Nohant befindet sich mitten in Frankreich in der Nähe des Départements Cher. Das Anwesen wurde von der Großmutter George Sands erworben.

ben«. Liebe, im Sinne einer sexuellen Beziehung, ist wohl nicht mit im Spiel gewesen.

Der hier wiedergegebene Brief George Sands läutet die letzte Phase ihrer Freundschaft ein. Flaubert hatte wiederholt zugesagt, George Sand noch einmal auf ihrem Landgut in Nohant, einer kleinen Ortschaft in Zentralfrankreich, zu besuchen, nachdem er 1869 dort das Weihnachtsfest verbracht hatte. Das Treffen hatte immer wieder verschoben werden müssen, aber nun sollte es endlich stattfinden, und auch der große russische Schriftsteller Iwan Turgenjew, der mit Flaubert befreundet war, sollte dazustoßen.

An Gustave Flaubert
Nohant, 15. März [18]73
Endlich, mein alter Troubadour, können wir in Bälde mit Dir rechnen. Ich war besorgt um Dich. Bin, ehrlich gestanden, immer noch besorgt, mißbillige Deine Zornesausbrüche und vorgefaßten Meinungen. Das hält zu lange an und ähnelt tatsächlich einem krankhaften Zustand, wie Du selbst zugibst. Vergiß doch, kannst Du nicht vergessen? ... Doch verkenne nicht, in welchem Übermaß dies alles aufgewogen wird, und das zu vergessen, wäre undankbar. Daß Du auf diesen oder jenen zornig reagierst, spielt keine Rolle, sofern es Dich erleichtert; aber daß Du wochen-, monate-, fast jahrelang in Empörung verharrst, das ist ungerecht und grausam jenen gegenüber, die Dich gernhaben und Dir jede Sorge und jede Enttäuschung ersparen möchten. Du siehst, ich schimpfe mit Dir, doch wenn ich Dich erst in die Arme schließen kann, werde ich nurmehr an die Freude und die Zuversicht denken, Dich neu erblühen zu sehen. Wir erwarten Dich mit Ungeduld und rechnen auch fest mit Turgenjev, den wir ebenfalls schrecklich gern haben.
Ich habe in letzter Zeit immer wieder und recht arg an sehr schmerzhaften Entzündungen gelitten; das hat mich aber nicht davon abgehalten, mich mit dem Schreiben von Erzählungen zu vergnügen und mit meinen Kindsköpfen zu spielen. ...
Wir erwarten Dich, ein phantastisches Mittfasten ist in Vorbereitung; versuche, dabei zu sein. Das Lachen ist ein hervorragender Arzt ... Komm und arbeite hier. Es ist doch ein Kinderspiel, eine Kiste voller Bücher herzuschaffen!

Glauben wir dem Tagebuch George Sands, muss das mit großen Erwartungen versehene Treffen zumindest für sie in vieler Hinsicht enttäuschend verlaufen sein. So beschwert sie sich etwa darüber, dass ihrem Troubadour beim Tanzen die Luft wegbleibe – im Klartext, dass der soviel jüngere Flaubert weniger fit ist als sie mit ihren achtundsechzig Jahren –, oder dass Flaubert immer im Mittelpunkt stehen wolle und Turgenjew, der weitaus interessanter sei, dadurch an den Rand gedrückt werde: »Ich bin meines lieben Flaubert überdrüssig, bin wie gerädert. Dabei habe ich ihn sehr lieb, und er ist auch großartig, aber der Überschwang seiner Persönlichkeit zerbricht uns.«

Kaum acht Tage später sollte es bereits zum nächsten Treffen kommen. George Sand brauchte ein neues Gebiss und war nach Paris aufgebrochen; Flaubert hatte sie zusammen mit Turgenjew und Jules de Goncourt

• BRIEFE DER FREUNDSCHAFT • 73

| George Sand, die ältere und erfahrene Dame.

Offenbar hat George Sand Flaubert am nächsten Tag nicht gesehen, in ihrem Tagebuch findet sich jedenfalls nichts darüber. So müssen wir wohl davon ausgehen, dass die lärmende Zusammenkunft bei Véfour die letzte Begegnung der beiden war. Gleichwohl riss ihr Briefwechsel bis zu George Sands Tod am 8. Juni 1876 nicht ab. In ihrem letzten Lebensjahr bot sie noch einmal alle ihr zur Verfügung stehenden Argumente gegen Flauberts Doktrin der Unpersönlichkeit in der Kunst auf und schickte ihrer langen Predigt zwei Sätze hinterher, die so etwas wie ein Resümee ihrer schwierigen Freundschaft sind: *Naturen, die in gewissen Punkten gegensätzlich sind, können sich nur schwer in den anderen hineinversetzen, und ich fürchte, dass Du mich auch diesmal nicht besser verstehst als neulich. Dennoch schick ich Dir dieses Gekritzel, damit Du siehst, dass ich mich mit Dir fast ebenso befasse wie mit mir selbst.*

ins Restaurant Magny eingeladen, ihnen aber dort ausrichten lassen, er erwarte sie im Véfour. »Also wir wieder hinein in die Droschke! Wir steigen die dreihundert Stufen bei Véfour hoch und finden Flaubert, der auf einem Sofa eingeschlafen ist. Ich schelte ihn ein Scheusal, er bittet um Entschuldigung, wirft sich auf die Knie, die anderen halten sich vor Lachen die Seiten.« Auch diese Begegnung aber verlief nicht nach ihrem Geschmack: »Er hat pausenlos geredet und Turgenjev nicht ein Wort sagen lassen, Goncourt noch weniger. Ich habe mich um zehn Uhr aus dem Staub gemacht. Morgen sehe ich ihn wieder, aber ich werde ihm sagen, dass ich Montag abreise. Ich habe genug von meinem kleinen Kameraden. Ich mag ihn sehr, aber er zerrüttet mir die Nerven. Er kann Lärm nicht leiden, aber sein eigener stört ihn nicht ...«

| Flauberts Reisetagebuch (Carnets de voyages) befindet sich heute in der historischen Bibliothek in Paris.

Die Rivalin
Virginia Woolf und Katherine Mansfield

»Freundschaften mit Frauen interessieren mich«, notierte sich Virginia Woolf im November 1919 in ihrem Tagebuch, Jahre vor ihrer Liebesbeziehung mit Vita Sackville-West. Der lapidare Satz lässt insofern aufmerken, als er im Kontext ihrer Beziehung zu der Schriftstellerin Katherine Mansfield fällt, die eine Frauenfreundschaft ganz besonderer Art war. Die Wahrheit sei wohl, meinte Virginia Woolf einmal, dass eine unausgesprochene Voraussetzung ihrer Freundschaft die gewesen sei, dass sie fast gänzlich auf Treibsand gründete.

Natürlich hatten sie bereits voneinander gehört, als sie sich im Februar 1917 endlich kennenlernten. Lytton Strachey, einem Freund Virginia Woolfs aus Bloomsbury-Tagen, war an Katherine Mansfield insbesondere ein »scharfer und etwas vulgär-abstruser« Intellekt aufgefallen. Virginia Woolf fand sie denn auch eher unangenehm und skrupellos. Ihre Wurzellosigkeit und Abenteuerlust auch in sexueller Hinsicht standen in scharfem Gegensatz zu ihrer eigenen, zumindest nach außen hin repräsentierten Bürgerlichkeit – jener Mischung aus »Dach über dem Kopf«, »ihre Besitztümer um sich versammelt – und ihr Mann irgendwo in Rufweite«, wie es Katherine Mansfield einmal spöttisch beschrieben hat (worum sie Virginia indessen auch beneidete).

Die beiden Schriftstellerinnen Virginia Woolf (oben rechts) und Katherine Mansfield (oben links) lernten sich im Februar 1917 kennen und schätzen, wobei beide auf das erzählerische Werk der jeweils anderen auch mit Rivalität reagierten.

Aber – und zu Beginn war das wohl der ausschlaggebende Grund, sich auf eine Beziehung mit der Autorenkollegin einzulassen – Virginia Woolf war auch Lektorin im eigenen Verlag, der Hogarth Press, und Katherine Mansfield unbestreitbar eine vielversprechende Verfasserin origineller Shortstorys, die eine in ihrer Mischung aus Naivität und Raffinesse bezwingende Prosa mit einem ganz eigenen Sound schrieb. Eine verführerische Kostprobe davon in Briefform lieferte Katherine bald im Anschluss an ihre erste Begegnung ab, bei der auch Vanessa, Virginias Schwester, und Murry, Katherines Mann, zugegen gewesen waren:

141A, Church Street, Chelsea, S.W.
[24. Juni? 1917]
Virginia, Liebe
Sehr gern werde ich am Mittwoch mit Ihnen allein zu Abend essen: Freitag schaffe ich nicht. Seit ich Ihren Brief gelesen habe, habe ich Ihnen auch geschrieben und war auch ein wenig von Ihnen »verfolgt«. Ich sehne mich danach, Sie wiederzusehen. Die Erinnerung an jenen letzten Abend ist so merkwürdig: Ihre Stimme & Vanessas Stimme im Dunkeln, sozusagen – weiße Ringe von Tellern schweben in der Luft – und ein Duft von Erdbeeren & Kaffee ... und ein Gefühl, als triebe vor dem Fenster ein tiefer dunkler Strom, erfüllt mit einem stummen Rauschen kleiner Aale mit spitzen Ohren, die nach Norwegen ziehen & wiederkommen ...
Mein Gott, ich stelle mir so gern vor, Virginia, Sie seien

Der Londoner Literaturzirkel um Virginia Woolf zeichnete sich durch Hochbegabung und Unkonventionalität aus. Dazu gehörten auch Katharine Mansfield und ihr Mann John Middleton Murry (Foto von 1921).

Sinne, dass ich mit niemand sonst derart schwerelos über das Schreiben sprechen kann«, wie Virginia in ihrem Tagebuch notierte. »Nur selten gibt mir eine Frau, der das Schreiben so wichtig ist wie mir, dieses eigenartige Gefühl eines geistigen Echos, das unmittelbar von ihr zu mir zurückkommt, sobald ich zu Ende geredet habe.« Und auch Katherine Mansfield, bei der man allerdings nie genau weiß, wie hoch der Anteil an Schmeichelei in ihren brieflichen Mitteilungen ist, teilte diese Einschätzung offensichtlich. Aus Menton, wo sie sich wegen ihrer Tuberkulose aufhielt, schrieb sie in ihrer suggestiven Briefprosa Ende Dezember 1920 an Virginia:

Ich denke oft an Dich – sehr oft. Ich sehne mich danach, mit Dir zu sprechen... Wenn Virginia durchs Tor hereinkäme und sagte »Nun Katherine« – Ach, es gibt tausend Dinge, über die ich gerne mit Dir reden würde. Ich frage mich, ob Du weißt, was Deine Besuche mir bedeutet haben – oder wie sehr sie mir fehlen. Du bist die einzige Frau, mit der ich über die Arbeit sprechen will. Es wird nie andere geben. Aber es trennen uns Meilen...

meine Freundin, Verschreien Sie mich nicht als hitziges Ding und sagen Sie auch nicht, den Kopf ein wenig zur Seite gelegt und lächelnd, als wüssten Sie um ein bezauberndes Geheimnis: »Nun, Katherine, wir werden sehen« ... Doch bedenken Sie bitte, wie selten es ist, jemanden mit derselben Leidenschaft fürs Schreiben zu finden, wie Sie sie haben, und Sie, die Sie komromißlos ehrlich mit sich sein wollen – und Ihnen die Freiheit der Stadt ohne Vorbehalt zu geben.

Und natürlich trog Katherine Mansfields Ahnung nicht: Es war ihrer beider »Leidenschaft fürs Schreiben« und damit zusammenhängende Fragen, die sie und Virginia Woolf zusammenführte. Der Überlieferung nach müssen die beiden Autorinnen einige äußerst berückende, laut Virginia »unschätzbare« Gespräche über das Schreiben und ihre Auffassung von Schriftstellerei geführt haben – »unschätzbar in dem

Doch es waren nicht nur die Meilen, die sechs Jahre Altersunterschied und die Verschiedenartigkeit ihrer Temperamente und Lebensverhältnisse, die die beiden Schriftstellerinnen voneinander trennten. Es war vor allem genau dasjenige, was sie auch verband: ihre »kostbare Kunst«, die beiden so am Herzen lag, sie aber nicht nur zu Verbündeten, sondern auch zu Rivalinnen werden ließ. Mansfield längere Erzählung »Prelude« wurde von der Hogarth Press veröffentlicht, und auch andere Geschichten fanden Virginias Bewunderung. Als 1918 dann aber »Bliss« (»Glück«) erschien, legte sie ihrer Eifersucht und ihrer Abneigung gegenüber gewissen sentimentalen und für ihren Geschmack zu sexuellen Zügen ihrer Prosa nicht länger Zügel an und erklärte sie, zumindest in ihrem Tagebuch, für »erledigt«: »In der Tat weiß ich nicht, wie viel Vertrauen in sie als Frau oder Schriftstellerin diese Art von Geschichte überleben kann.« (Die Erzählung ist übrigens wirklich haarsträubend schlecht, kitschig und hat dazu noch eine billige Pointe.)

Katherine Mansfield andererseits missfiel der 1919 veröffentlichte Roman »Nacht und Tag« ihrer Freundin außerordentlich; in einer Rezension verspottete sie Virginia Woolf, »die Miss Austen von heute [zu sein] ... aufs äußerste kultiviert, distinguiert und brillant, vor allem aber – bedächtig ... mitten in unserer Bewunderung fühlen wir uns dabei alt und kalt: nie hätten wir geglaubt, noch einmal auf etwas Derartiges zu stoßen!« Ein solches Verdikt musste Virginia treffen, zumal es von einer Kollegin stammte, deren Prosa sie trotz aller Vorbehalte für innovativ hielt und der ihrigen darin als überlegen empfand. Doch verletzte sie die Kritik nicht nur, Virginia Woolf nahm sie sich auch zu Herzen. Die Anfangsszene von »Jacobs Zimmer«, ihrem nächsten Roman, der keineswegs mehr konventionell erzählt ist, enthielt versteckt, für die Rivalin jedoch klar erkennbar, Bezüge zu »Der Wind weht«, eine von Mansfields besten Erzählungen. Auf diese Weise stattete Virginia Woolf der Kritikerin ihre Reverenz als Schriftstellerin ab, als wollte sie sagen: Ich habe verstanden – und Du siehst, ich kann es ebenso gut wie Du, wenn nicht besser. Gerade in ihrer Art, mit der Kritik der jeweils anderen umzugehen, unterschieden sich die beiden Schriftstellerinnen. Während Virginia Woolf auch in diesem Fall zu der bewährten Strategie griff, sich anzuverwandeln, was sie bedrohte, flüchtete sich Katherine Mansfield zunehmend, wohl auch bedingt durch ihre Krankheit, in ein katzenhaftes Schweigen.

Die Freundschaft mit Katherine Mansfield zwang Virginia Woolf dazu, sich den wesentlichen Fragen ihres Schreibens zu stellen – das machte die Beziehung so notwendig wie bisweilen zermürbend, und diese Auseinandersetzungen, die immer auch ein Kampf mit den eigenen Ansprüchen waren, fanden selbst nach Katherines frühem Tod keineswegs ein Ende. Mit dem Roman »Mrs. Dalloway«, der 1925 erschien, da war Katherine bereits zwei Jahre tot, glaubte Virginia Woolf, ihre Rivalin hinsichtlich Innovationskraft und literarischem Vermögen endgültig geschlagen zu haben: »Ja wenn sie überlebt hätte, hätte sie weitergeschrieben & man hätte gesehen, dass ich die Begabtere bin – das wäre nur immer offensichtlicher geworden«, lesen wir, über so viel Verbissenheit beinahe erschrocken, in ihrem Tagebuch.

Von Murry angespornt, der sie auf die zunehmende Vereinsamung seiner schwer kranken Frau hinwies, hatte Virginia jedoch erst einmal versucht, das durch »Kritteleien und Klatsch« verursachte Schweigen zu brechen und Katherine einen längeren, warmherzigen, launigen und tröstenden Brief im Woolfeschen Plauderton geschrieben, voller Klatsch und möglicher Anknüpfungspunkte, was ihr ureigenstes gemeinsames Thema, das Schreiben, anbelangte:

1917 gründeten Virginia Woolf und ihr Mann Leonard den Verlag The Hogarth Press, benannt nach ihrem Haus in Richmond, in dem die ersten Ausgaben noch von ihnen selbst von Hand gesetzt wurden.

Hogarth House, Paradise Road, Richmond, Surrey
13. Feb. [1921]
Meine liebe Katherine,
... Ich habe Murry vor zwei Abenden gesehen, als ich zum Dinner am Gordon Square war; aber Clive [Vanessas Mann] schreit so laut, daß man kaum etwas sagen kann – trotzdem haben wir ein wenig über Dich gesprochen, was mir gefallen hat. Ständig fallen mir Dinge ein, die ich Dir sagen möchte, Sie müssen in mein Tagebuch geschrieben werden. Ich frage mich, was Du über Dein Buch [»Bliss and Other Stories«] denkst, und darüber, was die Leute darüber gesagt haben. Die Rezensionen sind enthusiastisch, aber andererseits sind Rezensionen dumm. Soll ich Dir eines dieser Tage eine Kritik darüber schreiben? Manchmal denke ich, daß wir, obwohl wir so verschieden sind, einige derselben Schwierigkeiten haben. Ich stecke jetzt mitten in meinem Roman [»Jacobs Zimmer«], muß aber natürlich abbrechen, um ein bißchen Geld zu verdienen. Ich werde einen Artikel über Dorothy Wordsworth schreiben, und damit unsere neuen Laken bezahlen, und mich dann wieder daranmachen. Ich weiß jedoch nicht, ob er lesbar ist. Was ich an Dir so bewundere, ist Deine Transparenz. Meine Sachen werden immer schlammig; und dann muß man in einem Roman Kontinuität haben, aber in diesem schnipsele ich ständig und wechsele von einer Ebene zur nächsten. Ich glaube, ich will darauf hinaus, das Bewußtsein zu ändern, um den schrecklichen Brei auf diese Weise aufzubrechen. Kannst Du Dir darunter irgend etwas vorstellen? Und Du scheinst mir so gerade und direkt vorzugehen, – alles so glasklar – verfeinert, vergeistigt. Aber ich muß sie noch einmal richtig lesen. Ich habe das Gefühl, als hätte ich nicht mehr nur Realismus haben wollen – nur Gedanken und Gefühle – keine Tassen und Tische. Wann kommt Dein nächstes Buch heraus? ...
Meine liebe Katherine, was für ein gräßlich langer Brief! Meine Kirchenglocken läuten wie Deine es taten. Aber ein Sonntagabend in Richmond muß nicht beschrieben werden. L. [Virginias Mann Leonard] und ich werden jetzt auf dem Gasherd Eier und Schinken kochen; dann werde ich ein paar russische Worte für Koteliansky lernen, der darauf besteht, uns zu unterrichten; dann werde ich Dorothy Wordsworth lesen – aber wahrscheinlich werde ich viel über das Schreiben nachdenken, und über Katherine; und vor dem Feuer halb eindösen. Bitte, Katherine, laß uns versuchen, einander zu schreiben. Herzl. Deine
V.W.

Doch Katherine Mansfield antwortete nicht, und Virginia brachte kein Verständnis mehr für ihr Schweigen auf, hatte auch keinen Blick mehr für ihre schwere, tödliche Erkrankung (obwohl sie selbst eine kranke Frau war). Es fielen noch einige bissige Bemerkungen, dann starb die Rivalin, und die Hinterbliebene wurde sich jäh dessen bewusst, dass das gemeinsame Gespräch nicht zu Ende geführt, sondern nur abgebrochen war, dass hier etwas Unerledigtes ihrer harrte, das stärker war als die Genugtuung, die »andere« endlich los zu sein.

In mancher Hinsicht hat Vita Sackville-West später jene Stelle in Virginias Leben eingenommen, die Katherines Tod verwaist zurückgelassen, zu Lebzeiten aber auch nur unzulänglich ausgefüllt hatte. Auch Vita war Schriftstellerin, aber die Art ihrer Literatur gab der Woolf wenig Anlass zu Konkurrenzgefühlen: Zumindest in dieser Hinsicht fühlte sie sich ihrer Partnerin haushoch überlegen.

Prima della partenza
Ingeborg Bachmann an Hans Werner Henze

Liebes fräulein bachmann –

Ich sehe Sie nicht mehr?
Montag früh fahre ich nach köln, wenn Sie wollen,
nehme ich Sie mit.
Werde nochmal anrufen.
Ihre gedichte sind schön, und traurig,
aber die idioten, selbst leute, die so tun,
als ob sie »verstünden«, verstehen nicht.
adieu
Ihr
hwhenze

Mit diesen Zeilen, wahrscheinlich am 1. November 1952 auf Burg Berlepsch bei Göttingen geschrieben, begann die Freundschaft zwischen der Dichterin Ingeborg Bachmann und dem beinahe gleichaltrigen Komponisten Hans Werner Henze, der die Freundin inzwischen ein gutes Dritteljahrhundert überlebt hat. Beide waren zur Tagung der Gruppe 47 nach Burg Berlepsch gekommen, Ingeborg Bachmann aus Wien, wo sie ihr Geld zu der Zeit im *script department* des Senders »Rot-Weiß-Rot« verdiente, Hans Werner Henze mit dem Wagen aus München, von wo aus er nach Italien überzusiedeln plante. Ingeborg Bachmann trug auf der Tagung ihre »schönen, und traurigen« Gedichte vor, Hans Werner Henze begleitete Wolfgang Hildesheimer, der aus dem Text der von ihnen gemeinsam geschaffenen Funkoper »Das Ende einer Welt« las. Der Dichterin wie dem Komponisten war das Metier des jeweils anderen nicht fremd: Ingeborg Bachmann hatte, ihrer eigenen Aussage nach, »zuerst angefangen zu komponieren und dann erst zu schreiben«; die Musikähnlichkeit der Sprache bedeutete der Dichterin eine Möglichkeit, mit den Mitteln der Sprache diese zu überschreiten. Hans Werner Henze hingegen hatte, auch aufgrund einer ungewöhnlichen literarischen Begabung, als Komponist ein großes Interesse an Poesie, etwa an den Gedichten Trakls, entwickelt; die Sprachähnlichkeit von Musik stand für den Komponisten insbesondere von Bühnen- und Vokalwerken für das Erreichen einer größeren Klarheit beim Komponieren.

Als Hommage für Henze schrieb Ingeborg Bachmann später den Essay »Musik und Dichtung«, deren Zusammenspiel sie als »ein kostbares zweites Leben«

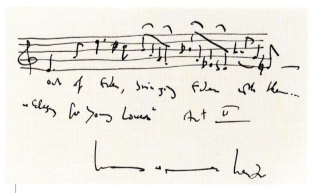

Ingeborg Bachmann hatte großes musikalisches Gespür, während Hans Werner Henze in der Poesie, zumal in ihrer, den Klang suchte und fand.

• BRIEFE DER FREUNDSCHAFT • 79

für beide beschrieb: »Miteinander, und voneinander begeistert«, seien Musik und Wort »ein Ärgernis, ein Aufruhr, eine Liebe, ein Eingeständnis« – fühllos, wer das darin mit enthaltene Lob ihrer Freundschaft überliest.

Hans Werner Henze muss es wohl gelungen sein, das Fräulein Ingeborg Bachmann von den Vorteilen einer gemeinsamen Autofahrt nach Köln zu überzeugen; jedenfalls freundeten sich die Dichterin und der Komponist rasch an, wechselten Briefe miteinander und begannen schon bald eine künstlerische Zusammenarbeit, die bis in die Sechzigerjahre anhalten sollte. Von August bis Oktober 1953 wohnte Ingeborg Bachmann dann unweit von Forio auf der Insel Ischia in der Nähe des mittlerweile in den Süden ausgewanderten Hans Werner Henze.

Das mediterrane Eiland im Golf von Neapel beherbergte zu dieser Zeit eine internationale Intellektuellenkolonie, der unter anderen der Dichter W. H. Auden, der Komponist Sir William Walton und Golo Mann angehörten. Henze feierte die Ankunft der siebenundzwanzigjährigen Dichterin wie die einer Göttin. »Sie traf ein an einem Sonntag, am Tage des großen forianischen Festes vom heiligen Veit, San Vito«, schreibt er in seiner Autobiographie. Überall standen die Leute auf den Dächern und bestaunten die mondbeschienene Nacht. Und dann brach drüben in Forio »eines von diesen napolitanischen Feuerwerken los, bei denen man gar nicht mehr aus dem Staunen herauskommt«. Als Ingeborg Bachmann sich Sorgen machte, dass dieses Feuerwerk für die Einwohner eine zu teure Angelegenheit sein könnte, rief Henzes Vermieterin aus: »Aber nein! Einmal muß das Fest ja doch kommen!« Dieser Satz wurde später zur Anfangszeile eines »Tanz- und Passionsliedes in Bachmanns ›Liedern von einer Insel‹«, das Henze »Anfang der Sechzigerjahre für einen kleinen Chor und eine kleine Anzahl Instrumente« setzte. Noch war die Zeit fern, wo er feststellen musste, dass seine Freundin »die wunderliche Angewohnheit besaß, mehrere Leben gleichzeitig zu leben oder doch so zu tun als ob«.

Ein Jahr später, 1954, machte Henze trotz seiner Homosexualität der Freundin sogar einen Heiratsantrag, und sie scheint anfangs darauf eingegangen zu sein. Als die Dinge dann jedoch Form annahmen, merkte Henze, dass er nicht in der Lage sein würde, sich *in diese Ehe zu stürzen*, wie er ihr am 24. April 1954 auf Italienisch aus Ischia schrieb, und machte einen Rückzieher: *wahrscheinlich wäre das leben zur hölle geworden, vor allem für Dich, das war mir sofort klar, als ich mich den tatsachen gestellt habe. Für mich gibt es weder hoffnung noch rettung, ich muss mein erbärmlich einsames leben bis zum bitteren ende durchhalten, und Dir sollte inzwischen klar sein, dass Deine ehre auf diese weise weniger beschädigt ist, als wenn Du mich wirklich geheiratet hättest, unbrauchbar, wie ich wirklich bin.* In ihrem ebenfalls auf Italienisch geschriebenen Antwortbrief, den Ingeborg Bachmann allerdings nicht abgeschickt hat, redete sie sich damit raus, *das alles als einen Scherz aufgefasst* zu haben. Nicht nur zwischen den Zeilen ist aber deutlich die Erleichterung zu spüren, die ihr die Rücknahme des Antrags bereitete: *Ich denke, wir sollten beide diese Angelegenheit vergessen und in Zukunft das Beste machen aus unserer Freundschaft und unserer Arbeit und den Möglichkeiten zwischen uns. Nimm die »Lieder«* [gemeint sind die »Lieder von einer Insel«], *die ich Dir schuldig*

Bachmann und Henze fanden in Italien ihre zweite Heimat, und für einige Monate lebten die beiden in großer Nähe auf der Insel Ischia im Küstendörfchen Forio.

bin und die für dich geschrieben sind... Bitte fühl Dich frei, und wenn wir uns wieder sehen, können wir neuen Wein trinken auf scheue und witzige Zeiten ohne Harm.

Eineinhalb Jahre später, im November 1955, schlug Hans Werner Henze ihr noch einmal ein gemeinsames Leben auf großem, beinahe aristokratisch anmutenden Fuß vor, und der Leser von heute merkt betroffen, wie sehr hier schon der Wunsch der Vater des Gedankens gewesen sein muss: *ich möchte, dass wir zusammen leben, in einem grossen schönen haus zu füssen des Vesuvs, wir werden zwei dienstboten haben, und Du brauchst nur das zu arbeiten, was Du willst... ich habe an alles gedacht. Alles zusammen wird sehr schön werden, und Du wirst eine hochelegante dame sein, ausgeruht, gepflegt und angesehen, das leben wird einen gewissen sinn bekommen, weil man einen pakt gegen die angst manifestieren kann.* Das Zusammenleben im Winter und Frühling 1956 in der gemeinsamen Wohnung in Neapel endete indessen mit der schmerzlichen Einsicht in das Scheitern des generösen Paktes. Sie seien beide *äusserst komplizierte und komplexe Wesen*, so Hans Werner Henze nun, *ich vielleicht weniger als Du, aber jedenfalls haben wir das bedürfnis, unsere verrücktheiten zu pflegen, jeder für sich.* Er sehe sich ein wenig geschlagen, denn er habe begriffen, *dass man sich selbst erkennen muss und dann handeln, ohne seine besten werte und kräfte zu vergewaltigen, und man muss wachsam sein.*

Henze, der Freund, wird für Ingeborg Bachmann noch einmal eine lebensentscheidende Rolle in dem Moment spielen, als ihre Beziehung zu dem Schriftsteller Max Frisch zerbrochen ist. Sie sitzt in ihrer gemeinsamen Wohnung in Uetikon am Zürichsee, hat einen Klinikaufenthalt nach einem Selbstmordversuch sowie eine Abtreibung hinter sich, und auch für sie ist *jetzt endgültig... beschlossen, dass das Leben der letzten Jahre zuende ist.* Sie hätte nie geglaubt, dass alles so schlecht für sie ausgehen würde. *Dass es einen Schmerz geben würde, ja – aber nicht so einen totalen und fast tödlichen Zusammenbruch. Das Ganze war wie eine, lange, lange Agonie, Woche für Woche, und ich weiss wirklich nicht warum, es ist nicht Eifersucht, sondern etwas völlig anderes; vielleicht weil ich, vor vielen Jahren, wirklich etwas Dauerhaftes, »Normales« begründen wollte, bisweilen gegen meine Lebensmöglichkeiten, immer wieder habe ich darauf bestanden, auch wenn ich von Zeit zu Zeit gespürt habe, dass die notwendige Transformation mein Gesetz verletzt oder mein Schicksal – ich weiss nicht, wie ich's ausdrücken soll. Vielleicht sind auch diese Erklärungen falsch – doch Tatsache ist, dass ich tödlich verletzt bin und dass diese Trennung die grösste Niederlage meines Lebens bedeutet. Ich kann mir nichts Schrecklicheres vorstellen als das, was ich durchgemacht habe und was mich bis heute verfolgt...* Und sie bittet den Freund, ein paar Tage mit ihr zu reisen, mit ihr zu sein – sie brauche es so sehr. *Ach Hans, es ist ein unbilliges Verlangen, aber wenn's einen Himmel gibt, dann wird er es Dir wohl vergelten.*

Die Beziehung zwischen Max Frisch und Ingeborg Bachmann war von großen Krisen geprägt und führte zu einem »fast tödlichen Zusammenbruch« der Schriftstellerin.

• BRIEFE DER FREUNDSCHAFT • 81

Tiefe Freundschaften

Indira Gandhi an ihre Freundin **Dorothy Norman**

The Residency
Bangalore, 12. Juli 1951

Falls mich irgendjemand am Ende der Woche fragt was ich gemacht habe,
werde ich nicht wirklich antworten können, außer dass die seltsamen Aufgaben jeden Moment wichtig
und dringend zu sein scheinen. Im Ganzen ist es ein frustrierendes Leben. (...)
Dennoch muss ich nun wirklich auch noch etwas anderes machen. Schreiben?
Aber worüber soll ich denn schreiben? Ich habe genaue Ideen über alles, jedoch sind sie alle zusammengewürfelt.

Vielleicht würde das Schreiben eine gewisse Ordnung herstellen

und den Weg zu zukünftigen Gedanken und für die Arbeit freimachen.
Die einzige Sache die ich tun könnte oder zu der ich mich hingezogen fühle (oder ist es ein und dasselbe?),
ist eine Art der literarischen oder historischen Recherche.

Was mich erstaunt, ist die Art und Weise
wie ich Dir über mich schreiben kann —

ich habe dies noch nie gegenüber irgendjemand anderem getan.
Love, Indira

Woods Hole, Mass.
1. August 1951

Du sagst nun, dass Du etwas tun mußt, mit dem Du Deine kreative und produktive Seite nutzen kannst.
Das kannst Du aber nicht tun, wenn Du weiterhin die anderen Seiten unterdrückst.
Und dazu, dass Du alles unter solch perfekter Kontrolle hast: Das verbinde ich mit Dir, wenn ich an Dich denke.
Ich bin erleichtert, dass Du Dich so frei fühlst, wenn Du mit mir sprichst, wenigstens etwas ohne Zurückhaltung.
Wie jeder sich doch danach sehnt, immer offen und ehrlich sein zu können.
Einzig die Ehrlichkeit und das Gefühl, daß man mit jemand anderem ehrlich sein kann, ist wahrlich eine Genugtuung.
Ich habe oft daran gedacht, wie sehr Du geliebt werden mußt und
wie Du Deine volle Kapazität zu lieben ausschöpfen mußt.
Um ehrlich und offen über die äußerst empfindlichen Sachen zu sein.

Es steckt solch eine Künstlerin in Dir —

in Deiner Suche nach Formen und Linien und Farben, wie Du Dich anziehst und wie Du Blumen benutzt – in allem.
Und auch in der Art und Weise, wie Du die Dinge siehst. (...) Ich bin froh, daß es Dich gibt.
Love, Dorothy

Lou Andreas-Salomé und **Sigmund Freud**

29. XII. 13
Wien, IX., Berggasse 19

Verehrteste Frau
Empfangen Sie meinen herzlichen, ernst gemeinten Glückwunsch für das nahende Jahr 1914
und helfen Sie mir, eine Ungerechtigkeit beseitigen, die ich entdeckt habe.
Sie besitzen um diese Zeit wahrscheinlich zwei Bilder von mir, ich keines von Ihnen.
Ist das gerecht? Natürlich stelle ich mir die Abhilfe nicht vor, daß Sie mir von den beiden eines zuschicken.

Ihr ergebenster
Freud

Göttingen, 7.1.1914

Lieber Professor,
von Herzen erwidere ich Ihre lieben Neujahrswünsche. Alles Gute Ihnen und den Ihrigen.
Für mich ist ein Jahr vergangen, worin das Beste so eng mit Ihnen verknüpft ist,
daß ich nie zurückdenken werde, ohne noch mal innerlich »Danke!« zu sagen.
Beifolgend kommt nun ein jüngeres Frauenzimmer zu Ihnen,
von dem ich Ihnen schon von Berlin aus im November schrieb, ich stände nur noch in sehr loser Beziehung
zu dieser Person. Da Sie es dennoch wollen, so sende ich sie also – wenn auch mit gemischten Gefühlen.
Außerdem aber mit vielen warmen Grüßen

von Ihrer Lou Andreas

»Lebe wohl, geliebtes Kind«

BRIEFE DER MUTTERLIEBE

Söhne und Töchter verlassen das elterliche Haus, um in der Fremde zu studieren, eine Familie zu gründen, gar (wie im Falle Marie Antoinettes) Königin zu werden oder einfach nur ihr Glück zu versuchen – und die Eltern, insbesondere die Mütter, schreiben ihnen Briefe, während die Kinder mit unterschiedlichem Erfolg die entstehenden Briefschulden abzutragen bemüht sind. Diese Art von Briefen können verschiedene Richtungen einschlagen: Sie können Verhaltensvorschriften, Pflichtenhefte, Hinweistafeln oder Lehrstücke, also Erziehungsbriefe im eigentlichen Sinne sein. Ebenso können sie lediglich das unterbrochene Gespräch über die Dinge des Lebens mit dem abwesenden Kind fortzusetzen suchen; in diesem Fall dienen sie weniger der stets problematischen Unterweisung aus der Ferne, sondern sind in erster Linie ein Mittel des Trostes, das den Schmerz der Trennung lindern hilft. Und gar nicht selten sind zumal die Briefe, die Mütter ihren Söhnen und Töchtern schreiben, beides.

Für beide Brieftypen gibt es große Vorbilder. Was den Erziehungsbrief betrifft, ist Ciceros Schrift »De officiis« (Über die Pflichten) wohl dasjenige von seinen Werken, das sich am nachhaltigsten auf die Kirchenväter und die Gelehrten der Renaissance bis hin zur Aufklärung auswirkte: Voltaire hat die Schrift Friedrich dem Großen nahegebracht. Ciceros letztes Werk ist zwar nicht in Briefform verfasst, aber der Autor hatte allen drei Teilen eine Einleitung vorangestellt, die sich in direkter Anrede an den in Athen studierenden Sohn Marcus wendet. Diese Kunst der Hinwendung, die rasch die Form einer Mahnrede annimmt, tritt hier an die Stelle der bei Cicero sonst gebräuchlichen Form des philosophischen Dialogs, der durch eine spezielle Fragetechnik die gewünschte Erkenntnis befördern soll.

Briefe, so lässt sich sehr allgemein sagen, haben naturgemäß dialogischen Charakter. Durch das, was Kommunikationstheoretiker den »brieftypischen Phasenverzug« nennen – die verstreichende Zeit zwischen der Absendung, dem Empfang und der Beantwortung eines Schreibens –, neigen noch die Briefe mit der größten Nähe zum Empfänger jedoch zum Monologisieren. Die Schriftstellerin Luise Rinser hat für dieses paradox anmutende, elementare Kennzeichen des Briefes einmal die Formel gefunden, er sei ein »Monolog, der ein Dialog sein will«. Doch dieses Wollen hat seine Grenzen: Zu Papier gebracht, bleibt der gewünschte Dialog rasch im Appell stecken. Man kann sich jedenfalls gut vorstellen, wie die brieflich ausgesprochenen elterlichen Ermahnungen bei ihren Adressaten ganz andere Reaktionen als die gewünschte Einsicht hervorrufen, nämlich solche, deren Spektrum vom Gähnen bis hin zu Trotz und Abwendung reichen.

Wenn es um die pädagogische Funktion von Elternbriefen so schlecht bestellt ist, sind sie dann wenigstens in der Lage, die so gern und häufig beschworenen familiären Bindungen aufrechtzuerhalten? Die Antwortet lautet ja, allerdings unter der Bedingung, dass Empathie im Spiel ist. Wobei das Hineinversetzen nur eine, die erste Funktion von Empathie ist. Die andere, genauso wichtige besteht darin, auf die Gefühle und Gedanken, die man beim anderen erkennt, auch angemessen zu reagieren – was jedoch nur dann möglich ist, wenn uns dieser spezifische Andere auch wirklich am Herzen liegt.

Auch diese zweite, empathische Form des mütterlichen Briefes hat ein großes Vorbild: die bereits im ersten Kapitel erwähnten Briefe der Madame de Sevigné an ihre Tochter. Diese hatte einen Grafen von Grignan geheiratet, der schon bald zum stellvertretenden Gouverneur der Provence ernannt wurde. Die Mutter im fernen Paris litt schmerzlich unter der Trennung und begann einen regelmäßigen Briefwechsel mit der frisch gebackenen Gräfin: *Ich will Ihnen jeden Abend schreiben, mein liebes Kind. Diese Unterhaltung ist meine größte Befriedigung. Ich stehe herum, gehe, versuche ein wenig zu lesen, was immer ich unternehme, es ist das Schreibzeug, das mir nottut. Ich muss zu Ihnen reden, und selbst wenn der Brief weder heute noch morgen weggeht, Ihnen abends über meinen Tageslauf berichten.* Zwischen den beiden Frauen bricht ein förmlicher Wettstreit darüber aus, wer von ihnen beiden mehr und intensiver an die andere denkt und ihrer Empathie plastischeren Ausdruck verleiht: *Ach, meine Beste, Sie irren sich nicht, wenn Sie glauben, ich sei noch mehr mit Ihnen beschäftigt als Sie mit mir, obwohl Sie viel an mich denken. Wenn Sie mich sähen, wüssten Sie, dass ich nur die Gesellschaft suche, mit der ich von Ihnen reden kann.*

Wie die folgenden Briefe von Müttern an ihre Kinder aber auch zeigen, ist die Fähigkeit zur Empathie selbst bei Frauen unterschiedlich ausgeprägt. Noch so harte Erziehungsmaßnahmen, strenge Verhaltensvorschriften und Ermahnungen mögen sich durch die Liebe zu den Kindern rechtfertigen lassen, durch die Absicht, die wahren Interessen der Kinder zu schützen. Ob das aber immer auch deren eigene Interessen waren und sind? Statt einer Einmischung, die Empathie mit Bevormundung verwechselt, könnte sich in solchen Fällen Distanz empfehlen – auch dies ein zentrales Thema im Buch der Mutterliebe.

Großmutter predigt Realismus
Mary Wortley Montagu an ihre Tochter über ihre Enkeltochter

Vor ihrer Abreise in den Orient hatte Lady Mary Wortley Montagu den nur 1,37 Meter großen, körperlich deformierten Alexander Pope kennengelernt, der sich als führender Dichter und Satiriker seiner Zeit etablieren wollte. Während ihrer Abwesenheit schrieb Pope Lady Montagu zahlreiche galante Briefe, die vor allem die Extravaganz und den guten Stil ihres Verfassers zur Schau stellten. Einige ihrer 42 Briefe aus dem Orient sind auch an ihn gerichtet, darunter der letzte, der angeblich in Dover geschrieben wurde, als die auf der Rückreise befindliche Lady nur noch der Kanal von ihrer Heimat trennte. Er enthielt eine Parodie von Popes Poem »Grabspruch für die von einem Blitz getroffenen Liebenden«. Ob nun das der Ausgangspunkt ihres Zerwürfnisses war oder mit dem Gelächter zu tun hatte, mit dem sie auf eine Liebeserklärung von ihm reagiert haben soll – bald nach ihrer Rückkunft führte Pope eine jahrelange, gnadenlose und von tiefer Frauenverachtung zeugende Kampagne gegen seine einstige Freundin, die dagegen nur wenig auszurichten wusste und der das Leben in London auf diese Weise einigermaßen vergällt wurde.

> Die Großmutter rät ihrer Enkelin fleißig zu lernen. Bildung als »Überlebensmittel« für Frauen.

Hinzu kam eine leidenschaftliche Liebesgeschichte mit einem über zwanzig Jahre jüngeren, gut aussehenden und gebildeten Venezianer namens Franceso Algarotti, der sich für einige Zeit in London aufhielt und dem Lady Montagu glühende Liebesbriefe auf Französisch schrieb. Beides zusammen führte dazu, dass die Montagu 1739 im Alter von fünfzig Jahren England zum zweiten Mal den Rücken kehrte, nun allerdings nicht als Begleiterin ihres Mannes, sondern allein, umsorgt von einer nicht gerade kleinen, standesgemäßen Entourage. Erst 1762, über zwanzig Jahre später, sollte sie nach London zurückkehren – ein Jahr nach dem Tod ihres Mannes, den sie die ganze Zeit über nicht wiedergesehen hatte, und nur wenige Monate vor ihrem eigenen Tod.

Ihr erstes Reiseziel war Venedig, wo sie sich mit Algarotti zu treffen hoffte, der sich stattdessen jedoch von Paris erst einmal wieder nach London aufmachte. Ein halbes Jahr hielt sie es in Erwartung des Geliebten in Venedig aus; danach lebte sie unter anderem in Neapel, in Genua, in Avignon, in Brescia, am Lago d'Iseo und ließ sich Mitte der 1750er Jahre noch einmal in der Lagunenstadt nieder.

> Der etwas steife englische Dichter Alexander Pope schrieb an die unkonventionelle Lady Montagu Briefe der Verehrung, was sie allerdings nicht daran hinderte, sich über eines seiner Gedichte lustig zu machen.

Angesichts der zunehmenden Isolation, die das Alter, aber auch ihr »Exil« fernab Londons mit sich brachten, war die Montagu wie die ein Jahrhundert vor ihr lebende Madame de Sevigné eifrig darum bemüht, die familiären Bande zu ihren Töchtern, besonders zu der mit dem britischen Staatsmann John Stuart Bute verheirateten Mary, per Brief aufrechtzuerhalten. Ihr vorrangiges Augenmerk galt dabei der Erziehung und Bildung ihrer Enkelinnen, speziell der ältesten Tochter Mary Butes, die ihr als besonders begabt geschildert worden war.

Bei der mittlerweile vierundsechzigjährigen Lady Montagu verband sich das Interesse an der Erziehung der Enkelinnen zudem mit einem Engagement, das wir heute als feministisch bezeichnen würden. *Die Natur hat uns nicht in einen untergeordneten Rang gegenüber den Männern gestellt, ebenso wenig wie die Weibchen anderer Tiere, bei denen wir keinen Unterschied in ihren Fähigkeiten erkennen,* schrieb sie an ihre Tochter. Sie bewunderte die hohe Wertschätzung, die nach ihrer Beobachtung gebildeten Frauen in Italien entgegengebracht wurde, und kritisierte von dieser Warte aus die Verachtung, mit der man in England dem weiblichen Geschlecht begegnete: *Ich halte es für die größte Ungerechtigkeit ..., dass die gleichen Studien, die den Charakter eines Mannes heben, den einer Frau beeinträchtigen sollen. Wir werden in der schändlichsten Unwissenheit aufgezogen, und keine Tücke wird ausgelassen, um unsere angeborene Vernunft zu ersticken; wenn einige wenige über die Belehrungen ihrer Kindermädchen hinausgelangen, so muss unser Wissen im Verborgenen bleiben und für die Welt so unnütz bleiben wie das Gold, das man in der Mine lässt.* Sobald es indessen um die Erziehung und Bildung der Enkelin geht, fehlt das kämpferische Element in ihrem Frauenbild und weicht einer Resignation, der allerdings auch ein gehöriger Schuss Paternalismus – oder, wie in diesem Fall besser zu sagen wäre, »Maternalismus« – beigemischt ist: ein vormundschaftlicher Anspruch, der den Willen des anderen nicht achtet, gerade weil er dessen Wohl im Sinn zu haben vorgibt, welches dann regelmäßig in Selbstrelativierung liegen soll. Dass der Erfolg und der Reichtum des eigenen Lebens sehr viel damit zu tun hatte, derlei Ratschlägen gerade nicht zu folgen, wird dabei auch von Lady Montagu übersehen.

In einem entscheidenden Punkt hatte die Großmutter Montagu dennoch recht und dadurch den Realismus auf ihrer Seite. Er betraf das Startkapital für den Lebensweg jenseits der Herkunftsfamilie; anders als ihre eigenen Töchter konnten ihre Enkelinnen kaum mit einer Mitgift rechnen, die ihnen eine standesgemäße Heirat garantierte. Bildung war in dieser Situation ein »Überlebensmittel«, um sich auf eigene Beine zu stellen, und Lady Montagu bombardierte ihre Tochter förmlich mit guten Ratschlägen, wie die Lust aufs Lernen, die die kleine Mary an den Tag legte, am besten zu nutzen sei:

»Letters Of The Right Honourable Lady M-y W-y M-e«, Berlin 1790.

28. Januar 1753

Liebes Kind,

Dein Bericht über Deine älteste Tochter erfüllt mich mit großer Zufriedenheit. Ich freue mich besonders zu hören, dass sie gut im Rechnen ist; das ist der beste Beweis für eine gute Auffassungsgabe. Die Beherrschung der Zahlen ist eines der wichtigsten Merkmale, das uns von den Wilden unterscheidet. Soweit es Sache der Abstammung ist, kannst Du darauf zählen, dass deine Kinder mit einer außergewöhnlichen Portion an gesundem Menschenverstand gesegnet sind. Mr. Wortleys und meine Familie haben beide einige der größten Männer Englands hervorgebracht ...

Ich darf deshalb davon ausgehen, dass Lady Mary nicht nur die Fähigkeit, sondern auch den Drang zum Lernen besitzt. In diesem Fall lege ihr in dieser Hinsicht nur keine Zügel an. Du wirst mir entgegnen, ich hätte dies nicht zu einem Bestandteil Deiner Erziehung gemacht. Deine Aussichten waren von ihren aber auch sehr verschieden, da hinsichtlich Deines Geistes und Deiner Person nichts dagegen, hinsichtlich Deiner finanziellen Verhältnisse aber vieles dafür sprach, dass Dir die vorteilhaftesten Heiratsanträge gemacht würden. Es schien Deine Aufgabe zu sein, zu lernen, wie man sich in der Welt bewegt, während es ihre ist, zu verstehen, wie man gut lebt ohne das. ... Jede Frau trachtet danach, aus ihrer Tochter eine feine Dame zu machen, verleiht ihr Qualifikationen für einen Rang, den sie niemals einnehmen wird, und nimmt ihr gleichzeitig die Befähigung für jene stille Lebensart, die ihr Schicksal ist. Wenn sie einen wirklichen Drang zu lernen verspürt, wird das nicht nur für ihre Zufriedenheit sorgen, sondern sie wird darin ihr Glück finden. Keine Unterhaltung ist so preiswert wie das Lesen, und kein Vergnügen so beständig. Sie wird ihre Wünsche nicht auf neue Kleider richten noch den Mangel an kostspieligen Zerstreuungen oder an gesellschaftlicher Abwechslung bedauern, wenn sie sich mit einem Autor in ihrem Zimmer die Zeit vertreiben kann. Um den Unterhaltungswert dieser Beschäftigung zu vergrößern, sollte man ihr gestatten, Sprachen zu erlernen. Ich habe Klagen darüber vernommen, dass junge Männer so viele Jahre damit

verlieren, nichts als Wörter zu lernen. Bei einem Mädchen, dessen Zeit nicht so kostbar ist, will dieser Einwand indessen wenig besagen. Sie kann es nicht zu einem höheren Beruf bringen, und muss deshalb mit den Stunden nicht haushalten; und da Du sagst, ihr Gedächtnis sei gut, wird sie auf diese Weise sehr angenehm beschäftigt sein.

Vor zwei Dingen ist in dieser Hinsicht allerdings zu warnen. Einmal, dass sie sich für gebildet hält, wenn sie Latein oder sogar Griechisch lesen kann. ... Wahres Wissen besteht darin, die Dinge zu kennen, nicht die Wörter... Du solltest Deine Tochter dazu anhalten, sich mit Dir über das Gelesene zu unterhalten, und da Du einen feinen Sinn für Nuancen besitzt, achte darauf, dass sie nicht irrigerweise schnippische und vorlaute Bemerkungen für Witz und Humor und Reimeschmieden für Poesie hält, was so die geläufigen Irrtümer junger Leute sind und eine Reihe übler Folgen nach sich zieht.

Die zweite und absolut notwendige Maßregel lautet, was an Bildung sie auch immer erwirbt, es mit so viel Umsicht zu gebrauchen, als wollte sie einen Buckel oder ein Hinken verbergen. Seine Zurschaustellung kann nur dazu führen, dass sie sich den Neid und in der Folge den erbitterten Hass aller männlichen und weiblichen Dummköpfe einhandelt, die gewiss wenigstens Dreiviertel ihrer Bekannten ausmachen. Der Nutzen des Wissens für unser Geschlecht – über den einsamen Zeitvertreib hinaus – besteht darin, die Leidenschaften zu mäßigen und zu lernen, auch mit einem geringen Aufwand zufrieden zu sein. ... Im Moment kommt es mir nur auf das an, was ich für die Ausbildung meiner Enkelin, die mir sehr am Herzen liegt, als nützlich erachte. Wenn sie dieselbe Vorliebe (ich würde sagen Leidenschaft) für das Lernen aufbringt, die mir angeboren war, werden Geschichte, Geographie und Philosophie sie mit Anregungen versorgen, die dazu ausreichen, ein längeres Leben, als es den meisten Sterblichen beschieden ist, in Heiterkeit zu verbringen.

Zerreißen Sie meine Briefe
Maria Theresia an Marie Antoinette

Maria Theresia von Österreich brachte sechzehn Kinder zu Welt, fünf Söhne und elf Töchter. Bei der ersten Entbindung, 1737, war sie zwanzig, bei der letzten neununddreißig Jahre alt, das bedeutet im Durchschnitt alle vierzehn Monate eine Geburt. Als Maria Antonia oder Marie Antoinette, wie sie später heißen sollte, am 2. November 1755, einen Tag nach dem schlimmen Erdbeben von Lissabon, als fünfzehntes Kind zur Welt kam, lebten noch alle zuvor geborenen Söhne und immerhin sieben von zehn Töchtern der Kaiserin.

Verursacht unter anderem durch die Pockenepidemie des Jahres 1767, die beinahe auch Maria Theresia selbst dahingerafft hätte, sollte sich diese Bilanz allerdings verschlechtern; und selbst wer wie Maria Elisabeth, die fünfte Tochter Maria Theresias, die Krankheit überlebte, stand nicht unbedingt noch dem königlichen Heiratsmarkt zur Verfügung. Denn Maria Elisabeths zuvor gerühmte Schönheit war mit den Pocken dahin, und die Pläne, sie mit dem verwitweten französischen König Ludwig XV. zu verheiraten, plötzlich Makulatur.

Das ehrgeizige Vorhaben, die gerade geschlossene Allianz mit dem einstigen Erbfeind Frankreich durch eine Heirat auf höchster Ebene zu festigen und auf diese Weise den Frieden zwischen beiden Ländern zu besiegeln, gab Maria Theresia dennoch nicht auf. 1765 war der Dauphin Ludwig Ferdinand, der Sohn Ludwigs XV. gestorben; damit wurde nun dessen überlebender Sohn Ludwig August, der Enkel Ludwigs XV., zum direkten Anwärter auf den Thron.

Statt mit der eineinhalb Jahre jüngeren Marie Antoinette hätte durchaus auch eine Verbindung mit deren älterer Schwester Maria Karolina im Bereich des Möglichen gelegen. Doch Maria Karolina war bereits an anderer Stelle eingeplant – als »Ersatzfrau« für eine Ehe mit König Ferdinand I. von Neapel-Sizilien, da wiederum die beiden dafür ursprünglich in Frage gekommenen älteren Töchter Maria Theresias, Johanna Gabriela und Maria Josepha, Opfer der Pocken geworden waren. Wohl möglich, dass die Geschichte Frankreichs und Europas in mancher Hinsicht anders verlaufen wäre, wenn statt der verspielten und von Versagensängsten nicht freien Maria Antonia die äußerst temperamentvolle und mit politischer Durchsetzungskraft begabte Maria Karolina auf den Thron Frankreichs gelangt wäre.

Denn eins steht fest: Als sich die vierzehnjährige Maria Antonia am 21. April 1770 von ihrer Mutter und ihren Geschwistern in Wien verabschiedete und mit ei-

Oben: Maria Theresia konnte ihr zweitjüngstes Kind Maria Antonia – Marie Antoinette – (unten) nicht vor ihrem Schicksal bewahren, trotz der vielen gut gemeinten Ratschläge.

• BRIEFE DER MUTTERLIEBE • 89

Im Alter von vierzehn Jahren wurde Marie Antoinette mit dem späteren König Ludwig XVI. verheiratet. Gefeiert wurde mit großem Pomp auf Schloss Versailles.

nem Brautzug aus 57 Equipagen die lange Fahrt nach Frankreich antrat, war sie auf ihre zukünftigen Aufgaben alles andere als gut vorbereitet. Wie ihre Schwestern hatte auch sie eine Erziehung genossen, die sie vor allem dazu anleitete, in Gesellschaft und bei höfischen Anlässen eine gute Figur zu machen, selbst wenn der Stundenplan neben Tanzstunden, Theateraufführungen und Malen, Handarbeiten und Konversation auch Geschichte, Staatskunde, ein wenig Mathematik, das Erlernen von Fremdsprachen sowie Rechtschreibung beinhaltete. Besonders hervorzuheben waren an der späteren französischen Königin allerdings ihre tänzerische Begabung und ihre Liebe zur Musik, die beide zu ihrer anmutigen Ausstrahlung beitrugen. Was hingegen Lesen, Schreiben und auch Fremdsprachen anbelangte, so waren die Fähigkeiten und Kenntnisse Maria Antonias wohl eher als mangelhaft zu bezeichnen.

Von der perfekten Beherrschung der französischen Sprache, der geistigen Gewandtheit und dem intellektuellen Witz etwa einer Liselotte von der Pfalz dürften sie Welten getrennt haben. Insbesondere fiel zudem ihre Unfähigkeit auf, sich zu konzentrieren; ein zeitgenössischer Beobachter sprach davon, sie springe im Gespräch wie ein Grashüpfer hin und her.

So wundert es nicht, dass die Instruktionen, die Maria Theresia allen ihren Töchtern mit auf den Weg in die Fremde gab, in diesem Falle besonders ausführlich und einprägsam ausfielen. Die Verhaltensvorschrift, die sie ihr am Morgen der Abreise aushändigte, sah als erstes Gebot vor, die Lektüre dieser Anweisungen in Monatsfrist zu wiederholen – anscheinend rechnete die Mutter mit der Vergesslichkeit und Unbedachtheit ihrer Tochter. Die zweitgrößte Sorge scheint ihr die Neigung Marie Antoinettes zu auffälligem, unreflektiertem Verhalten bereitet zu haben; so schärfte sie ihr insbesondere ein, sich in Verhaltensunauffälligkeit und Selbstaufmerksamkeit zu üben.

Verhaltungsvorschrift – jeden Monat zu lesen

Den 21. April, Tag der Abreise. Beim Aufwachen werden Sie sofort nach dem Aufstehen kniend Ihr Morgengebet verrichten und etwas Religiöses lesen, und sei es nur für eine halbe Viertelstunde, noch bevor Sie sich mit etwas anderem befaßt oder mit jemand gesprochen haben. Alles hängt von dem guten Beginn des Tages und der Verfassung ab, in der man ihn beginnt, was sogar gleichgültige Handlungen gut und verdienstvoll machen kann. Das ist ein Punkt, in dem Sie sehr genau sein müssen; seine Beachtung hängt nur von Ihnen ab und kann für Ihr Glück hienieden und im Jenseits bestimmend sein. Das gilt auch von den Abendgebeten und der Erforschung des Gewissens; doch wiederhole ich nochmals, daß die Morgengebete und die kurze religiöse Lektüre am wichtigsten sind. Sie werden mir immer mitteilen, welches Buch Sie zur Hand haben. Sie werden sich während des Tages so oft als möglich frommen Gedanken hingeben, besonders aber während der heiligen Messe. Ich hoffe, daß Sie sie jeden Tag mit Erbauung hören werden, und an Sonn- und Feiertagen sogar zweimal, sofern es an Ihrem Hofe Brauch ist. Wie sehr ich auch wünsche, daß Sie sich mit Gebet und guter Lektüre befassen, so wenig möchte ich, daß Sie etwas anderes einzuführen oder zu tun versuchen, als was in Frankreich Sitte ist; Sie sollen nichts Besonderes beanspruchen, weder anführen, was hier gebräuchlich ist, noch verlangen, daß man es nachahme; Sie sollen sich im Gegenteil unbedingt dem anpassen, was der Hof zu tun gewohnt ist. … In Frankreich ist man in den Kirchen und stets in der Öffentlichkeit sehr religiös; es gibt dort keine Gebetsstühle

Maria Theresia hatte große Sorge, dass sich ihre Tochter am französischen Hof, der ihr völlig fremd war, falsch oder auffällig verhalten könnte.

wie bei uns, die zu bequem und oft Anlaß zu nachlässiger Haltung sind und Zwiegespräche erleichtern, was in Frankreich viel Ärgernis erregen würde. Solange Sie können, bleiben Sie auf den Knien; das wird die passendste Haltung sein, um als Beispiel zu dienen. ... Lesen Sie kein Buch, selbst ein gleichgültiges nicht, ohne vorher von Ihrem Beichtvater die Zustimmung erlangt zu haben: das ist ein in Frankreich um so wichtigerer Umstand, weil man dort ununterbrochen Bücher voll Unterhaltung und Wissen verkauft, unter denen es jedoch unter diesem achtungsvollen Schein solche gibt, die für die Religion und die Sitten sehr schädlich sind. Ich beschwöre Sie also, meine Tochter, ohne Zustimmung Ihres Beichtvaters kein Buch und auch keine Broschüre zu lesen. Ich fordere von Ihnen, meine teuere Tochter, dieses echteste Zeichen Ihrer Liebe und Ihres Gehorsams gegenüber den Ratschlägen einer guten Mutter, die nur Ihr Heil und Glück im Auge hat. Vergessen Sie niemals den Todestag Ihres seligen teueren Vaters und den meinen zu seiner Zeit: bis dahin können Sie an meinem Geburtstag für mich beten. ...

Besondere Verhaltungsvorschrift

Übernehmen Sie keine Empfehlung. Hören Sie auf niemanden, wenn Sie in Ruhe leben wollen. Seien Sie nicht neugierig; das ist ein Punkt, den ich besonders bei Ihnen befürchte. Vermeiden Sie jede Art von Vertraulichkeit mit kleinen Leuten. Fragen Sie in allen Fällen Herrn und Frau von Noailles, und verlangen Sie es sogar, was Sie tun sollen, da Sie Ausländerin sind und der Nation unbedingt gefallen wollen; verlangen Sie, daß sie Ihnen aufrichtig sagen, ob es irgend etwas in Ihrem Benehmen, in Ihren Reden oder in anderen Punkten zu korrigieren gibt. Antworten Sie jedermann freundlich, mit Anmut und Würde: wenn Sie wollen, vermögen Sie es. Man muß auch abzuschlagen verstehen. ... Sie können mir auch durch die Post schreiben, aber nur über unbedeutende Dinge, die jedermann wissen kann. Ich glaube nicht, daß Sie Ihrer Familie schreiben sollten, besondere Anlässe und den Kaiser ausgenommen, mit dem Sie sich über diesen Punkt einigen werden. ... Zerreißen Sie meine Briefe, was mir ermöglichen wird, Ihnen offener zu schreiben; ich werde dasselbe mit Ihren Briefen tun. Erwähnen Sie nichts über die hiesigen häuslichen Angelegenheiten; sie bestehen nur aus wenig interessanten und langweiligen Tatsachen. Über Ihre Familie sollen Sie wahrheitsgemäß und mit Zurückhaltung sprechen: trotzdem ich mit ihr oft nicht ganz zufrieden bin, werden Sie vielleicht finden, daß es anderswo noch schlimmer ist, daß es nicht nur hier Kindereien und Eifersüchteleien um Nichtigkeiten gibt, sondern daß sie anderwärts noch mehr zum Vorschein kommen. ...

Jeweils am Monatsbeginn brachen die kaiserlichen Kuriere in Wien auf, reisten zuerst nach Brüssel, der damaligen Hauptstadt der österreichischen Niederlande, und trafen ungefähr zehn Tage später in Paris ein, stets auch einen Erziehungsbrief Maria Theresias an ihre Tochter im Gepäck, der dieser von Mercy persönlich ausgehändigt wurde. Die Kaiserin diktierte diese Briefe einem Sekretär, fügte anschließend aber noch Randbemerkungen hinzu, die dieser nicht zu Gesicht bekam. Durch die

Berichte Mercys war sie stets über alles im Bilde; diese unheimliche Allwissenheit ihrer Mutter, die an ihrer Tochter selten ein gutes Haar ließ und sie förmlich mit Vorhaltungen und Ermahnungen überschüttete, dürfte nicht gerade deren Selbstbewusstsein gestärkt, wohl aber Trotz und Unwillen provoziert haben.

Da die österreichischen Postboten, wollten sie am Monatsende in Wien zurück sein, sich schon bald nach ihrer Ankunft in Paris wieder aufmachen mussten, blieb Marie Antoinette jedes Mal nur wenig Zeit, das von ihr erwartete Antwortschreiben an ihre Mutter aufzusetzen. Der größte Hinderungsgrund neben ihrer Schreibunlust war dabei der Umstand, dass ihr am französischen Hof kaum Gelegenheit blieb, etwas unbeobachtet zu tun, weil alle, auch die privatesten Dinge, in aller Öffentlichkeit geschahen. Die zahlreichen Tintenkleckse auf den Schreiben der Tochter dürften daher nicht nur ihrer Unachtsamkeit, sondern auch der Zeitnot geschuldet sein, unter der sie diese geheime, aber ungeliebte Korrespondenz erledigen musste.

Auch hinsichtlich der Leibwäsche ihrer Tochter hatte die Mutter sehr klare Vorstellungen:

Meine liebe Frau Tochter! Dieser ewige Kurier ist gestern endlich um 9 Uhr abends angekommen und hat mir Ihre lieben Nachrichten gebracht. (...) Hätten Sie mir nicht versichert, daß Sie jetzt ein Korsett tragen, so wäre ich durch diesen Umstand beunruhigt worden, aus Furcht, daß Sie, wie man deutsch sagt, »auseinandergehen, schon die Taille wie eine Frau, ohne es zu seyn«.
Ich bitte Sie, vernachlässigen Sie sich nicht, in Ihrem Alter gehört sich das nicht, in Ihrer Stellung noch weniger, das zieht Unsauberkeit, Nachlässigkeit und sogar Gleichgültigkeit in allen anderen Verrichtungen nach sich, und das wäre zu Ihrem Schaden (...)

Schönbrunn, den 1. November 1770

Gedenke Deiner Mutter
Madame Roland aus dem Kerker an ihre Tochter Eudora

Madame Roland unterstützte die Französische Revolution und wurde ihr Opfer.

Die gebürtige Manon Jeanne Philipon hatte fünfundzwanzigjährig den mehr als zwanzig Jahre älteren späteren französischen Innenminister Jean-Marie Roland de la Platière geheiratet. Madame Roland war eine Intellektuelle, eine glühende Anhängerin Rousseaus, die zudem mit den Schriftstellern der Antike vertraut war. Ihr Salon war ein zentraler Treffpunkt der Girondisten gewesen, die im Jakobinerklub das in der Provinz (und nicht in Paris) ansässige Großbürgertum repräsentierten und von der Revolution, deren Dynamik sie maßgeblich mit entfesselt hatten, schließlich hinweggefegt wurden. Berühmt und bis auf den heutigen Tag lesenswert sind die Memoiren der Madame Roland, die sie während ihrer fünf Monate Kerkerhaft in der Conciergerie bereits in der Gewissheit ihrer Hinrichtung schrieb.

Noch im Gefängnis hatte Madame Roland als entschiedene Gegnerin der Monarchie sich jeden Vergleich mit Marie Antoinette verbeten und die einstige Königin in einem Brief an Robespierre, den sie allerdings nicht abschickte, als *hochmütige und leichtfertige Frau* bezeichnet, die das revolutionäre Prinzip der Gleichheit zutiefst verabscheute. Doch nicht erst die Nachwelt, sondern schon die Zeitgenossen begannen die beiden so unterschiedlichen Frauen in einem Atemzug zu nennen, insbesondere dort, wo es darum zu tun war, den revolutionären Terror zu rechtfertigen und zugleich die Frauen in ihre Schranken zu weisen. So schrieb der »Moniteur«, das Sprachrohr der Revolution, wenige Tage nach der Hinrichtung Madame Rolands: »Zwar war sie Mutter, aber sie hatte die Natur geopfert, um sich über sie zu stellen; der Wunsch nach Gelehrsamkeit brachte sie dazu, die Tugenden ihres Geschlechts zu vergessen, und dieses Vergessen, das immer gefährlich ist, führte sie schließlich aufs Schafott.«

Die Botschaft konnte deutlicher kaum sein: Frauen, die sich über ihre natürliche Bestimmung erheben, Kinder zur Welt zu bringen und großzuziehen, die sich Gelehrsamkeit und gar öffentliche Positionen aneignen, gehören geköpft. Oder auf die unüberhörbare Drohgebärde abgestellt: Bürgerinnen, die Ihr unzufrieden seid mit Euren beschränkten Lebensmöglichkeiten, blickt auf das abschreckende Beispiel von Marie Antoinette, Olympe de Gouges und Madame Roland: So geschieht es derjenigen, die mehr will, als die Natur ihr zugedacht hat, und es geschieht ihr recht. Und das war keineswegs die Einzelmeinung eines Journals; es war die »Mehrheitsmeinung« derjenigen, die die Revolution vorantrieben. Als die Schauspielerin Rose La-

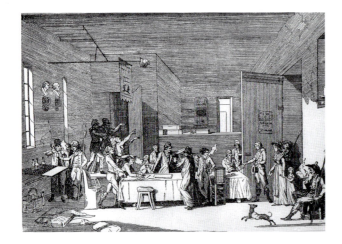

Im Salon der Rolands trafen sich vor allem jene, die die demokratischen Ziele der Revolution unterstützten.

combe, Präsidentin der Gesellschaft republikanischer und revolutionärer Frauen, sich im Jahr 1793 mit einer Abordnung von Frauen den Zutritt zur Pariser Gemeindeverwaltung erzwingen wollte, ergriff deren Sekretär Pierre Gaspard Chaumette, auf den die Errichtung des Revolutionstribunals zurückging, das Wort: »Seit wann dürfen Frauen ihrem Geschlecht abschwören und sich zu Männern machen?«, rief er. »Die Natur hat der Frau gesagt: Sei Frau. Die Versorgung der Kinder, die Haushaltsführung, die vielfältigen Sorgen der Mutterschaft, das sind deine Aufgaben.«

Die Ansicht, dass sich die vielfältigen Sorgen der Mutterschaft und ein engagiertes Berufs- oder Bürgerleben keineswegs ausschließen, ist noch nicht sehr lange eine gesellschaftlich mehrheitsfähige Meinung. Doch es waren nicht nur Frauenverächter, die seinerzeit eine untergründige Verwandtschaft der zur Guillotine verurteilten Frauen gespürt haben. So hat etwa die junge Germaine de Staël in ihrem im August 1793 formulierten glühenden Aufruf zur Verteidigung Marie Antoinettes argumentiert, dass die gegen die einstige Königin erhobenen Anschuldigungen nur gegen sie als Frau und Mutter (und zudem als Ausländerin) gerichtet waren. Ihre Schrift ist ein Manifest der Empathie gegen Brutalität und Systemdenken: »Oh, Ihr Frauen aller Länder, aller Stände hört mich mit der gleichen Ergriffenheit, die mich erfasst hat; das Schicksal von Marie Antoinette umfasst alles, was Euer Herz berühren kann: … wenn Ihr empfinden könnt, wenn Ihr Mütter seid, sie hat mit ganzer Seele geliebt«.

In diesen und anderen Texten der Revolution bekommt die Mutterliebe zum ersten Mal so etwas wie eine eigene Stimme. Jules Michelet, der bedeutendste französische Historiker des 19. Jahrhunderts, ist sogar so weit gegangen, in ihr den Ursprung wie das Ende der Französischen Revolution zu sehen. Und so ist es wohl auch kein Zufall, dass am Ende des Weges von Madame Roland ein Brief an ihre Tochter stand, der ein großes Zeugnis der Mutterliebe ist: sowohl in der Weise, wie er um das Wohlbefinden der geliebten Tochter besorgt ist, als auch in dem Wunsch, die Erinnerung an die Mutter zu bewahren. Es ist ein Abschiedsbrief einer Mutter an ihr Kind, wie er liebevoller kaum denkbar ist; er lässt ihr alle Freiheit, ein Leben zu führen, wie es ihren Wünschen und Möglichkeiten entspricht, und formuliert als einzigen Anspruch, derer zu Gedenken, die sie zur Welt gebracht, genährt und geherzt hat.

Scherenschnitt des Ehepaars Roland und der Tochter Eudora von Johann Caspar Lavater (1741–1801).

An meine Tochter
Sainte-Pélagie, den 8.Oktober 1793
Ich weiß nicht, meine kleine Freundin, ob es mir noch vergönnt ist, Dich zu sehen oder Dir zu schreiben. Gedenke Deiner Mutter. Diese drei Worte sind das Beste, was ich Dir sagen kann. Du hast mich in der Sorge, meine Pflicht zu tun und den Leidenden nützlich zu sein, glücklich gesehen. Das ist die einzige Art, es zu sein.
Du hast mich im Unglück und in der Gefangenschaft friedfertig gesehen, weil ich nichts zu bereuen hatte und weil ich die Erinnerung und Freude besaß, wie sie gute Taten hinterlassen. Es gibt wiederum nur diese Mittel, die Übel des Lebens und die Wechselfälle des Schicksals zu ertragen.
Vielleicht, ich hoffe es, bleiben Dir ähnliche Prüfungen erspart wie Deiner Mutter; aber es gibt andere, in denen Du Dich nicht weniger wirst wehren müssen. Ein strenges, arbeitsames Leben ist der beste Schutz gegen alle Gefahren, und Notwendigkeit wie Klugheit gebieten Dir, ernsthaft zu arbeiten. Sei Deiner Eltern würdig; Sie hinterlassen Dir große Beispiele, und wenn Du sie zu nutzen verstehst, wirst Du kein sinnloses Leben führen.
Leb wohl, mein geliebtes Kind, das ich mit meiner Milch genährt habe und das ich mit all meinem Empfinden erfüllen wollte. Die Zeit wird kommen, wo Du wirst beurteilen können, wie groß meine Mühe in diesem Augenblick ist, mich nicht in Gedanken an Dich völlig gehen zu lassen.
Ich drücke Dich an mein Herz.
Leb wohl, meine Eudora!

Abschiedsbrief von Marie Antoinette an ihre Schwägerin Madame Élisabeth
17. Oktober 1793

Möge meine Tochter, als die ältere, fühlen, daß sie ihrem Bruder immer beistehen müsse mit Ratschlägen, die größere Erfahrung und ihre Freundschaft ihr eingeben werden. Möge mein Sohn hinwieder seiner Schwester alle Fürsorge und alle Dienste erweisen, die sich aus der Freundschaft ergeben. Mögen sie endlich beide fühlen, daß sie in jeder Lage ihres Lebens nur durch ihre Eintracht wirklich glücklich sein werden. Mögen sie sich uns zum Beispiel nehmen! Wie viel Tröstung hat uns unsere Freundschaft in unseren Leiden verschafft! Und das Glück genießt man doppelt, wenn man es mit einem Freunde teilen kann. Wo aber kann man einen zärtlicheren, innigeren Freund finden als in der eigenen Familie? Möge mein Sohn niemals die letzten Worte seines Vaters vergessen, die ich ihm mit Vorbedacht wiederhole: Möge er niemals danach trachten, unseren Tod zu rächen! Ich liebe ihn ...

151 Jahre nach der Hinrichtung von Madame Roland

Madame Roland wurde 1793 hingerichtet. Während des Zweiten Weltkrieges arbeitete die junge Berlinerin Gertrud Seele als Krankenschwester. Sie versuchte, verfolgten Juden zu helfen, indem sie ihnen Unterschlupf gewährte. Sie wurde von einer Nachbarin denunziert und zum Tode verurteilt. Kurz vor ihrer Hinrichtung am 12. Januar 1945 im Alter von nur 27 Jahren schrieb sie diesen Brief an ihre dreijährige Tochter:

Meine liebe kleine Tochter Michaela!

Heute muß Deine Mutti sterben. Ich habe nur zwei große Bitten an Dich, kleines Dirnlein. Du mußt ein braver und tüchtiger Mensch werden und den Großeltern viel Freude machen. Meine besten Wünsche gebe ich Dir mit auf Deinen Lebensweg und bitte Dich, mich lieb zu behalten und nicht zu vergessen. Ich weine innerlich heiße Tränen um Dich und die Eltern. Lebe wohl, geliebtes kleines Töchterchen. In Gedanken umarme und küsse ich Dich.
Deine verzweifelte Mutti

• BRIEFE DER MUTTERLIEBE • 95

Wir beide sind ZWEI
Johanna an Arthur Schopenhauer

Der Briefwechsel der Familie Schopenhauer – Vater, Mutter, Sohn und Tochter – ist ein biographisch, psychologisch und kulturgeschichtlich bemerkenswertes Dokument, das in der deutschen Literatur seinesgleichen sucht. Erhalten sind insgesamt 214 Briefe bzw. Briefteile aus den Jahren 1799 bis 1809, wobei die meisten aus der Feder der beiden Damen stammen: 96 auf die Mutter Johanna und 89 entfallen auf die Tochter Adele, lediglich 18 auf den Sohn Arthur und sogar nur 11 auf den Vater Heinrich Floris Schopenhauer. Die Gründe dafür sind rasch genannt: 1805, Arthur ist gerade siebzehn, die Schwester Adele sieben Jahre alt, beendet ein Sturz aus dem Speicher seines Geschäftshauses in den Kanal das Leben des ehemaligen Danziger und mittlerweile Hamburger Kaufmanns Heinrich Floris Schopenhauer. Der Vater liebte die englische Lebensart, doch es plagten ihn – begleitet von einem sehr labilen Gemütszustand – Geschäftssorgen; so war das Unglück wahrscheinlich Selbstmord. Die Ausdünnung des ursprünglich viel umfangreicheren Briefanteils des Sohnes und späteren Philosophen Arthur Schopenhauers auf gerade einmal 18, zum Teil nur fragmentarisch überlieferte Stücke geht hingegen auf das Konto der Schwester: Da spielten erbittert geführte Kämpfe um das väterliche Erbteil eine Rolle, die sich noch verschärften, als das Danziger Bankhaus, bei dem Mutter und Schwester ihr gesamtes, der Sohn hingegen nur einen Teil seines Vermögens deponiert hatte, Bankrott

Arthur Schopenhauers (Bild rechts) schwieriges Verhältnis zu seiner Mutter prägte seine Beziehung zu Frauen.

Johanna Schopenhauer (1766–1838) war eine der ersten Schriftstellerinnen in Deutschland, die von ihren Einnahmen leben konnte.

ging; noch schwerer aber mag das Gefühl bei Adele gewogen haben, zu einem unglücklichen Leben verurteilt gewesen zu sein, woran sie ihrem Bruder erhebliche Schuld gab.

Nach dem Tod von Heinrich Floris verließ die um zwanzig Jahre jüngere Witwe Johanna Schopenhauer mit Adele im Schlepptau alsbald Hamburg und siedelte nach Weimar über.

Sie habe *zwischen zwei Wegen ... den anscheinend wunderbarsten* gewählt, schrieb sie im Rückblick, *indem ich statt nach meiner Vaterstadt zu Freunden und Verwandten zu ziehen, wie fast jede Frau an meiner Stelle getan haben würde, das mir fast ganz fremde Weimar wählte.* Arthur hingegen blieb ohne familiären Rückhalt in Hamburg, wohin er gerade erst zurückgekehrt war. Statt ihn, wie es der Wunsch des begabten Sohnes gewesen war, aufs Gymnasium zu schicken, hatte der Vater dem Fünfzehnjährigen seinerzeit eine längere Bildungs- und Vergnügungsreise durch halb Europa finanziert, ihm dafür aber das Versprechen abgenommen, nach seiner Rückkunft eine Ausbildung zum Kaufmann zu machen, die der Sohn auch nach dem Tod des Vaters erst einmal fortsetzte.

Seine Mutter hingegen, die bereits in Hamburg ein geselliges Leben geführt hatte, reüssierte derweil im »deutschen Athen«, wie sie die aristokratisch geprägte Kleinstadt Weimar nannte. Dort war man infolge der napoleonischen Kriege noch näher als zuvor schon zusammengerückt, und Johannas zwangloser »Teetisch«, den sie bald jeden Donnerstag und Sonntag abhielt, wurde

96 • BRIEFE DER MUTTERLIEBE •

Statt dem Sohn galt die Bewunderung der Mutter Geheimrat Goethe, dessen Zeichenkunst sie in einem Brief rühmte.

rasch, wie sie selbstsicher vorausgesehen hatte, zu einem beliebten Treffpunkt der führenden Köpfe. An die Stelle der einst engen Familienbande, aus denen sich die angehende Schriftstellerin löste, traten auf diese Weise andere gesellige und freundschaftliche Bindungen. Entscheidenden Anteil daran hatte nicht zuletzt ein Mann, der der Witwe noch einmal Tochtergefühle verschaffte und ihr grenzenlose Bewunderung abnötigte: der damals siebenundfünfzigjährige (und nicht fünfzigjährige, wie Johanna schreibt) Geheimrat Goethe, der gerade seine Beziehung mit Christiane Vulpius legalisiert hatte und einen vorurteilsfreien Zirkel suchte, in dem Christiane akzeptiert wurde und er selbst, sofern anwesend, im Mittelpunkt stand. In einem Brief an ihren »lieben Freund Arthur« im fernen Hamburg zeichnete Johanna Schopenhauer ein Porträt des Zentralgestirns ihres gesellschaftlichen Weimarer Lebens:

Weimar, d. 28ten Nov. 1806

Dein Brief, lieber Freund Arthur, kam ein paar Tage später als gewöhnlich, doch das liegt wohl nicht an Dir, sondern an den Umständen, unter welchen er abgeschickt ward.

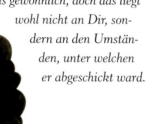

Die Nachricht von der Einnahme Hamburgs überraschte mich, obgleich wir hier längst etwas dergleichen ahndeten. Ich hoffe, sie wird keinen dauernden Einfluß auf das Schicksal der Stadt haben, sondern das Gewitter wird sich mit goldnen Ableitern abwenden lassen.

Ich lebe hier immer sehr häuslich und sehr froh, Goethe war Sonntag und gestern abend bei mir. Der Zirkel, der sich sonntags und donnerstags um mich versammelt, hat wohl in Deutschland und nirgends seinesgleichen.

Könnte ich Dich nur einmal herzaubern! Goethe fühlt sich wohl bei mir und kommt recht oft. Ich habe einen eigenen Tisch mit Zeichenmaterialien für ihn in eine Ecke gestellt. ... Wenn er dann Lust hat, so setzt er sich hin und tuscht aus dem Kopfe kleine Landschaften, leicht hingeworfen, nur skizziert, aber lebend und wahr wie er selbst und alles, was er macht.

Welch ein Wesen ist dieser Goethe! Wie groß und wie gut. Da ich nie weiß, ob er kommt, so erschrecke ich jedes Mal, wenn er ins Zimmer tritt. Es ist, als ob er eine höhere Natur als alle übrigen wäre, denn ich sehe deutlich, daß er denselben Eindruck auf alle übrigen macht, die ihn doch seit länger kennen. ... Er selbst ist immer ein wenig stumm und auf eine Art verlegen, wenn er kommt, bis er die Gesellschaft recht angesehen hat, um zu wissen, wer da ist. Er setzt sich dann immer dicht neben mir, etwas zurück, so daß er sich auf die Lehne von meinem Stuhl stützen kann. Ich fange dann zuerst ein Gespräch mit ihm an, dann wird er lebendig und unbeschreiblich liebenswürdig. Es ist das vollkommenste

• BRIEFE DER MUTTERLIEBE • 97

Weimar, Römisches Haus im Park an der Ilm (1791–1797 erbaut nach Entwurf von J. W. v. Goethe für Herzog Carl August). Kolorierter Stich nach Zeichnung, 1799, von Georg Melchior Kraus.

Wesen, das ich kenne, auch im Äußern. Eine hohe, schöne Gestalt, die sich sehr geradehält, sehr sorgfältig gekleidet, immer schwarz oder ganz dunkelblau, die Haare recht geschmackvoll frisiert und gepudert, wie es seinem Alter ziemt, und ein gar prächtiges Gesicht mit zwei klaren, braunen Augen, die mild und durchdringend zugleich sind. Wenn er spricht, verschönert er sich unglaublich, ich kann ihn dann nicht genug ansehen. Er ist jetzt etwa fünfzig Jahre alt. Was muß er früher gewesen sein. Er spricht von allem mit, erzählt immer zwischendurch kleine Anekdoten, drückt niemanden durch seine Größe, er ist anspruchslos wie ein Kind. Es ist unmöglich, nicht Zutrauen zu ihm zu fassen, wenn er mit einem spricht, und doch imponiert er allen, ohne es zu wollen. Letztens trug ich ihm seine Tasse Tee zu, wie das in Hamburg gebräuchlich ist, damit sie nicht kalt würde, und er küßte mir die Hand. In meinem Leben habe ich mich nicht so beschämt gefühlt, auch alle, die in der Nähe waren, sahen mit einer Art Erstaunen zu. Es ist wahr, er sieht so königlich aus, daß bei ihm die gemeinste Höflichkeit wie Herablassung erscheint, und er selbst scheint das gar nicht zu wissen, sondern geht so hin in seiner stillen Herrlichkeit wie die Sonne …
Adieu, lieber Arthur, ich könnte Dir viel noch schreiben, aber es fehlt mir an Zeit. Lebe recht wohl, erhalte Dich bei gutem Mut. Es wird Dir auch einst wohlgehen, nur muß man säen, um zu ernten, und dann die Zeit abwarten, wie ich auch getan habe. Du weißt, wie verschieden meine schönsten Jahre von meiner jetzigen Zeit waren …
Deine Mutter
J. Schopenhauer

In Hamburg hatte Johanna Schopenhauer mit der Welt ihres Mannes auch die ihres Sohnes zurückgelassen, dessen Hang zu schwermütigen Grübeleien sie als trauriges Erbteil Arthurs betrachtete. So war sie mehr entgeistert als erfreut, als dieser den Abbruch seiner Lehre und ebenfalls eine Übersiedlung nach Weimar ins Auge fasste. Nachdem sie ihm wegen einer Verfehlung gehörig die Leviten gelesen hatte, entschloss sie sich, zunächst auf Zeit zu spielen: *Ich will indessen für Dein Bestes sorgen, ich finde gewiß etwas aus, welches Dir gut tut, ich habe ja noch immer Rat gefunden, nur muß ich um nichts Übereiltes zu tun, mir Zeit lassen. Daher musst Du lieber noch einige Tage länger in Deinem Fegefeuer bleiben …* Zwar ließ sie dem Sohn die Wahl, legte ihm aber nahe, wenn er die Familie schon wieder beisammen haben wollte, dann wenigstens ins acht Meilen entfernte Altenburg zu ziehen, wo die Verhältnisse für seine Bedürfnisse wesentlich zweckmäßiger seien. Wir haben es hier mit dem seltenen Fall einer Mutter zu tun, die gegenüber ihrem Sohn nicht auf Symbiose, sondern auf Distanz setzt. Der Grund dafür lag sicherlich in ihrem Freiheitswillen, mit dem sich die mittlerweile schon über Vierzigjährige die Voraussetzungen dafür schaffte, in den nächsten Jahren eine der produktivsten, erfolgreichsten und vor allem eine der wenigen professionellen Schriftstellerinnen Deutschlands zu werden. Hinzu kam eine gehörige Portion Menschenkenntnis. Ihr war klar, dass sie und Arthur am besten miteinander auskamen, wenn sie sich häufig aus dem Wege gingen und ihr Miteinander genau regelten. Als sie merkte, dass er in seinem Entschluss, nach Weimar zu kommen, nicht umzustimmen war, versuchte sie ihm dies in einem bewundernswert offenen Brief deutlich zu machen:

Weimar, d. 13 Decr. 1807

Nun zu Deinem Verhältnisse hier gegen mich, und da dünkt mir es am besten, ich sage Dir gleich ohne Umschweife, was ich wünsche und wie es mir ums Herz ist, damit wir einander gleich verstehen. Daß ich Dich recht lieb habe, daran zweifelst Du nicht, ich habe es Dir bewiesen, solange ich lebe. Es ist zu meinem Glücke notwendig zu wissen, daß Du glücklich bist, aber nicht ein Zeuge davon zu sein. Ich habe Dir immer gesagt, es wäre sehr schwer, mit Dir zu leben, und je näher ich Dich betrachte, desto mehr scheint diese Schwierigkeit, für mich wenigstens, zuzunehmen. Ich verhehle es Dir nicht: solange Du bist wie Du bist, würde ich jedes Opfer eher bringen, als mich dazu entschließen. Ich verkenne Dein Gutes nicht, auch liegt das, was mich von Dir zurückscheucht, nicht in Deinem Gemüt, nicht in Deinem innern, aber in Deinem äußern Wesen, Deinen Ansichten, Deinen Urteilen, Deinen Gewohnheiten – kurz, ich kann mit Dir in nichts, was die Außenwelt angeht, übereinstimmen. Auch Dein Mißmut ist mir drückend und verstimmt meinen heitern Humor, ohne daß es Dir etwas hilft. Sieh, lieber Arthur, Du bist nur auf Tage bei mir zum Besuch gewesen, und jedesmal gab es heftige Szenen um nichts und wieder nichts, und jedesmal atmete ich erst frei, wenn Du weg warst, weil Deine Gegenwart, Deine Klagen über unvermeidliche Dinge, Deine finstern Gesichter, Deine bizarren Urteile, die wie Orakelsprüche von Dir ausgesprochen werden, ohne daß man etwas dagegen einwenden dürfte, mich drückten, und mehr noch der ewige Kampf in meinem Innern, mit dem ich alles, was ich dagegen einwenden möchte, gewaltsam niederdrückte, um nur nicht zu neuem Streit Anlaß zu geben. Ich lebe jetzt sehr ruhig, seit Jahr und Tag habe ich keinen unangenehmen Augenblick gehabt, den ich Dir nicht zu danken hätte. Ich bin still für mich, niemand widerspricht mir, ich widerspreche niemandem, kein lautes Wort hört man in meinem Haushalt, alles geht seinen einförmigen Gang, ich gehe den meinen, nirgends merkt man, wer befiehlt und wer gehorcht, jeder tut das Seine in Ruhe, und das Leben gleitet hin, ich weiß nicht wie. Dies ist mein eigentliches Dasein und so muß es bleiben, wenn Dir die Ruhe und das Glück meiner noch übrigen Jah-

»Ich bin immer bei Dir«

Margherita Occhiena Bosco (1788–1856) wird Zeit ihres Lebens die Arbeit ihres Sohnes Giovanni Bosco unterstützen, der sich als Priester für benachteiligte Kinder und Jugendliche in seiner italienischen Heimat einsetzt und den Orden der Salesianer Don Boscos gründet. Am Aufbau dieses Ordens hat sie wesentlichen Anteil.

Als junge Witwe mit drei kleinen Söhnen leidet Margherita als arme Bauersfrau unter Hunger und Not, verweigert sich aber einer erneuten Ehe, als ihr zur Bedingung gemacht wird, die Kinder in fremde Obhut zu geben. Sie ist mit vollem Herzen Mutter. Als ihr Sohn Giovanni mit zwanzig Jahren Priester wird, schreibt sie ihm:

Mein Giovanni, Du trägst nun das kirchliche Gewand; ich empfinde dabei die reine Freude, die eine Mutter nur für das Glück ihres Sohnes fühlen kann, doch denke immer daran, daß nicht das Kleid Deinem Stand zur Ehre gereicht, sondern die Tugenden dessen, der es trägt. Solltest Du jemals an Deiner Berufung zweifeln, dann entweihe um Gottes Willen nicht dieses Kleid. Leg es sofort ab. Ich habe lieber einen armen Bauern zum Sohn als einen Priester, der seine Pflichten vernachlässigt. (...)

· BRIEFE DER MUTTERLIEBE · 99

re lieb ist. Wenn Du älter wirst, lieber Arthur, und manches heller siehst, werden wir auch besser zueinander stimmen, und vielleicht verlebe ich dann meine besten Tage in Deinem Hause mit Deinen Kindern, wie es sich für eine alte Großmutter gehört. Bis dahin laß uns streben, daß die tausend kleinen Neckereien nicht unsere Gemüter erbittern und die Liebe daraus verjagen. Dazu gehört, daß wir wenig miteinander sind; denn obgleich wir bei jedem wichtigen Anlaß bald eins sind, so sind wir bei jedem andern desto uneiniger. Höre also, auf welchem Fuß ich mit Dir sein will. Du bist in Deinem Logis zu Hause; in meinem bist Du ein Gast, wie ich es etwa nach meiner Verheiratung im Hause meiner Eltern war, ein willkommener, lieber Gast, der immer freundlich empfangen wird, sich aber in keine häusliche Einrichtung mischt. Um diese bekümmerst Du Dich gar nicht – – ich dulde keine Einrede, weil es mich verdrießlich macht und nichts hilft – – an meinen Gesellschaftstagen kannst Du abends bei mir essen, wenn Du Dich dabei des leidigen Disputierens, das mich auch verdrießlich macht, wie auch alles Lamentierens über die dumme Welt und das menschliche Elend enthalten willst, weil mir das immer eine schlechte Nacht und üble Träume macht und ich gern gut schlafe ...

Je nachdem, auf wessen Seite der jeweilige Biograf stand, wurde dieses Pochen auf Distanz seitens der Mutter ihr als Oberflächlichkeit und Herzenskälte, dem Sohn der scharfsinnige Eigensinn und sein Drang zu finanzieller Eigenständigkeit, um ein selbstbestimmtes Leben als Philosoph führen zu können, als Härte und Grausamkeit angelastet. Dabei hatten Mutter wie Sohn schon selbst eine Formel dafür gefunden, wie ihr kompliziertes Verhältnis zu verstehen sei, ohne den Selbstbehauptungswillen des einen gegen den des anderen aufrechnen zu müssen. *Wir beide sind ZWEI*, hat Arthur geschrieben, und Johanna hat diese Formel mehrfach aufgegriffen. Dieses Beziehungsmotto liest sich geradezu als zeitlos gültige Empfehlung zur Vermeidung anhaltender Unmündigkeit von Kindern und als Votum für deren eigenständige Entwicklung.

»Ich gebe Tee, nichts weiter; das übrige Vergnügen muß von der Gesellschaft selbst entstehen.«

Johanna Schopenhauer in einem Brief an ihren Sohn Arthur vom 14. November 1806

Vererbte Briefe
Calamity Jane, im Wilden Westen unterwegs, schreibt an ihre Tochter

»Wenn es etwas gibt, was die Welt hasst, so ist es eine Frau, die sich selbst um ihre Angelegenheiten kümmert«, meinte Martha Jane Cannary, genannt Calamity Jane, was so viel heißt, wie Unglücks- oder Elends-Jane. Und in Kalamitäten steckte diese Frau weiß Gott oft genug. Bereits mit fünfzehn war die Älteste von insgesamt fünf oder sechs Geschwistern – die Überlieferungen widersprechen sich in diesem, und nicht nur in diesem Punkt – Vollwaise geworden. Ihre Mutter starb auf einem Treck von Princeton in Missouri über Virginia City in Montana nach Salt Lake City in Utah. Das sind etwa 2500 Kilometer, und die Pioniersfamilie war dafür monatelang unterwegs. Kaum am Ort der Sehnsucht angelangt, legte sich auch der Vater, ein Prediger, zum Sterben nieder.

Schon bald darauf tauchte an unterschiedlichen Orten im Westen eine junge Frau in Männerkleidern auf der Suche nach Gelegenheitsarbeiten auf. Sie ließ sich als Schienenlegerin anheuern, arbeitete als Postkutschenfahrerin, Saloondame und Goldgräberin, später auch als Scout für die Armee. Dazu muss man wissen, dass noch 1877 in Cheynne, Wyoming, eine junge Frau zu einer Geldbuße verurteilt wurde, weil sie Männerkleider auf der Straße trug. Kein Wunder also, dass Martha Jane Cannary als Frau, die im Wilden Westen ihren Mann stand und auch von der Schusswaffe Gebrauch zu machen wusste, bald zu einer lebenden Legende wurde.

Ob sie wirklich mit dem berüchtigten Revolverhelden James Butler Hickok, genannt »Wild Bill«, verheiratet und er der Vater der wohl 1873 zur Welt gekommenen Tochter Jane war, ist bis heute ungeklärt. Calamity Jane jedenfalls hat das so gesehen, aber an anderer Stelle auch eingeräumt, dass sie hinsichtlich ihrer Biografie zwischen Dichtung und Wahrheit selten genau unterschied: *Ein Mann namens Mulog*, schrieb sie

Martha Jane Cannary Burke, genannt Calamity Jane, im Jahr 1895.

später ihrer Tochter, *hat mich über meine Lebensgeschichte ausgefragt, und du hättest die Lügen, die ich ihm auftischte, hören sollen.*

Fest steht indessen, dass sie die Tochter im Alter von ungefähr einem Jahr zwei Reisenden aus dem Osten, Jim und Helen O'Neil, anvertraute, die sie wie ihr eigenes Kind aufzogen. 1876 wurde Wild Bill beim

Pokerspiel hinterrücks erschossen. Im selben Jahr handelte sich Kalamitäten-Jane zunehmend den Ruf einer Trinkerin ein. Das wird sich, als sie sich 1881 als Wirtin versuchte, vermutlich nicht geändert haben. Schon bald aber gab sie die Sesshaftigkeit wieder auf; sie war dafür wohl nicht geschaffen. Einige Jahre später heiratete sie einen Texaner namens Clinton Burke und zog mit ihm nach Boulder, wo sie sich abermals als Wirtin versuchte.

Da war aus dem Wilden Westen bereits Geschichte geworden, deren Höhepunkte in großen und kleinen Shows vermarktet wurden. Auf in- und später auch ausländischen Tourneen wurden so noch einmal die alten Legenden lebendig – nicht selten unter Mitwirkung der einstigen Helden, sofern sie nicht vorher umgekommen waren und nun von Schauspielern gemimt wurden. Auch diese Phase erlebte Calamity Jane noch aktiv als Reiterin und Kunstschützin mit. 1903 starb sie im Alter von einundfünfzig Jahren, verarmt und vereinsamt, in einem kleinen Hotelzimmer. Unter ihren Habseligkeiten fand sich ein Bündel Briefe an ihre Tochter, die im Abstand von mehreren Monaten, manchmal auch Jahren geschrieben, aber niemals abgeschickt worden waren. Darin hatte die Mutter versucht, der Tochter ihre Lebensweise und ihren Charakter nahezubringen. Doch es sollten noch einige weitere Jahre vergehen, bis sich der Adoptivvater schließlich dazu durchrang, der mittlerweile in England lebenden Tochter Jean Irene »Janey« ihr Erbe auszuhändigen und sie auf diese Weise über ihre wahre Herkunft aufzuklären. Den im Folgenden wiedergegebenen Brief hatte Calamity Jane wohl als ersten geschrieben.

Die Hoffnung auf Gold und reichen Ackerbau ließ die Menschen in den Westen auswandern. Deadwood, South Dakota, 1888.

25. September 77
Deadwood, Territorium Dakota
Mein Liebes –
Dies ist nicht als Tagebuch gedacht, und es kann sogar passieren, dass Du es nie bekommst, aber ich freue mich bei dem Gedanken, dass Du es vielleicht eines Tages liest, Seite für Seite, wenn ich nicht mehr bin. Ich würde Dich gerne lachen hören, wenn du diese Bilder von mir anschaust. Ich bin allein in meiner Hütte heute Nacht und müde. Gestern bin ich 60 Meilen zur Post geritten und heute Abend zurückgekommen. Du hast heute Geburtstag und wirst vier Jahre alt. Siehst Du, Dein Daddy Jim hat mir versprochen, jedes Jahr an Deinem Geburtstag einen Brief zu schicken. Und wie war ich glücklich von ihm zu hören. Er schickte mir ein winziges Bild von dir – Du bist ja völlig die Mutter, ganz wie ich in Deinem Alter war. Während ich dies kleine Bild heute Nacht betrachte, muß ich innehalten, um Dich zu küssen, und mit der Erinnerung kommen die Tränen und ich bete zu Gott, dass ich alles eines Tages irgendwie an Deinem Vater und Dir wiedergutmachen kann. Heute Morgen habe ich das Grab von Deinem Vater in Igleside besucht. Man redet davon, seinen Sarg zum Friedhof von Mount Moriah in Deadwood zu verlegen. Ein Jahr und paar Wochen sind vergangen, seit sie ihn umgebracht haben, aber mir kommt es wie hundert Jahre vor – ohne einen von Euch erscheinen mir die kommenden Jahre wie ein einsamer Weg. Morgen gehe ich hinunter ins Yellowstone Valley, nur aus Abenteuerlust und wegen der Aufregung.
Die O'Neils haben Deinen Namen in Jean Irene geändert, aber ich nenne Dich Janey, nach Jane.

Jane an ihre Tochter, Billings, 30. Mai [1882?]

Es gibt wirklich nichts Schöneres auf der Welt,
als der Glaube eines Kindes, wenn es jemanden liebt.
Als Du Dein Abendgebet sprachst, fügtest Du hinzu:
»Gott segne Jane Hickok und diesen Mann,
der von hinten überfallen wurde.
Segne ihn, weil Jane ihn liebte.«
Ich fragte mich, woher Du wußtest, daß ich ihn liebte. (...)
Gute Nacht kleines Mädchen.
Gott schütze Dich vor allem Übel.

Der rosa Kaktus
Die Mutter von Colette schreibt an ihren Schwiegersohn

Es war einmal eine Frau, die suchte nach Geld in einer Schublade und stieß auf Briefe ihrer verstorbenen Mutter; es waren an sie selbst und ihre Familie gerichtete Schreiben, aber auch Schriftstücke, die sie nach dem Tod der Mutter aus deren Haus mitgenommen hatte. Und da die Frau Schriftstellerin war, beschloss sie den Brief, der ihr am besten gefiel, inhaltlich ein wenig zu verändern, ihn stilistisch zu polieren und an den Anfang ihres neuen Buches zu stellen, das »Die Geburt des Tages« heißen sollte:

Monsieur,
Sie luden mich ein, auf eine Woche zu
Ihnen zu kommen, und das bedeutet,
dass ich meiner Tochter nah sein könnte,
die ich über alles liebe. Sie, die Sie mit
ihr leben, wissen, wie selten ich sie sehe,
wie sehr mich ihre Anwesenheit beglückt,
und ich bin gerührt, dass sie mich auffordern,
sie zu besuchen. Trotzdem werde ich Ihre gütige
Einladung nicht annehmen, jedenfalls vorerst nicht,
denn höchstwahrscheinlich wird in Kürze mein rosa Kaktus
blühen. Er ist ein sehr seltenes Exemplar, das man mir geschenkt hat, und es heißt, dass er in unserem Klima nur einmal alle vier Jahre blüht.
Ich bin nun schon eine sehr alte Frau, und würde ich verreisen, wenn mein rosa Kaktus kurz vor der Blüte steht, würde ich ihn gewiss nie wieder blühen sehen.
Ich danke Ihnen aufrichtig, Monsieur, und darf Sie bitten, den Ausdruck meines Bedauerns und meine besten Empfehlungen entgegenzunehmen.

In Wirklichkeit, so erinnerte sich die Tochter und Schriftstellerin, hatte es sich ein wenig anders zugetragen: Die Mutter hatte sich nämlich durchaus bereit erklärt zu kommen; Kaktus und Katzen könnte für die

Die Mutter von Colette setzte klare Prioritäten und lehnte die Einladung ihres Schwiegersohns wegen der bevorstehenden Blüte ihres Kaktus höflich ab.

paar Tage schließlich auch ihre Schwiegertochter versorgen. Allerdings hatte sie gewissermaßen zur Bedingung gemacht, dass nicht der zweite Mann ihrer Tochter, sondern diese selbst an sie schreiben sollte.

Warum machte Colette – so der Name der Schriftstellerin – in ihrem Buch aus der Zu- eine Absage, um dann zu schreiben, sie sei die Tochter der Frau, die diesen Brief geschrieben habe und ein Jahr später, siebenundsiebzig Jahre alt, gestorben sei? Vermutlich wollte die Schriftstellerin in ihrem neuen Buch die komplizierte und ambivalente Mutter-Tochter-Beziehung einmal ausschließlich von der guten Seite darstellen. Sie wünschte der Mutter ein wenig von der Dominanz zu nehmen, unter der sie als Heranwachsende gelitten, und ihr dafür ein wenig von der Sou-

veränität zu verleihen, die sie sich zeitlebens bei ihr gewünscht hatte.

In »Die Freuden des Lebens«, wie »La Naissance du Jour« in der deutschen Ausgabe heißt, finden sich auf den kaum 180 Seiten verteilt rund ein Dutzend Briefe der Mutter, in deren Anverwandlung und Nachschaffung die Tochter ein Wunschbild ihrer Mutter sucht, um sich dann selbst mit diesem konstruierten Bild zu vergleichen. Am Anfang ihrer eigenen Schriftstellerei stand, so will uns Colette sagen, diese Briefe schreibende Mutter, die erstaunlich viel Lärm beim Schreiben machte, wenn die von ihr benutzten Federn auf dem Papier kratzten. Unter dieser Glocke von Lärm, der das Zimmer »mit einem Gekratze wie von wütenden Insektenfüßchen« erfüllte, war die Tochter aufgewachsen.

Der Leser lernt in Colettes Mutter eine Frau kennen, die mit der Natur und der Wirklichkeit im Einklang lebte, die alle Attribute einer Lebensspenderin besaß und dennoch dem Tod gelassen entgegensah. Als sich ihre Schwägerin Caro über das Geschenk eines prächtigen Ebenholzsarges mit Silberbeschlägen entsetzte, der ursprünglich gar nicht für sie, sondern für eine andere Frau bestimmt war, deren aufgedunsener Leichnam darin aber nicht Platz finden konnte, schreibt diese Mutter an ihre Tochter: *Warum hat sie ihn nicht mir geschenkt? Ich liebe den Luxus – begreifst Du, wie gut ich darin gelegen hätte?*

Der letzte Brief, so erzählt die Tochter am Schluss des Buches, »kam bald nach der lachenden Epistel vom Ebenholzsarge … Zwei mit Bleistift bekritzelte Blätter zeigen nichts mehr als Zeichen, die fröhlich aussehen, Pfeile, die aus einem schattenhaft hingeworfenen Wort aufsteigen, zwei ›ja, ja‹ und den sehr deutlichen Satz ›sie hat getanzt‹. Weiter unten steht, auch noch leserlich, ›mein Liebling‹ – so nannte sie mich, wenn unsere Trennungen allzu lang wurden und sie sich nach mir sehnte. Aber ich wage in diesem Fall kaum, das innige Wort für mich allein in Anspruch zu nehmen. Es hat seinen Platz zwischen schwalbenflügelartigen Strichen, zwischen Schnörkeln, die Pflanzenmustern gleichen, zwischen Botschaften einer Hand, die mir ein neues Alphabet vermitteln wollte … Deshalb gilt mir dieser Brief nicht als verwirrtes Delirium, ich sehe vielmehr in ihm eines jener spukhaften Landschaftsbilder, auf denen der Maler scherzend ein Gesicht unter Blättern, einen Arm zwischen Ästen, einen Torso im Felsengewirr verborgen hat …«

Harre aus und sei tapfer
Marina Zwetajewa an ihre Tochter im Arbeitslager

Marina Zwetajewa (1892–1941) ist die neben Anna Achmatowa berühmteste russische Schriftstellerin des 20. Jahrhunderts. Beiden Dichterinnen zwang das »Zeitalter der Extreme«, wie der Historiker Eric Hobsbawm das letzte Jahrhundert genannt hat, ein unstetes, zerrissenes Leben auf, das sich in den Gedichten Marina Zwetajewas ungleich direkter und unmittelbarer als in denen von Anna Achmatowa widerspiegelt.

Bereits im Alter von achtzehn Jahren heiratete die Tochter des Gründers des Puschkin-Museums, die an der Sorbonne Literatur studiert hatte, den nur ein Jahr älteren Offizierskadetten Sergej Efron. Das Paar lebte auf der Krim.

Marina Zwetajewa gehörte zu den bedeutendsten russischen Dichterinnen. In ihrem Leben spiegelt sich der Wahnsinn des 20. Jahrhunderts.

1912 wurde Ariadna, genannt Alja, 1917, im Jahr der Oktoberrevolution, die zweite Tochter Irina geboren. Efron schloss sich den weißgardistischen Truppen, also der Konterrevolution, an. In der Hoffnung, ihren Mann wiederzutreffen, beschloss Marina Zwetajewa nach Moskau zurückzukehren. Die dort ausbrechende Hungersnot zwang sie – in der Hoffnung, dass sie dort besser verpflegt würde –, Irina in ein Kinderheim zu geben, wo sie jedoch 1920 an Unterernährung starb.

Erst 1922 traf Marina ihren Mann in Berlin wieder. Mit Tochter Alja lebte das Paar zuerst in der Nähe von Prag, wo auch der Sohn Georgi, genannt Mur, geboren wurde. 1925 ließ sich die Familie in Frankreich nieder, lebte arm und isoliert in Pariser Vororten. Marina wie auch Sergej fühlten sich in den russischen Emigrantenkreisen nicht wohl, die wiederum bei ihnen eine klare Absage an Russland vermissten. Sergej arbeitete schließlich für die »Union zur Repatriotisierung«, die vom sowjetischen Nachrichtendienst finanziert wurde. In einen politischen Mord verwickelt, wurde er von der französischen Polizei gesucht und floh 1937 in die Sowjetunion, in die die Tochter Alja schon einige Monate vorher zurückgekehrt war. 1939, nach Hitlers Überfall auf Polen, folgte auch Marina zusammen mit Mur.

Sergej Efron scheint unmittelbar nach seiner Ankunft in der Sowjetunion verhaftet worden zu sein. Er wurde 1941 erschossen. Im Rahmen der Willkürurteile und der Sippenhaft dieser Zeit wurde Alja 1939 zu acht Jahren Arbeitslager verurteilt; ihr Verlobter hatte die Familie wohl ausspioniert. Doch damit nicht genug: Zehn Jahre später, im Februar 1949, wurde Alja Efron zum zweiten Mal verhaftet; dieses Mal lautete das Ur-

Brief und eigenhändig beschriebenes Titelblatt.

teil »lebenslange Verbannung«. Ihre Schuld bestand einfach darin, bereits einmal verhaftet worden zu sein. Berühmt geworden ist ihr Briefwechsel mit Boris Pasternak aus dieser Zeit der Verbannung im nördlichsten Sibirien.

Doch da lebte die Dichterin Marina Zwetajewa längst nicht mehr. Nach dem deutschen Einmarsch war sie mit ihrem Sohn nach Jelabuga in die Tartarische Sowjetrepublik evakuiert worden. Dort beging sie am 31. August 1941 Selbstmord.

Der im Folgenden auszugsweise abgedruckte, fürsorgliche Brief ist einer von 14 Briefen und Postkarten, die Marina Zwetajewa zwischen dem 5. Februar und dem 29. Mai 1941 an ihre Tochter im Arbeitslager schrieb. Zu Beginn des Krieges in ein Sonderlager verbracht, übergab Alja das Bündel Briefe einer Lagergefährtin, der es gelang, sie trotz aller Untersuchungen und Verlegungen bis zu ihrer Befreiung aufzubewahren.

Moskau, 12. April 1941, Samstag
Liebe Alja! Endlich Dein erster Brief – vom 4., in einem blauen Umschlag. Ich habe ihn mir von 9 Uhr morgens bis 3 Uhr nachmittags angesehen – bis zu Murs Rückkehr aus der Schule. Er lag auf seinem Essteller, er sah ihn schon in

Marina Zwetajewa mit ihrer 13-jährigen Tochter Ariadna im Jahr 1925.

der Tür und stürzte sich mit einem zufriedenen und sogar selbstgefälligen A-a! darauf. Er gab ihn mir nicht zu lesen, er las sowohl seinen als auch meinen laut vor. Doch ich habe Dir noch vor dem Lesen – vor Ungeduld – eine Postkarte geschickt. Das war gestern, am 11., und am 10. habe ich die Überweisung für Papa gebracht, sie wurde angenommen. Alja, ich habe mich eingehend um Deine Verpflegung gekümmert, Zucker und Kakao habe ich schon, jetzt bemühe ich mich um Bacon und Käse – irgendwelchen ganz steinharten. Ich schicke ein Säckchen getrocknete Möhren, ich habe sie im Herbst auf sämtlichen Heizkörpern getrocknet, man kann sie in kochendem Wasser aufbrühen, es ist wenigstens Gemüse. Schade, wenn auch nur zu natürlich, daß Du keinen Knoblauch ißt, – man hat mir auf gut Glück ein ganzes Kilo zurückgelegt. Ein zuverlässiges und weniger abstoßendes Mittel sind rohe Kartoffeln, denk daran. Sie sind ebenso wirkungsvoll wie Zitrone, das weiß ich ganz sicher. Ich schrieb Dir schon, daß Deine Sachen freigegeben worden sind, man ließ mich selbst das Siegel brechen, so daß wir alles bekommen, übrigens haben die Motten nichts zerfressen. Im großen und ganzen sind alle Deine Sachen unversehrt: Bücher, Spielzeug und viele Fotos. Das Bastgefäß, das wir immer als Dose benutzt haben, habe ich an mich genommen und bewahre Glasperlen darin auf. Soll ich Dir nicht das silberne Armband mit dem Türkis schicken – für den anderen Arm, man kann es immer tragen, ohne es abzunehmen, was sogar schwierig ist. Und vielleicht einen Ring? Nun – wo ich schon beim Fragen bin, antworte: welche Decke? (Deine zweite blaue Decke ist in Bolschewo verlorengegangen wie vieles andere auch, mit Ausnahme von Deinen Sachen.) Ich habe noch meine bunte gestrickte Decke, sie ist groß, nicht schwer und warm; Dein beigefarbenes Plaid von Papa, es ist aber klein – und einen dunkelblauen spanischen Schal. Ich würde trotzdem die gestrickte Decke nehmen, und den Schal – bei der nächsten Gelegenheit, er ist auf jeden Fall Deiner. Ich schicke auch Naphtalin. Die Säcke sind schon fertig. Es sind zwei Kleider dabei – ein ungebleichtes, aus Noma, und ein anderes, etwas eleganteres, wir machen die Ärmel passend. Mulja schwört, daß er Nelkenöl gegen die Mücken besorgen kann – ein wunderbarer Duft, ich liebe ihn seit meiner Kindheit. Und viele Kleinigkeiten bekommst Du, zum Verschenken.

Bei uns ist Frühling, noch ist es frisch, das Eis ist noch nicht geschmolzen. Gestern hat mir die Aufwartefrau einen Weidenzweig mitgebracht, und abends (ich habe ein riesiges Fenster, über die ganze Wand) habe ich durch den Zweig hindurch den riesigen gelben Mond betrachtet, und der Mond hat mich angeschaut, auch durch den Zweig hindurch ... Mur hat heute empört zu mir gesagt: – Mama, Du siehst aus wie eine schreckliche Alte vom Dorf! – Und es hat mir sehr gefallen, einer vom Dorf zu gleichen ...

Ich möchte den Brief heute abschicken und schließe. Harre aus und sei tapfer ...

Mama

Briefe liebe ich, für Briefe lebe ich
Sylvia Plath an ihre Mutter

Mit dem letzten Brief dieses Kapitels dreht sich der Beziehungspfeil um 180 Grad: Eine Tochter schreibt an ihre Mutter. Die Tochter ist selbst Mutter von zwei kleinen Kindern – und Schriftstellerin. Sie ist 1932 in den Vereinigten Staaten geboren und aufgewachsen, lebt mit ihrem Mann, der ebenfalls Schriftsteller ist, jedoch in England, seit einem Jahr in einem großen Haus mit Garten auf dem Land, fernab von London, wohin sie bald zurückkehren wird. Denn die Frau und der Mann trennen sich gerade, er hat eine andere und verlässt die Familie. Bei einem ihrer Streite hat er sie ein »Scheusal« inmitten einer Welt schöner Frauen genannt. In zwei Wochen wird ihr dreißigster Geburtstag sein. Sie ist seit einiger Zeit krank, fiebrig, hat zuweilen Schüttelfrost, ist stark abgemagert. Zudem ist sie extremen Stimmungsschwankungen ausgesetzt. Vor drei Tagen fühlte sie sich noch am *absoluten Tiefpunkt*, heute hingegen ist sie *fröhlich, so glücklich, wie schon eine Ewigkeit nicht mehr*. Jeden zweiten oder dritten Tag wendet sie sich in hochemotionalen Briefen an ihre Mutter in Amerika, die dieser wie Hilferufe erscheinen müssen. Zugleich lehnt sie kategorisch das wiederholt unterbreitete Angebot ab, in dieser Situation für eine Weile nach Hause zurückzukehren, und verfasst bittere Anklagegedichte wie »Mum: Medusa«, die vom schädlichen Einfluss der Mutter auf sie handeln. Sie liebt und lebt für Briefe, wie sie schreibt – doch stellen diese Briefe schon die äußerste Form einer Nähe dar, die sie in der Beziehung zu ihrer Mutter, an die sie eine Hassliebe bindet, gerade noch erträgt. Andere Gedichte, die sie zumeist in den frühen Morgenstunden, wenn die Kinder noch schlafen, wie im Rausch aufs Papier wirft, handeln davon, dass eine verratene, kranke oder sexuell misshandelte Frau überlebt, um Vergeltung zu üben. Für das unmittelbare Erleben und Fühlen als Ehefrau, Mutter und Tochter findet die Dichterin Sylvia Plath in dieser Pha-

Sylvia Plath mit ihrer Tochter Frieda Rebecca.

se ihres Lebens Worte und Bilder, die ihr posthum den Pulitzer-Preis einbringen werden.

Liebe Mutter,
vergiß meine letzten Briefe! Ich muß wirklich im Delirium gewesen sein, wenn ich gedacht habe, ich könnte andere Menschen aus ihrem Leben herausreißen, damit sie mein eigenes erträglicher machen. Das verdammte Fieber war's, was mich fertiggemacht hat. Ich ging zum Arzt – keine Medikamente, natürlich –, dann um 8 Uhr abends zu Bett. Gestern ging's mir schon viel besser. Die Sozialfürsorgerin, die Nicholas besuchte, sagte völlig entgeistert zu mir: »Mein Gott, Mrs. Hughes, sind Sie dünn geworden!« Als ich ihr erzählte, daß ich jeden Morgen um 4 Uhr aufstehe und

Anne Morrow Lindbergh war die Frau des legendären Flugpioniers Charles Lindbergh, der als erster den Atlantik in einem Flugzeug überquert hatte.
1930 wurde ihr erstes Kind geboren, ein Sohn, dessen Entführung im März 1932 im Alter von 20 Monaten ganz Amerika in Atem hielt. Sechs Wochen später wird der kleine Junge ermordet gefunden. Die Briefe, die Anne Lindbergh während der Zeit der Ungewissheit und danach an ihre Schwiegermutter schreibt, sind Zeugnisse der tröstenden Kraft, die ihr diese Frau geben konnte.

Englewood, [15.] Juni 1932

Geliebte Mutter,
Du sagtest gestern abend wie ein kleines Mädchen: »Ihr werdet mich überhaupt nicht vermissen!« Doch, ich werde Dich schrecklich vermissen. Ich glaube kaum, daß einer von uns sich wirklich klarmacht, was Du uns bedeutest – ich weiß, dass ich es nicht kann. Ich habe Angst davor, es mir einzugestehen, als ob es mir fortgenommen würde und als ob die einzige Sicherheit im Unbewussten läge. (...)
Ich weiß nicht, wo letztlich die Quelle Deiner Kraft ist, und ich habe das Gefühl, daß ich immer und immer nur genommen und nie gegeben habe.
Wahrscheinlich kann ich jetzt auch nichts geben. Es ist so, als ob wir alle, die dies miterlebt haben, unser Vertrauen verloren haben, und nachdem es nun einmal zerstört war, verwundbar geworden waren – gegen nichts gefeit.

schreibe, bis die Kinder wach werden, machte sie ein besorgtes Gesicht. Ich glaube schon, daß man angesichts meiner Misere aus der Fassung geraten kann – eine verlassene Frau, geschafft von der Grippe, mit zwei Kindern und einer vollberuflichen Tätigkeit!
Wie auch immer, Winifred, gepriesen sei sie, kam gestern abend mit vielversprechenden Nachrichten: eine junge, 22jährige Kinderschwester, die in der Nähe wohnt, würde »schrecklich gerne« bis Mitte Dezember hierher ziehen, einen Tag in der Woche ihre Eltern besuchen, etc. Sie meinte, ich könnte ihr die Irlandreise vorschlagen, sobald sie sich eingewöhnt hat; sie sei für alles zu haben. Weihnachten möchte sie gern zu Hause sein, und im Januar muß sie von Berufs wegen nach London zurück, aber mir geht es ja um die Zeit bis Irland, für die ich eine Lösung finden muß. Offenbar wollen sie mich zum Tee einladen, um über die finanzielle Seite zu reden – etwa 5 Guineen pro Woche ($ 15) plus Verpflegung und Zimmer, das käme hin, meint Winifred. Halb so viel wie für dieses gräßliche Kindermädchen, das gestern abend kam. Sie ist eine alte, aufgeblasene Schnüfflerin, ich kann's kaum erwarten, sie wieder loszuwerden. $ 10 hat allein schon die Vermittlung durch diese Luxus-Agentur gekostet, die ich in meiner Verzweiflung nehmen mußte – ich habe einfach nicht die Zeit, herumzusuchen ... Hilda, die Tante von Ted, schrieb heute, daß sie bald kommen will, ich werde ihr also mitteilen, daß es mir dringend nahegelegt wurde, ein Kindermädchen zu nehmen, das im Haus wohnt ... weil mich die Grippe umgehauen hat ... nur niemanden verletzen.
Das Wetter ist himmlisch. Morgens Nebel, aber klar, sonnig, blau tagsüber. Ich habe einen bösartigen Husten und werde, sobald ich kann, meine Lunge röntgen und meine Zähne nachsehen lassen. Heute um 5 Uhr früh aufgestanden. Ich schreibe sehr gute Gedichte. Die BBC hat gerade ein ganz langes angenommen; ich werde hinfahren und eine Aufnahme machen ... Ich brauche Zeit zum Atemholen, Sonnen, Zunehmen. Ich habe so viele Ideen und Themen, daß ich damit ein Jahr und länger reiche! Muß nach dieser jungen Schwester (ihr Vater schreibt Kinderbücher und die Mutter ist Sekretärin beim hiesigen Bienenzüchter-

Sylvia Plath war nicht nur eine großartige Dichterin, sondern auch eine herausragende Malerin; dieses Selbstporträt entstand im Jahr 1950/51.

Verband) ein Mädchen oder Kindermädchen für dauernd haben. Sie wirkt nett. Alle hier sind sehr gut zu mir, als kennten oder ahnten sie mein Problem ... Ich werde weiter hier leben und eines Tages in London, glücklich mit meinem eigenen Leben und meinem Beruf und meinen Kindern ... Ich finde es herrlich hier, sogar in der jetzigen Situation. Ich weiß, daß es absolut notwendig ist, daß ein zuverlässiges Mädchen oder eine Frau hier im Hause wohnt; ich kann dann jederzeit weggehen und etwas erledigen oder einen Besuch machen und den ganzen Tag schreiben. Erst dann kann ich die Kinder genießen. Zum Glück muß ich nicht auswärts arbeiten ...

... total abgeschnitten zu sein von aller Kultur, von Theaterstücken, Bibliotheken, Leuten, Arbeit, Geldmitteln, mit dem Schreiben am Ende und ohne Stipendium ... Ich werde es nie vergessen und mich in meinem nächsten Roman darauf besinnen.

... Briefe liebe ich, für Briefe lebe ich.

x x x Sivvy

Der Brief erweckt den Eindruck, als hätte das Problem von Sylvia Plath in dieser Situation vor allem in der praktischen Organisation ihres Alltags bestanden, um die vielfältigen Aufgaben von Beruf, Kinder und Haushalt zu bewältigen – wahrscheinlich war sie selbst dieser Ansicht. Das einst strahlende, hochbegabte Girl aus der amerikanischen Vorstadt hatte von Jugend an einen hohen Leistungsdruck und Drang zum Perfektionismus verspürt, dem sie eigentlich nicht gewachsen war, den aufzugeben ihr aber andererseits auch nicht möglich erschien. Für alles, was sie zu erledigen hatte, erstellte sie fortwährend und zwanghaft Listen – selbst die Themen und Motive ihrer Gedichte ließ sie sich anfangs von ihrem Mann Ted Hughes in Listenform vorgeben, um sie dann kontinuierlich in der vorgegebenen Reihenfolge abzuarbeiten.

Doch das Drama der Sylvia Plath, die am 11. Februar 1963 in ihrer neuen Londoner Wohnung den Kopf in den Backofen steckte, nachdem sie den Gashahn aufgedreht und zuvor noch dafür gesorgt hatte, dass die schlafenden Kinder von dem entweichenden Gas verschont blieben, ist nicht nur das Drama einer modernen Frau, die der Fürsorge ihres Mannes beraubt, unter der Last der ihr gestellten Aufgaben zusammenbricht. Es ist auch das Drama einer Dichterin, die in ihrem Tagebuch das Schreiben einmal als einen »religiösen Akt« und als »schwerste Verantwortung der Welt« bezeichnete. Die Triebkraft, die sie ihre einzigartigen Gedichte schreiben ließ, war dieselbe, die sie in den Selbstmord führte. Ted Hughes hat das erkannt. Jahre nach ihrem Tod schrieb er im Vorwort ihrer nun veröffentlichten Tagebücher: »Etwas an ihr erinnerte an das, was man über islamische, fanatische Gottesverehrer liest – eine starke Sehnsucht danach, aus allem eine äußerste Intensität zu gewinnen ... Darin hatte sie etwas Gewalttätiges, etwas sehr Ursprüngliches, vielleicht sehr Weibliches, die Bereitschaft, die Notwendigkeit sogar, alles der Neugeburt zu opfern.«

Von Sylvia Plath handschriftlich verfasste Manuskriptseite des Gedichts »Stings«.

• BRIEFE DER MUTTERLIEBE • 111

Liebstes Kind

Cosima Wagner war in erster Ehe mit Hans von Bülow verheiratet, mit dem sie die Töchter Daniela, Blandine und Isolde hatte, wobei die Vaterschaft für letztere bereits Richard Wagner zugeschrieben wird. Die Briefe an ihre älteste **Tochter Daniela** zeigen, wie sehr die Mutter von ihrem erzieherischen Einfluss Gebrauch macht. Am 9. August 1880 schreibt sie an die 19-jährige Tochter:

Pistoja, 7 Uhr früh, Dienstag 9. August 1880

Du hast zum Beispiel von Deiner Lebhaftigkeit eine gewisse Kürze und von Deiner Heftigkeit eine Beimischung von Vulgarität wenn Du die Stimme sehr erhebst (während Dein Organ sehr angenehm ist wenn Du gemäßigt sprichst), ich führe diess als Beispiel an für Manches, was durchaus nicht zu Deinem wahren Ich gehört, sondern wie der Auswuchs davon ist, den Du als guter Gärtner ausreißen mußt. Gutes und Böses haben wir in uns, wollen wir das erste fördern, müssen wir das zweite zum Schweigen bringen. Dein Böses darf seine Form gar nicht finden, oder hat es sie, so mußt Du sie ihm zerschlagen, damit es in Dir nur wie so ein alter Knecht Ruprecht rumort, ein altes Gespenst, während Dein äußeres Wesen nur von Deiner inneren Vervollkommnung den natürlichen Ausdruck geben soll.

Das ist das wahre Kunstwerk!

Unveröffentlichter Brief aus Privatbesitz von **Wilhelmina Carolina Reinhardina Pahud de Mortanges** an ihren **Sohn Ferdinand**, geschrieben im Gutshaus Het Retering bei Deventer in Holland im Jahr 1839:

Mein geliebter Sohn,
was ich Dir schon immer sagen wollte und nie getan habe, schreibe ich jetzt,
da Du das Haus verlässt, um Dich deinen Studien zu widmen.
Wir Mütter tendieren dazu, viel herum zu erziehen,
Zweifel zu hegen und zu wenig Vertrauen in das Können der eigenen Kinder zu haben.
Dabei ist es doch völlig unwichtig, wie unordentlich ihr in Euren Kindertagen seid,
wenn ihr nur im späteren Leben glücklich werdet.
Du warst nicht immer fleißig, ich würde sogar sagen, eher faul und
Ordnung ist auch nie Deine Stärke gewesen, aber heute bist Du der wunderbarste junge Mensch,
den ich mir vorstellen kann. Ich kann mich an keinen Moment erinnern,
indem ich nicht gerne in Dein Gesicht gesehen hätte.
Daran freue ich mich nun schon seit Deiner Geburt.
Ich erfreue mich aber nicht nur an Deinem Gesicht,
sondern an der Art und Weise, wie Du mit Menschen sprichst
und Dich ihnen gegenüber verhältst.
Deine Höflichkeit und Zuwendung rührt mich immer wieder.
Ich bin mir sicher, dass Du einen guten Weg gehen wirst, und,
wenn Du Glück hast, wirst Du eine Frau finden,
die Dich nicht nur von Herzen liebt, sondern auch Deine Dinge aufräumt.

Ich bin jedenfalls stolz auf Dich und
glücklich über alle Maßen,
dass ich Dich habe.

Deine Mama

»Denken Sie an sich selbst, Madame!«

BRIEFE DER MACHT UND OHNMACHT

Schon in den ersten Tagen ihrer Ehe kam sie zu einem bösen Schluss über ihren Mann. Sie sagte sich: »Wenn du diesen Menschen liebst, wirst du das unglücklichste Geschöpf auf Gottes Erdboden. Denn dein inneres Wesen würde Erwiderung verlangen, der Mensch aber beachtet dich ja kaum ... Du bist zu stolz, deswegen Lärm zu schlagen, also, mit Zärtlichkeiten diesem Herrn gegenüber nimm Dich gefälligst zusammen. Denken Sie an sich selbst, Madame!«

So steht es in den Memoiren der deutschen Prinzessin Sophie Auguste Friederike von Anhalt-Zerbst, die als russische Zarin Katharina die Große Geschichte machte. Doch damit dies möglich werden konnte, musste sie ihren ungeliebten Mann entmachten, der als Peter III. Ende 1761 seiner Tante auf den Zarenthron gefolgt war, wo er gerade einmal sechs Monate verweilen sollte. Nicht nur, dass er durch sein infantiles Betragen, seine Trunksucht und seine politische Unfähigkeit unangenehm auffiel, er beleidigte auch seine Frau in aller Öffentlichkeit, was diese ihm nicht verzieh und seinen Ruf am Hof völlig ruinierte. Seine Entmachtung verlief unblutig und unspektakulär. Friedrich der Große urteilte später, der Zar habe sich entthronen lassen wie ein Kind, das man zu Bett schickt. Seine anschließende Ermordung durch die Offiziere, die zu seiner Bewachung abgestellt worden waren, soll ohne Katharinas Wissen geschehen sein.

Dass auf dem Schreibtisch der deutschen Bundeskanzlerin Angela Merkel ein Porträt Katharinas steht, hat zu Beginn ihrer Amtszeit für einiges Aufsehen gesorgt. Keine andere historische Figur könne die Kanzlerin besser an die Tugenden ihrer ostdeutschen Herkunft erinnern, urteilte etwa eine Zeitung. Das Beispiel Katharinas steht aber ebenso für die chronische Unterschätzung von Frauen; auch für die Möglichkeit, als Außenseiter, aus einer unwahrscheinlichen Position heraus, an die Macht zu gelangen – wenn man den nötigen Ehrgeiz besitzt und die Gunst der Stunde zu nutzen versteht. Katharina hatte sich auf die mögliche Machtübernahme gut vorbereitet: Anders als ihr Mann, der nur Deutsch konnte, hatte sie direkt nach ihrer Ankunft in Russland die Sprache des Volkes gelernt und gleichzeitig ihr Französisch, die damalige Sprache der Oberschicht, perfektioniert. Und ihr Beispiel zeigt nicht zuletzt, dass, wenn die Macht einmal erobert ist, der geschlechtliche Unterschied vor der sozialen Institution und der ihr eigenen Dynamik verblasst. Als Zarin war Katharina nicht in erster Linie Frau, sondern Herrscher.

Eine alte Definition der Macht lautet, sie sei die Kraft oder das Vermögen, das Mögliche wirklich zu machen. Darin waren Frauen, von einigen Ausnahmen abgesehen, lange Zeit großen Einschränkungen unterworfen. Waren sie, wie etwa Madame de Staël an der Wende zum 19. Jahrhundert, auf uneingeschränkte Selbstverwirklichung aus, zeigten ihnen die Männer, die die Machtpositionen innehatten, schnell ihre Grenzen auf. Frauen waren in der Vergangenheit häufig vor allem als Berater und Mutmacher der regierenden Ehemänner und Liebhaber gefragt. Ihr Auftritt war vor allem dann erwünscht, wenn die Institution versagte und Intuition gefragt war. In solch einem Fall schickte man etwa auch die Gemahlin des Königs von Preußen zum damals mächtigsten Mann der Welt: Sie sollte Napoleons Herz rühren und dadurch die Verhandlungen mit ihm auf eine neue Basis stellen. Nach allem, was wir wissen, gelang das erste, aber scheiterte das zweite. Briefe zwischen Königen und anderen Herrschern besitzen eine lange Tradition, die bis in den Alten Orient zurückreicht; sie sind Schriftstücke aus den innersten Zirkeln der Macht, zu denen Außenstehende selten Zutritt fanden. Und wenn, dann gelang dies Männern von Geist wie Voltaire, sofern sie sich als Repräsentanten ihrer Epoche ins Gespräch bringen konnten; Frauen waren hier durchweg chancenlos.

Der Brief war und ist aber auch ein Instrument von Menschen ohne institutionelle Macht, mit dem Ziel, ihre Anliegen vorzutragen oder bekannt zu machen. Madame de Staël verfasste zahlreiche Bittbriefe an Napoleon, die von diesem nie beantwortet wurden. Nach der »Machtergreifung« der Nationalsozialisten schrieb die Schriftstellerin Ricarda Huch im Frühling 1933 einen Brief an den Präsidenten der gleichgeschalteten Preußischen Akademie der Künste, in dem sie gegen den Ausschluss von Alfred Döblin und den erzwungenen Rücktritt Heinrich Manns protestierte und als erstes Mitglied ihren Austritt erklärte. Dieser Tatbestand wurde im »Dritten Reich« nicht publik gemacht. Der offene Brief bzw. die Drohung, einen Privatbrief der Öffentlichkeit zu übergeben, ist insbesondere unter demokratischen Verhältnissen ein häufig gewähltes Mittel, um auf Missstände aufmerksam zu machen. Da verwischen sich aber auch die Grenzen zu Flugblatt oder Pamphlet.

Politisch sind Briefe nicht zuletzt, weil sie über Politik reflektieren, etwa über die Fallhöhe von Macht und Ohnmacht, wie die äußerst dichte Beschreibung des Gangs von Ludwig XVI. zum Schafott aus der Feder Mary Wollstonecrafts. Briefe, auch das eine im weitesten Sinne politische Funktion, können einen Freiraum darstellen, in dem sich der Einzelne ohne Druck aussprechen und entfalten kann.

Die Zarin und der Philosoph
Katharina die Große an Voltaire

Die Zarin Katharina von Russland, durch einen Staatsstreich gegen ihren Mann, Peter III., an die Macht gekommen, war seit ihrer Jugend eine begeisterte Leserin der Bücher von Voltaire, dem neben Friedrich dem Großen berühmtesten Mann ihrer Zeit. Voltaire war ein unermüdlicher Briefschreiber – die mittlerweile maßgebliche Ausgabe umfasst 45 Bände mit über 20 000 Briefen – und gilt vielen als der bedeutendste Epistolograph des 18. Jahrhunderts. Zu den Briefpartnern gehörten zahlreiche gekrönte Häupter und die führenden Geister seiner Zeit. Bereits zu seinen Lebzeiten galt es als Auszeichnung, mit Voltaire zu korrespondieren; Briefe von ihm wurden in den Salons vorgelesen, sie wurden aufgehoben und gesammelt. Voltaire war sich dessen bewusst: Private Bekenntnisse sucht man in seinen Briefen vergebens; sie lagen ihm nicht. Er setzte den ganzen Witz und Esprit, der ihm zu Verfügung stand – und das war nicht gerade wenig – für die Sache der Vernunft ein, die er seinen Heiland nannte.

1763, Katharina war im Jahr zuvor an die Macht gelangt, schrieb Voltaire, wohl kaum ohne Hintergedanken, einen Brief an Pictet, ihren damaligen Sekretär, mit dessen Familie er befreundet war, und schickte ihm, verbunden mit zahlreichen galanten Worten über die neue Herrscherin, seine »Geschichte des russischen Reiches unter Peter dem Großen«. Daraufhin ließ die Zarin es sich nicht nehmen, Voltaire persönlich zu antworten und seinerseits ihr Loblied auf den Mann zu singen, dessen philosophische Romane und Geschichtsschreibung sie weit über die literarische Produktion ihrer Zeit stellte. So entspann sich ein Briefwechsel, teils stockend, dann wieder lebhaft, der über einen Zeitraum von 15 Jahren immerhin 177 Briefe umfasst, die alle erhalten sind. Ohne Zweifel verfolgte Katharina damit auch propagandistische Zwecke; die Korrespondenz mit dem führenden Mann der Aufklärung verlieh ihr selbst den Nimbus einer Aufklärerin, die sie als Machtpolitikerin nur bedingt sein konnte. Darüber hinaus konnte sie Voltaire auf diese Weise zum Sprachrohr ihrer Interessen in der aufgeklärten Welt machen. Andererseits stehen der Witz und die Ironie in ihren Briefen an Voltaire seinen in nichts nach und wirken kein bisschen aufgesetzt; sie zeugen von der außergewöhnlichen Intellektualität dieser Frau, die Macht mit Geist zu verbinden wusste.

Petersburg, 6./17. Dezember 1768

Monsieur, ich könnte mir denken, daß Sie mich für etwas inkonsequent halten; ich bat Sie vor etwa einem Jahr, mir alles zu schicken, was je vom Autor, dessen Werke ich am liebsten lese, geschrieben ist. Ich erhielt im vergangenen Mai die ersehnte Sendung, dazu die Büste des berühmtesten

Die Zarin und der Philosoph sind sich persönlich nie begegnet, führten aber eine ausführliche Korrespondenz, in der sie sich über die großen politischen Ereignisse wie über die aufklärerischen Fragen der Zeit austauschten.

Katharina die Große wurde als deutsche Prinzessin Sophie von Anhalt-Zerbst geboren. Sie entmachtete ihren eigenen Mann und schrieb Weltgeschichte.

Mannes unseres Jahrhunderts. Gleicherweise habe ich mich über das eine wie das andere gefreut; seit sechs Monaten bilden sie die schönste Zier meines Zimmers und sind mein tägliches Studium. Bis jetzt habe ich Ihnen den Empfang weder bestätigt noch mich dafür bedankt. Ich stellte folgende Überlegung an: Ein schlecht beschriebenes Blatt Papier in schlechtem Französisch ist für einen solchen Mann wie Sie ein wertloser Dank; ich muß ihn durch eine Tat, die ihm gefallen könnte, abstatten. Da bot sich verschiedenes an, im Detail aber zu weitläufig. Schließlich glaubte ich, am besten wäre es, durch mich selbst ein Beispiel zu setzen, das auch anderen von Nutzen sein könnte. Ich erinnerte mich, glücklicherweise nicht die Pocken gehabt zu haben. Ich ließ daher nach England wegen eines Arztes, der mich impfen könnte, schreiben. Der berühmte Dr. Dimsdale entschloß sich zur Reise nach Rußland. Er impfte mich am 12. Oktober. Keinen Augenblick lag ich zu Bett, alle Tage empfing ich Besucher. Jetzt will ich sogleich meinen einzigen Sohn impfen lassen.

Der Großmeister der Artillerie, Graf Orlow, dieser Held, der den alten Römern zur besten Zeit der Republik gleicht und ihren Mut und ihre Uneigennützigkeit besitzt, war sich nicht sicher, ob er die Pocken schon gehabt, begibt sich aber auch in die Hände unseres Engländers und geht am Morgen nach der Operation im tiefsten Schnee auf die Jagd. Eine Menge Angehörige des Hofs folgten seinem Beispiel, und noch viele werden folgen. Außerdem impft man zur Zeit in Petersburg in drei Erziehungsheimen und in einem unter der Aufsicht von Herrn Dimsdale eingerichteten Krankenhaus. Das sind unsere Möglichkeiten vom Ende der Welt. Ich hoffe, daß sie Ihnen nicht gleichgültig sind…

Gar zu gerne würde ich mit Ihnen Verse austauschen; wenn man aber zu wenig Verstand hat, um gute Verse zu machen, dann ist es besser, eine Handarbeit vorzuweisen. Ich füge bei, was ich verfertigt habe: eine Tabaksdose, die Sie bitte annehmen wollen. Sie trägt das Bild Ihrer größten Verehrerin, ich brauche ihren Namen nicht zu nennen. Sie werden sie leicht erkennen…

Caterine

Katharina hatte mit den Pocken bereits zwei Jahrzehnte zuvor auf unerfreuliche Weise Bekanntschaft gemacht. Im Jahr vor ihrer Verheiratung mit dem späteren Peter III. hatte sich dieser infiziert. Um der Ansteckungsgefahr zu begegnen, wurde sie von seinem Krankenlager ferngehalten. Als die junge Frau nach sechs Wochen ihrem Verlobten wiederbegegnete, war sie, so steht es in ihren Erinnerungen, höchst erschrocken. »Er war von den Pockennarben derartig entstellt, dass ich ihn nicht wiedererkannte… Er war in der Tat abscheulich hässlich geworden.« Nachdem sie einen förmlichen Genesungswunsch gestammelt hatte, wandte sie sich ab und dachte fortan nur noch mit Widerwillen an die eheliche Verbindung.

Voltaire, das wusste Katharina, war ein großer Verfechter der damals noch umstrittenen Pockenimpfung. Als er 1726 nach seiner zweiten Inhaftierung in der Bastille Frankreich verließ und für zweieinhalb Jahre nach England ging, lernte er dort Lady Mary Montagu kennen, die in London einige Jahre zuvor für die Einführung der Pockenschutzimpfung eingetreten und dabei auf viele Vorurteile und reichlich Misstrauen gestoßen war. Eine prominente Mitstreiterin hatte sie in der späteren Königin Karoline gefunden. Bevor diese jedoch ihre beiden kleinen Kinder impfen ließ, wurde die Inokulation, wie man damals sagte, erst einmal an sechs Gefängnisinsassen ausprobiert – die als Dank dafür, dass sie für das Experiment zur Verfügung zu stehen hatten, begnadigt wurden – und des Weiteren an einigen Waisenkindern. In seinen »Philosophischen Briefen«, in denen Voltaire später über seine England-Erfahrungen berichtete, lobte er beide Frauen für ihr mutiges Engagement und nannte Lady Montagu »eine der gescheitesten und scharfsinnigsten Frauenspersonen in England«.

Von der Gewalt des Todes
Mary Wollstonecraft an Gilbert Imlay

Mary Wollstonecraft, die zweiundvierzigjährig nach der Geburt ihrer zweiten Tochter, der späteren Schriftstellerin und Frankenstein-Erfinderin Mary Shelley, im Wochenbett sterben sollte, ist vor allem durch ihre Schrift »A Vindication of the Rights of Woman« aus dem Jahr 1792 bekannt geworden. Zwei Jahre zuvor hatte sie bereits ein »Plädoyer für die Rechte der Menschen« verfasst, das jedoch rasch von Thomas Paines Erklärung der Menschenrechte überschattet wurde. Als sie ihren »Traktat über weibliche Rechte und Sitten«, so der Untertitel ihrer Schrift, formulierte, lebte sie seit Kurzem in Paris, wo man sich gerade mit der Frage auseinandersetzte, ob Mutterschaft und Bürgerschaft einander ausschließen oder sich vielmehr wechselseitig bedingen. Wollstonecraft plädierte energisch dafür, Frauen erst einmal zu »vernünftigen Wesen und freien Bürgern« zu machen, dann würden sie auch gute Hausfrauen und Mütter werden. Zu beidem bilde Verstand und geistige Unabhängigkeit die unabdingbare Voraussetzung. Ihr zorniges und in vielen Passagen hochmoralisch argumentierendes Manifest, das sie dem französischen Konventsabgeordneten Talleyrand widmete, forderte als unmittelbare Maßnahmen eine Revolutionierung der Mädchenerziehung und Chancengleichheit bei der Bildung. Ihre Vision ging jedoch darüber hinaus: »Ein wilder Wunsch ist gerade von meinem Herzen zu meinem Kopf geflogen, und ich will ihn nicht unterdrücken, auch wenn er brüllendes Gelächter auslösen mag. Ich will allen Ernstes, dass der Geschlechterunterschied in der Gesellschaft aufgehoben werde, außer dort, wo die Liebe das Verhalten bestimmt.« Am 21. Januar 1793 stand sie am Fenster ihrer Pariser Wohnung, um die gemietete Kutsche zu beobachten, die den zum Tode verurteilten König vom Gefängnis zu jenem Platz brachte, auf dem die Guillotine aufgestellt war. Es war noch nicht lange her, da war der Platz nach Ludwigs Vorgänger als König, seinem Großvater Ludwig XV., benannt gewesen; nun hieß er nach der Revolution und zwei Jahre später würde er nochmals umgetauft werden, in Place de la Concorde. An diesem Morgen herrschte ungewöhnliche Stille in Paris, da man verfügt hatte, die Haupttore zu schließen. Mary Wollstonecrafts Bericht von dem Geschehen an den amerikanischen Geschäftsmann Gilbert Imlay, den sie kürzlich kennengelernt hatte und mit dem sie einige Monate später eine unglückliche Beziehung eingehen sollte, ist ein außergewöhnliches Dokument, gerade weil es die Beklemmung und die bösen Vorahnungen thematisiert, die die spürbar gewordene Gewalt des Todes bei ihr auslöste.

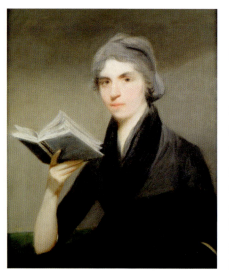

Mary Wollstonecraft trat schon 1792 für die »Aufhebung des Geschlechterunterschieds« ein. Gemälde von John Keenan, um 1793.

Bildnis Ludwigs XVI. im Krönungsornat, um 1777.

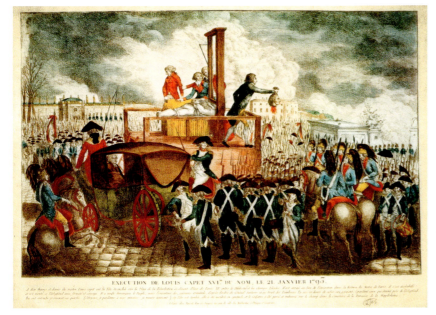

Erschüttert berichtet Mary Wollstonecraft von den blutigen Ereignissen in der Zeit des »Terreur« in Paris im Jahr 1793.

Paris, am 21. Januar 1793

Ich würde Ihnen, lieber Freund, unverzüglich nach Empfang Ihres Briefes für sein pünktliches Eintreffen, das mich so sehr erfreute, gedankt haben, hätte ich nicht das Bedürfnis verspürt, zu warten, bis ich Ihnen sagen konnte, daß dieser Tag unbefleckt von Blut zu Ende gegangen sei. In der Tat ließen mich die umsichtigen Maßnahmen, die der National-Konvent zur Vermeidung von Unruhen getroffen hat, vermuten, daß die Bestien des Aufruhrs nicht einmal den Mut haben würden, zu bellen, viel weniger noch, zu beißen, so emsig sie auch ihrer Fährte folgen. Und darin ging ich nicht fehl; denn die Bürger, die man aus den Häusern gerufen hatte, kehren – ihre Waffen über der Schulter – mit ruhigen Mienen nach Hause zurück. Heute morgen, etwa um 9 Uhr, wurde der König unter meinem Fenster vorübergefahren; schweigend bewegte sich der Zug durch leere Straßen, nur dann und wann wurde er von einem Trommelwirbel begleitet, der die dumpfe Stille nur noch unheimlicher spürbar machte; die Nationalgardisten geleiteten den König; und wie sie sich so eng um den Wagen scharten, konnte man wohl sagen, daß sie ihrem Namen Ehre machten. Die Einwohner sammelten sich an den Fenstern, aber alle Flügel blieben geschlossen – und kein Ruf wurde laut; auch bemerkte ich nichts, was irgendwie nach Hohn oder Schmähung aussah. Zum ersten Male, seit ich den Fuß auf Frankreichs Boden gesetzt habe, neigte ich mich vor der Majestät des Volkes und gewahrte mit Hochachtung die Sauberkeit seiner Gesinnung, die so völlig im Einklang mit meinen eigenen Empfindungen steht. Kaum vermag ich Ihnen zu sagen, warum – aber eine plötzliche Gedankenverbindung brachte es wohl mit sich, daß mir die Tränen unaufhörlich aus den Augen strömten, als ich Louis in einer Mietskutsche vorbeifahren sah – übrigens in einer Haltung, die mehr Würde verriet, als ich sie ihm seinem Wesen nach zugetraut hätte – und ich die Vorstellung nicht verdrängen konnte, daß er durch dieselben Straßen, die so vielen seines Geschlechts zum Schauplatz des Triumphes geworden sind, dem Tode entgegenfuhr. Sogleich entstand in meiner Phantasie das Bild Ludwigs des Vierzehnten; ich sah ihn vor mir, wie er nach einem seiner Siege, die seinem stolzen Sinn so sehr schmeichelten, mit allem Prunk und Gepränge in die Hauptstadt einzog – freilich nur, um noch deutlicher zu gewahren, wie der Glanz dieses Glückes nun vom erhabenen Dunkel tiefen Elends beschattet wurde. Seither bin ich mir selbst überlassen gewesen; und wenn auch meine Seele ruhig geworden ist, kann ich doch die Bilder, die den ganzen Tag über so lebhaft auf mich eingedrungen sind, nicht aus meinen Gedanken verscheuchen. Lächeln Sie nicht darob – nein, bemitleiden Sie mich, lieber Freund; denn ein oder gar zweimal, als ich meine Augen vom Papier erhob, sah ich Augen, die mich durch die Glastür hindurch anstarrten, und blutige Hände, die sich drohend gegen mich ballten. Kein ferner Schritt dringt zu meinen Ohren. Meine Zimmer befinden sich ganz abseits von denen der Dienerschaft, den einzigen menschlichen Wesen, die mit mir in diesem riesenhaften Hotel – wo sich eine Flügeltür nach der anderen vor einem auftut – die Nacht verbringen; hätte ich doch wenigstens die Katze mitgenommen! Ich brauche etwas Lebendiges um mich; die Gewalt des Todes in so mannigfacher schrecklicher Gestalt hält mein Gemüt gänzlich gefangen. Ich will mich niederlegen – und zum ersten Male in meinem Leben werde ich mich nicht dazu überwinden können, die Kerze zu löschen.

M. W.

Lady Hamilton an Lord Nelson

Lady Hamilton hatte wie Madame de Staël ihre Probleme mit Napoleon, setzte bei der Lösung allerdings auf einen ganz anderen Mann, den britischen Admiral Lord Nelson.

In dem hier abgebildeten Brief bittet sie Nelson, ihre von Napoleon in Neapel gefangen genommenen Freunde zu befreien. Natürlich stellt sie ihm dafür eine großzügige Belohnung in Aussicht. Bei der Besetzung Neapels durch die Franzosen hatte Nelson bereits die neapolitanisch-sizilianische Königsfamilie gerettet und nach Sizilien in Sicherheit gebracht. Am dortigen Hof in Palermo war er der schönen Lady Hamilton begegnet.

Die viel schöneren Briefe allerdings handeln von der großen Leidenschaft zu ihrem Admiral.

Hätte Mary Wollstonecraft ihr Zimmer verlassen und sich mit der Menge zum Schafott aufgemacht, hätte sie vernehmen können, wie die gespenstische Stille dem ohrenbetäubenden Geräuschpegel von Trommeln und Pfeifen wich. Schwerfällig und mit Mühe stieg Ludwig zum Schafott empor. Als er den Kopf bewegte, wie um zu sprechen, verstummte die Musik. Er sterbe mit der Überzeugung, dass nicht das französische Volk, sondern seine persönlichen Feinde seinen Tod wollten, sagte der König – er verzeihe ihnen. Der Rest ging im Lärm unter, da die Trommeln und Pfeifen erneut einsetzten. Ein Scharfrichter packte den Delinquenten und zog den Widerstrebenden zur Guillotine hin. Nach einem Moment des Zögerns legte Ludwig seinen Kopf hinein. Das Messer fiel gegen halb zehn Uhr morgens. Danach wurde der Kopf der Menge präsentiert, die mit Waffengeklirr und Jubelschreien reagierte. Man versuchte die in kleine Fetzen zerrissenen Kleider des Königs zu ergattern, seine Haare gingen büschelweise zu hohen Summen weg. Am Schluss stimmte man die Carmagnole an – ein populäres Lied der Revolution, das den König und seine Frau verspottete – und tanzte dazu ums Schafott.

Die Herausforderin
Madame de Staël an Napoleon

In ihren »Betrachtungen über die hauptsächlichen Ereignisse der Französischen Revolution« findet sich eine Szene, in der Madame de Staël beschreibt, wie sich Napoleon »einer wegen ihrer Schönheit, ihres Geistes und ihrer Schlagfertigkeit berühmten Französin« näherte. »Er stellte sich steif wie ein deutscher General vor sie auf und sagte: ›Gnädige Frau, ich habe es nicht gern, wenn Frauen sich in die Politik mischen.‹ – ›Da haben Sie recht, General‹, antwortete sie, ›in einem Lande jedoch, wo man ihnen die Köpfe abschneidet, möchten sie doch auch gern wissen, warum man das tut.‹«

Mit der schönen, schlagfertigen und berühmten Französin meinte Germaine de Staël zweifellos sich selbst. Die Szene dürfte indes trotz einiger Begegnungen der beiden erfunden sein. Sie beschreibt jedoch genau, wie die wohlhabende und unabhängige Intellektuelle *avant la lettre* Germaine de Staël sich selbst sah: als die Frau, die den großen Bonaparte, den sie einmal einen »Ideophoben« nannte, herausforderte; und dieser hat die Herausforderung nicht nur gespürt, er hat sie auch angenommen, indem er sie zu seiner Lieblingsfeindin erklärte und immer wieder aufs Neue in die Verbannung schickte.

Allerdings war Germaine de Staël, die Tochter von Jacques Necker, des ehemaligen Finanzministers Ludwig XVI., der zwischen 1788 und 1790 auch Regierungschef gewesen war, keine Politikerin, und ihr Denken war nicht im eigentlichen Sinne politisch zu nennen. Auch gehörte sie zumindest anfangs eigentlich nicht zur Opposition von Napoleons Regime. Bei ihr verkehrte die Elite seiner Gefolgsleute, seine Minister,

Germaine de Staël liebte die geistreiche Gesprächsführung, der sich nur wenige gewachsen zeigten. Gegen Napoleon (unten) vermochte jedoch selbst ihr rhetorisches Geschick nichts auszurichten.

Beamten, Generäle, Angehörige seiner Familie, darunter sein Bruder Joseph Bonaparte, mit dem Germaine de Staël einen regen Briefwechsel unterhielt. Und nicht wenige dieser Männer waren ihre Liebhaber, darunter Narbonne, Benjamin Constant, Talleyrand. Napoleon war davon überzeugt, dass wo auch immer in seinem Umfeld Unruhe spürbar wurde, Madame de Staël dahintersteckte. »Die Ankunft dieser Frau war wie die eines Unglücksvogels immer der Vorbote für irgendeine Unannehmlichkeit«, schrieb er.

Zu Beginn des Konsulats schien er noch willens zu sein, der umtriebigen und geistreichen Frau entgegenzukommen. Was sie denn eigentlich wünsche, soll er gefragt haben, und ihr sogar das Recht angeboten haben, in Paris zu bleiben. Madame de Staël reagierte kategorisch und wenig entgegenkommend. Es gehe nicht darum, was sie wolle, sondern was sie denke, lautete ihre knappe Antwort. Für Napoleon, der dabei war, einen Polizeistaat zu schaffen, in dem sich nur dem Regime ergebene Männer auf Dauer in ihren Ämtern halten konnten und der unbedingt wissen wollte, was seine Untertanen dachten, um sie gegebenenfalls rasch und möglichst unauffällig unschädlich zu machen, muss diese Antwort, zumal aus dem Mund einer Frau, wie eine persönliche Kriegserklärung geklungen haben. Spätestens als er dann den Eindruck gewann, dass Madame de Staël von einer Verschwörung wusste, vielleicht sogar aktiv daran teilhatte, mit dem Zweck, das Konsulat zu stürzen, durfte sie seiner lebenslangen Verfolgung gewiss sein. Unmittelbare Folge davon war ihre Verbannung aus Paris; innerhalb eines Bannkreises von zehn Meilen um die Tuilerien war die Stadt für sie tabu.

Doch schon ein gutes Jahr später klopfte Madame de Staël wieder an, vorgeblich, um ein Häuschen in Maffliers, unweit von Paris, zu beziehen, von dem sie versicherte, es befinde sich außerhalb der Zehn-Meilen-Zone. In Wirklichkeit mietete sie jedoch außerdem ein Haus in der Stadt, in der heutigen Rue de Lille, an, wohin sie sich heimlich begab. Sie sei wie der Ire, der immer wieder kam, bis man ihn schließlich im vierten Stock aus dem Fenster warf, schrieb sie ihrem Vater, offensichtlich voller böser Vorahnungen.

Napoleon verbannte Germaine de Staël. Kurze Zeit später brach sie zu einer halbjährigen Deutschlandreise auf und schrieb über diese Zeit ein Buch, das noch heute zur Pflichtlektüre eines jeden Literaturwissenschaftlers gehört: »De l'Allemagne«.

Umgehend ließ Napoleon ihr durch einen seiner Minister mitteilen, Maffliers liege sehr wohl innerhalb der Zehn-Meilen-Zone, und wenn sie bis zum 7. Oktober nicht von dort verschwunden sei, würde er sie und ihre Kinder von vier Gendarmen zurück auf das elterliche Landgut Coppet in der Nähe von Genf eskortieren lassen. Genau an dem Tag, an dem die ihr gesetzte Frist verstrich, verließ Germaine de Staël Maffliers. Sie hatte ihre Freundin Juliette Recamier im nicht weit entfernten Saint-Brice um Asyl gebeten. Von dort ging ein Bittbrief an Napoleon ab, der durchaus Elemente von moralischer Erpressung aufweist.

An Bonaparte
[Saint-Brice, 8. Oktober 1803]
Ich lebte friedlich in Maffliers und verließ mich auf die Zusicherung, dort bleiben zu können, die Sie mir gütigst hatten geben lassen, als man mir sagte, daß Gendarmen mich und meine zwei Kinder dort festnehmen sollten. Bürger Konsul, ich kann es nicht glauben; Ihre Tat würde mich auf eine grausame Weise auszeichnen: sie trüge mir eine Zeile in Ihrer Geschichte ein.
Sie würden meinem ehrwürdigen Vater einen Stoß versetzen, der, des bin ich sicher, trotz seines Alters herkommen und Sie fragen würde, welches Verbrechen ich begangen habe, welches Verbrechen seine Familie begangen hat, um eine solche unmenschliche Behandlung zu erfahren. Wenn Sie wollen, daß ich Frankreich verlasse, lassen Sie mir einen Paß für Deutschland ausstellen und geben Sie mir eine Woche Zeit in Paris, um mir für meine Reise Geld zu beschaffen und mit meiner sechsjährigen Tochter, die die Fahrt überanstrengt hat, einen Arzt aufzusuchen. In keinem Lande der Welt würde eine solche Bitte abgeschlagen werden. Bürger Konsul, nicht Ihr eigener Antrieb ist es, der Sie dazu führt, eine Frau und zwei Kinder zu verfolgen; es ist ausgeschlossen, daß ein Held nicht der Beschützer der Schwäche ist. Ich beschwöre Sie noch einmal, erweisen Sie mir alle Gnade; lassen Sie mich in Frieden im Hause meines Vaters in Saint-Ouen leben, es ist Paris nahe genug, daß mein Sohn, wenn die Zeit gekommen ist, die Ecole polytechnique

besuchen kann, und fern genug, daß ich dort kein offenes Haus halten kann. Ich werde es im Frühjahr wieder verlassen, wenn die Jahreszeit die Reise für Kinder möglich macht.
Zum Abschluß, Bürger Konsul, überlegen Sie einen Augenblick, bevor Sie einem wehrlosen Menschen so großes Leid antun; durch einen einfachen Akt der Gerechtigkeit können Sie mir eine tiefere und nachhaltigere Dankbarkeit einflößen als andere Ihnen vielleicht entgegenbringen, die Sie mit Gunstbeweisen überschütten.
Hochachtungsvoll bin ich,
Bürger Konsul, Ihre alleruntertänigste Dienerin
Necker Staël de Holstein

Doch Napoleon blieb Madame de Staëls Briefen einmal mehr die Antwort schuldig. Als diese am 12. Oktober noch immer keine Nachricht erhalten hatte, kehrte sie nach Maffliers zurück, weiterhin davon überzeugt, einen Gesinnungswechsel beim Konsul herbeiführen zu können. Am Tag darauf unterzeichnete Napoleon ihre Ausweisung. Wiederum zwei Tage später erschien ein überaus höflicher Gendarm vor dem Gittertor ihres Hauses und übergab Madame de Staël das Schreiben mit dem Befehl, sich binnen 24 Stunden 200 Kilometer von Paris zu entfernen.

Die Idee, nach Deutschland auszureisen, bestand schon länger. Unter vielen Vorwänden und immer den Gendarm an ihrer Seite gelang es Madame de Staël noch einmal, den Zeitpunkt des Reisebeginns um beinahe zwei Wochen hinauszuzögern. Als die Kutsche mit zweien ihrer drei Kinder, ihrem Lebensgefährten Benjamin Constant, dem Hauslehrer und drei oder vier Dienstboten dann am 24. Oktober abfuhr, ließ sie kurz hinter Paris anhalten, in der Hoffnung, Napoleon würde in letzter Minute seine Meinung doch noch ändern. Vergeblich. Ihr Vater schrieb ihr: *Trage im Unglück Deinen Kopf hoch und gestatte keinem Mann auf Erden, er möge noch so mächtig sein, Dir seinen Fuß auf den Nacken zu setzen.*

Frucht ihrer halbjährigen Deutschlandreise, an die sich einige Jahre später eine zweite anschloss, ist Madame de Staëls berühmtestes Werk, das den schlichten Titel »De l'Allemagne« (Über Deutschland) trägt. Die Originalausgabe erschien 1810; Napoleon ließ die gesamte erste Auflage von 10 000 Exemplaren sofort einstampfen; drei Jahre später konnte die französische Ausgabe dann in London erscheinen, das inzwischen zum Exilort der Verfasserin geworden war. Doch damit war der Krieg zwischen dem Kaiser der Materie und der Kaiserin des Geistes, wie ihn Sainte-Beuve genannt hat, noch nicht zu Ende. Nach der Abdankung Napoleons im April 1814 kehrte Germaine de Staël am 12. Mai zurück nach Paris, sichtlich gealtert und gesundheitlich angeschlagen, doch hielt sie Hof wie einst. »Auf lange Sicht wird das Schwert immer vom Geist besiegt«, hatte Napoleon geschrieben.

Madame de Staël mit ihrer Tochter, Gemälde von Marguerite Gérard, um 1805.

Herrin der Unterredung
Königin Luise von Preußen an ihren Mann, Friedrich Wilhelm III.

Am 6. Dezember 1806, annähernd zwei Monate nach der schweren Niederlage der preußischen Armee gegen die Truppen Napoleons in der Doppelschlacht von Jena und Auerstedt, schrieb der Schriftsteller Heinrich von Kleist an seine Schwester über die preußische Königin Luise: *In diesem Kriege, den sie einen unglücklichen nennt, macht sie einen größeren Gewinn, als sie in einem ganzen Leben voll Frieden und Freuden gemacht haben würde. Man sieht sie einen wahrhaft königlichen Charakter entwickeln. Sie hat den ganzen großen Gegenstand, auf den es jetzt ankommt, umfasst; sie, deren Seele noch vor kurzem mit nichts beschäftigt schien, als wie sie beim Tanzen, oder beim Reiten gefallen. Sie versammelt alle unsere großen Männer, die der König vernachlässigt, und von denen doch nur allein Rettung kommen kann, um sich; ja sie ist es, die was noch nicht zusammengestürzt, hält.*

Wie noch viele Generationen von Deutschen nach ihm war Kleist voller idealisierender Bewunderung für die Gemahlin des preußischen Königs Friedrich Wilhelm III. Nichtsdestotrotz hat er sehr hellsichtig die Entwicklung Luises von der bisweilen unbesonnenen und launenhaften Gemahlin des Kronprinzen über die helfende Hand an der Seite des zögerlichen Königs bis hin zu dessen wichtigster Beraterin erfasst, die Friedrich Wilhelm III. vor Illusionen warnte, stets ermutigende Worte fand, die ihn in seinem Selbstvertrauen und seiner Führungskraft bestärken sollten, und die schließlich sogar mit Napoleon verhandelte.

Insbesondere seine unentschiedene, auf Neutralität spekulierende Außenpolitik hatte Preußen zum Spielball des französischen Kaisers gemacht. In dieser Situation wurde Luise, die über gute Kontakte zu vielen Ministern und Kabinettsräten verfügte, zu einer Vorreiterin der sich herausbildenden, von großem Freiheitspathos getragenen patriotischen Bewegung in Preußen. Statt abzuwarten und die Hände in den Schoß

Königin Luise von Preußen und ihr Gemahl Friedrich Wilhelm III. im Park von Schloss Charlottenburg, Gemälde von 1799.

zu legen, plädierte sie dafür, die Auseinandersetzung mit Frankreich zu suchen; denn das Ziel der Politik des *infamen Koloß Napoleon* sei, wie sie ihrem Mann schrieb, seine Gegner zu *Sklaven als Werkzeuge seines Willens* zu machen. Sie sei davon überzeugt, *dass jeder Preuße lieber den letzten Blutstropfen hingeben, als sich zu der Infamie erniedrigen wird, Verbündeter oder Sklave – was synonym ist – der Franzosen zu werden.*

Luises ohnehin schon große Popularität in der Bevölkerung steigerte sich noch, als man erfuhr, dass sie sich am Tag vor der dortigen Schlacht nach Auerstedt aufgemacht hatte. Gewissermaßen in letzter Minute,

Rechts: Brief Luises aus dem Jahr 1808.

kurz vor ihrer Ankunft im Schloss Eckartsberga, das bereits von den Franzosen besetzt war, konnte sie der Herzog von Braunschweig zur Umkehr bewegen. Erst als sie drei Tage später wieder in Berlin eintraf, erfuhr sie durch einen Brief von der preußischen Niederlage – und dass ihr Mann lebte. Wiederum drei Tage später berichtete sie ihm in einem Brief aus Stettin von ihrem Empfang in Berlin und Potsdam und versuchte ihm auf diese Weise Mut zuzusprechen.

Stettin, den 20. Oktober 1806
Bester Freund. Es wäre vergeblich, die Empfindungen schildern zu wollen, die ich empfand, als ich Potsdam und Berlin wiedersah. Das Volk in Berlin, welches glaubte, ich sei gefangen, begleitete meinen Wagen und sammelte sich zu Tausende[n] am Palais unter meine Fenster und schrieen immer nach mir. Nein, solch ein Volk gibt es nicht mehr. 12 000 Bürger wollen sich bewaffnen und 1500 von die Vornehmsten außer die 12 000 [sind] ebenfalls bereit, Dir zu folgen und für Dich zu fechten, wo Du willst. Die Nachricht der unglückseligen Bataille, statt sie niederzuschlagen, hat sie nur noch mehr erbittert gegen den Feind und ihre Anhänglichkeit, Ergebenheit für Dich, für ihren König und Vaterland noch vermehrt. Es ist unbeschreiblich, wie sie Dich lieben, alle Aufopferung bereit zu bringen, ihr Blut und Gut; Kinder und Väter, alles steht auf, Dich zu schützen! Benutze die Gelegenheit ja, es kann was Großes herauskommen. Nur um Gotteswillen keinen schändlichen Frieden. Auch die Legion der Polen laß nicht außer acht. Der Augenblick ist kostbar, handle, wirke, schaffe, überall wirst Du im Lande guten Willen und Unterstützung finden. Ebenso ist die Stimmung hier in Stettin. Willst Du mich haben, spreche, ich fliege zu Dir! Gott, Du allein, das ist ein schrecklicher Gedanke. Ich wohne wieder hier, wo ich vor 6 Monaten in Saus und Braus lebte, wo wir die wegschickten, die unsere Hülfe jetzt sind. Die Kinder sind alle wohl, sie fragen alle nach Dir. Ich küsse Dich tausendmal in Gedanken und bin ewig Deine treue
Luise

Den von Napoleon aufgesetzten Friedensvertrag, der die Abtretung zahlreicher Gebiete und harte finanzielle Auflagen vorsah, lehnte Friedrich Wilhelm III. schließlich ab, auch darin bestärkte ihn seine Frau. Nach der schweren Niederlage der russischen gegen die französische Armee bei Friedland akzeptierte der russische Zar indessen den ihm angebotenen Separatfrieden. Nun stand Preußen allein gegen Frankreich – angesichts der Stärke der französischen Truppen eine aussichtslose Situation, die Napoleon weidlich auszunutzen verstand. Luise beschwor ihren Mann, in dieser Lage nichts aufzugeben, was seine Unabhängigkeit zerstören würde. Schließlich bot sich ihr die Gelegenheit, in die Friedensverhandlungen persönlich einzugreifen. Napoleons Schwager hatte wohl dazu geraten, überzeugt davon, dass ihre konziliante weibliche Art Bewegung in die stockenden Gespräche bringen könne. *Ich komme, ich fliege nach Tilsit, wenn Du es wünschst, wenn Du glaubst, dass ich etwas Gutes wirken kann,* schrieb Luise ihrem Mann, setzte jedoch hinzu, dass ihre Ankunft *irgendwie*

Königin Luise im Reitkostüm, Pastell auf Papier von Wilhelm Ternite (1786–1871).

geziemend begründet werden müsse. Immerhin habe Zar Alexander gesagt, *bei der Abhandlung von Geschäften dürften die Frauen nicht zugegen sein. Soviel ich weiß, habt ihr alle nur mit Geschäften, und zwar mit den allerfolgenreichsten, zu tun. Das sind durchaus nicht meine Angelegenheiten, und ich kann nur hinkommen, wenn Napoleon in sehr höflichen Worten Dich darum bittet oder Dir wenigstens seine Wünsche darüber persönlich zu erkennen gibt.*

Was war der schließliche Auftrag Luises für das Gespräch mit dem Empereur, das dann am 6. Juli 1807 stattfand, was dessen Inhalt? Hat sie ihn unter Tränen um Milderung seiner Forderungen ersucht oder war es ihre Aufgabe, überhaupt erst einmal herauszubekommen, worin diese konkret bestanden? Die Legende will es, dass, nachdem ihre Begegnung unter vier Augen bereits eine Dreiviertelstunde gedauert hatte, Luises ungeduldig gewordener Mann hereingeplatzt sei; Napoleon hingegen soll geäußert haben, wäre er mit Luise nur eine Viertelstunde länger alleine gewesen, hätte er ihr alles zugesagt. Napoleons Briefe an seine Frau vermitteln einen etwas anderen Eindruck, dienten wohl aber auch zur Beschwichtigung von Josephines Eifersucht. Er habe sich vorsehen müssen, schrieb er ihr, denn sie wollte ihn dazu bewegen, ihrem Mann noch größere Konzessionen zu machen. Doch sei er artig geblieben und habe an seiner Politik festgehalten. Und einen Tag später heißt es dann: *Die Königin von Preußen ist in der Tat höchst anmutig, von bezaubernder Freundlichkeit gegen mich. Aber werde nicht etwa eifersüchtig; ich bin ein Wachstuch, über welches dies alles nur weggleitet. Es würde mich teuer zu stehen kommen, den Galanten zu spielen.* In seinen später verfassten Erinnerungen räumte Napoleon aber immerhin ein, dass die Königin trotz seiner Gewandtheit und Mühen *Herrin der Unterredung* geblieben sei.

Dennoch erfüllten sich die Hoffnungen des Königspaars nicht. Der schließlich angebotene Friedensvertrag reduzierte Preußen um die Hälfte seines Territoriums und verpflichtete es zu kaum zu bewältigenden Reparationszahlungen. Zwei Jahre vor ihrem frühen Tod, der sie am 18. Juli 1810 ereilen sollte, resümierte Luise ihre Sicht auf den Stand der preußischen Dinge in einem an ihren Vater gerichteten Brief, dessen Echtheit allerdings nicht gesichert ist: *Mit uns ist es aus, wenn auch nicht für immer, doch für jetzt. Für mein Leben hoffe ich nichts mehr… Es wird mir immer klarer, dass alles so kommen musste, wie es gekommen ist… Wir sind eingeschlafen auf den Lorbeeren Friedrichs des Großen, welcher, der Herr seines Jahrhunderts, eine neue Zeit schuf. Wir sind mit derselben nicht fortgeschritten, deshalb überflügelt sie uns… Auch das Beste und Überlegteste misslingt, und der französische Kaiser ist wenigstens schlauer und listiger… Von ihm können wir vieles lernen, und es wird nicht verloren sein, was er getan und ausgerichtet hat. Es wäre Lästerung zu sagen, Gott sei mit ihm; aber offenbar ist er ein Werkzeug in des Allmächtigen Hand, um das Alte, welches kein Leben mehr hat, das aber mit den Außendingen fest verwachsen ist, zu begraben.*

6. Juli 1807: Königin Luise wird von Napoleon in Tilsit empfangen. Die beiden wären vielleicht zu einem für Preußen vorteilhaften Verhandlungsergebnis gelangt, wenn nicht Luises Mann vorzeitig die Unterredung unterbrochen hätte. So will es zumindest die Legende.

Die Sphäre der Frauen
Queen Victoria an William Ewart Gladstone

Queen Victoria war mit Albert von Sachsen-Coburg und Gotha verheiratet, nach dessen frühem Tod sie bis an ihr Lebensende dunkle Kleidung trug.

Queen Victoria, die das Vereinigte Königreich von Großbritannien und Irland über 63 Jahre lang, von 1837 bis zu ihrem Tod 1901 regierte und nach der ein ganzes Zeitalter benannt werden sollte, war keine aufgeklärte Despotin wie etwa Katharina im zaristischen Russland. Großbritannien befand sich damals bereits auf dem Weg von einer parlamentarischen zu einer konstitutionellen Monarchie, in der König oder Königin nicht mehr verwalten und regieren, sondern lediglich herrschen und auch das weitgehend nur symbolisch. Die Tochter des Herzogs von Kent und der verwitweten Prinzessin Viktoria von Leiningen war bis zu ihrem dritten Lebensjahr mit Deutsch als Muttersprache aufgewachsen und dann auch in Englisch und Französisch unterrichtet worden. So war sie praktisch dreisprachig; ihre Kenntnis der englischen Grammatik blieb jedoch, wie sich Lytton Strachey in seiner Biografie Queen Victorias in vornehmer Zurückhaltung ausdrückt, »unvollständig«.

Zu Lebzeiten von Victorias Ehemann, Albert von Sachsen-Coburg und Gotha, wurden die politischen Geschäfte im Kern weitgehend von ihm übernommen; so ist es sein Verdienst, dass die Monarchie sich aus dem Kampf der politischen Parteien herauszuhalten begann. Doch Albert verstarb bereits 1861, im Alter von gerade einmal zweiundvierzig Jahren. Fortan trug Victoria nur noch Witwentracht und zeigte sich kaum mehr der Öffentlichkeit. Zwar studierte sie nun an ihres Mannes statt äußerst pflichtbewusst die Staatspapiere, die in kleinen roten Lederkoffern zu ihr gelangten, sie vernachlässigte jedoch die Repräsentationspflichten der Krone, die im anbrechenden Massenzeitalter wichtiger wurden denn je.

Auch das Eigenschaftswort »aufgeklärt« will nicht so recht auf sie passen. Zwar ging sie mit gutem Beispiel voran, als sie sich bei der Geburt der beiden jüngsten ihrer insgesamt neun Kinder mit Chloroform betäuben ließ – was damals auch aus religiösen Gründen sehr um-

Queen Victoria im Kreis ihrer Familie, Oktober 1882.

stritten war – und so der Anästhesie bei der Geburtshilfe den Weg bahnte. Zudem begegnete sie den romantischen Vorstellungen über Ehe und Geburt, die sie bei ihrer ältesten Tochter Viktoria nach der Hochzeit mit dem preußischen Kronprinzen bemerkte, mit dem Realismus des gesunden Menschenverstandes und war weit davon entfernt, die Mutterschaft als weibliche Bestimmung zu preisen. Was sie ihr über den Stolz, *einer unsterblichen Seele das Leben zu schenken*, schreibe, sei ja gut und schön, heißt es in einem ihrer beinahe 4000 Briefe an ihre Tochter, *aber ich muss gestehen, dass ich Dir da nicht ganz folgen kann. Ich meine, wir gleichen in solchen Momenten eher Kühen oder Hunden, wenn unsere arme Natur so sehr tierisch und unästhetisch wird … Ich finde, unser Geschlecht ist überhaupt nicht beneidenswert.* Vor allem jedoch ermahnt sie »Vicky«, ihr Leben nicht nur mit Ammen und Kindermädchen zu verbringen, was schon manch eine kluge und kultivierte junge Dame verdorben habe, ohne dass sie dadurch ihren eigentlichen mütterlichen Pflichten besser nachgekommen sei. So wenig »viktorianisch« war Victoria. Überhaupt hat diese Königin instinktsicher die Gefühle und Vorurteile des englischen Mittelstandes zu erfassen und zu verkörpern gewusst, der zu ihrer Zeit eine beispiellose Blütezeit erlebte.

Andererseits aber – auch darin war sie ein Spiegel der Mittelschichten – wandte sie sich energisch gegen die Einmischung des weiblichen Geschlechts in die Politik und gegen die Berufstätigkeit der Frau. Dies geht aus einem Brief an den Vertreter der Liberalen William Ewart Gladstone hervor, der zwischen 1868 und 1885 abwechselnd mit dem Konservativen Benjamin Disraeli das Amt des Premierministers innehatte. Im Jahr 1869 hatten die Frauen im Vereinigten Königreich das eingeschränkte Wahlrecht bei Gemeindewahlen wiedererlangt, das gut drei Jahrzehnte zuvor abgeschafft worden war. Im Jahr darauf sprach ein Gesetz Frauen ein gewisses Eigentum auch im Falle einer Auflösung der Ehe zu. Ein weiterer Gesetzesentwurf aus dem Jahr 1870, der ein allgemeines Wahlrecht für Frauen einführen wollte, wurde von Gladstone abgelehnt. In diesem Zusammenhang wurde in der Öffentlichkeit leidenschaftlich die Frage diskutiert, was denn nun die wahre und natürliche Sphäre der Frau sei. Die strikte Trennung

• BRIEFE DER MACHT UND OHNMACHT • 129

Zwischen Queen Victoria und ihrer Tochter, Viktoria von Preußen, die Kronprinz Friedrich Wilhelm, später Friedrich III., geheiratet hatte, bestand ein reger Briefwechsel, der in vierzig Jahren etwa 4000 Briefe hervorbrachte. Am Hochzeitstag ihrer Tochter schreibt sie ihr folgenden Brief:

Mein eigenes, geliebtes Kind,
Deine liebe, kleine Nachricht erreichte mich gerade, als wir uns zum Abendtisch begeben wollten und brachte uns beiden das größte Vergnügen. Wir haben Dich sehr vermisst. (...)
Dies war ein sehr ermüdender Tag für Dich, mein teuerstes Kind, doch hast Du durch Dein hervorragendes Verhalten noch mehr an Liebe und Zuwendung von denen erhalten, die ohnehin so viel für Dich übrig haben. Es ist ein sehr feierlicher Akt, der wichtigste und feierlichste im Leben, und mehr noch im Leben einer Frau als in dem eines Mannes. Ich denke immer an den gesegneten Tag zurück, der mich mit deinem geliebten und vollkommenen Papa vereinigt hat, ein Tag, der nicht nur mein eigenes Glück bedeutete (ein Glück, das nur wenigen beschieden ist) sondern auch Glück und Segen diesem ganzen Land brachte! (...)

Queen Victoria an der Seite ihres geliebten Ehemanns Prince Albert im Jahr 1861.

von privaten und öffentlichen Tugenden geriet zunehmend unter Beschuss. War die Königin nicht selbst das beste Beispiel für die Befähigung von Frauen, in sozialen und politischen Belangen ihren Mann zu stehen? Allerdings wandte sich Victoria energisch gegen die Vorstöße, das Tätigkeitsfeld ihrer Geschlechtsgenossinnen über den Bereich der Wohltätigkeit weiter auszudehnen.

Osborne, 6. Mai 1870
Die Umstände bezüglich des Gesetzes, das Frauen die gleichen Rechte bei Parlamentswahlen geben will wie den Männern, veranlassen [die Königin] zu bemerken, dass sie seit einiger Zeit Mr. Gladstones Aufmerksamkeit auf die verrückten und völlig demoralisierenden gegenwärtigen Bestrebungen lenken wollte, welche Frauen die gleichen beruflichen Stellungen wie den Männern einräumen wollen, unter anderem in der Medizin ... Es liegt ihr sehr viel daran, dass

130 • BRIEFE DER MACHT UND OHNMACHT

bekannt wird, dass sie solche Versuche, welche jeden Anstand und jedes weibliche Gefühl zerstören – und das würde unvermeidlich das Ergebnis solcher Vorschläge sein –, nicht nur missbilligt, sondern verabscheut. Die Königin ist selbst eine Frau und weiß, wie anormal ihre eigene Stellung ist. Diese kann freilich mit Vernunft und Anstand in Einklang gebracht werden, wenn dies auch schrecklich beschwerlich und belastend ist. Aber alle Schranken niederzureißen und vorzuschlagen, dass [Frauen] gemeinsam mit Männern studieren, und zwar Dinge, die vor ihnen nicht benannt werden können, und gewiss nicht in gemischter Gesellschaft, bedeutete eine völlige Vernachlässigung all dessen, was als zu den Gesetzen und Prinzipien der Moral zugehörig betrachtet werden muss.

Der Königin Gefühle anlässlich dieses gefährlichen und unchristlichen und unnatürlichen Schlachtrufs und dieser Bewegung der »Rechte der Frauen« sind so heftig..., dass ihr sehr daran liegt, dass Mr. Gladstone und andere etwas unternehmen, um diese alarmierende Gefahr zu bannen, wobei sie ihren Namen nach Belieben gebrauchen können ...

Frauen sollen das sein, was Gott vorsah: Gefährtinnen des Mannes, aber mit völlig unterschiedlichen Pflichten und Aufgaben.

Victoria und Albert waren glücklich verheiratet und hatten neun Kinder, die sich wiederum so verheirateten, dass das englische Königshaus mit den großen Adelshäusern in ganz Europa verwandt war.

• BRIEFE DER MACHT UND OHNMACHT • 131

Denk ich an Deutschland
Lise Meitner an Otto Hahn

Die gebürtige Wienerin Lise Meitner hatte 1906, da war sie Ende zwanzig, als zweite Physikerin überhaupt an der dortigen Universität promoviert. Im Jahr darauf kam sie nach Berlin, um mit dem vier Monate jüngeren Chemiker Otto Hahn zusammenzuarbeiten, der sich gerade habilitiert und auf dem Gebiet der Radiochemie bereits beachtliche Entdeckungen vorzuweisen hatte. Frauen waren damals in Preußen noch nicht zum Studium zugelassen. (Das Verbot fiel 1909, nur zwei Jahre später.) Lise Meitner war es anfangs deshalb untersagt, die Vorlesungsräume und das von Otto Hahn geleitete Chemische Labor auch nur zu betreten. Speziell für seine Versuche mit Radioaktivität war Otto Hahn jedoch ein Raum im Souterrain des Instituts zur Verfügung gestellt worden, der ursprünglich als Holzwerkstatt gedient hatte und einen separaten Eingang besaß. Unter solchen primitiven Umständen (und mit solchen nach heutigen Maßstäben völlig mangelhaften Sicherheitsvorkehrungen) begann die beinahe dreißigjährige Zusammenarbeit von Otto Hahn und Lise Meitner, die in den Jahren 1938/39 zur Entdeckung der Kernspaltung führen sollte.

Doch zu diesem Zeitpunkt war Lise Meitner schon nicht mehr in Deutschland. Aufgrund ihrer jüdischen Abstammung wurde ihr 1933 die Lehrbefugnis entzogen, die sie sich 1922 mit der Habilitation als erste Physikerin an einer preußischen Universität erworben hatte. Trotzdem konnte sie zunächst weiterarbeiten, da sie seit 1918 die physikalisch-radioaktive Abteilung des Kaiser-Wilhelm-Instituts für Chemie leitete, das aufgrund einer speziellen Trägerschaft der Beamtengesetz-

Lise Meitner, Kernphysikerin und Professorin für Physik an der Berliner Universität, hier auf einem Foto aus dem Jahr 1937.

gebung nur eingeschränkt unterlag. Mit der Annektierung Österreichs, wodurch Lise Meitner automatisch die deutsche Staatsbürgerschaft erhielt, wurde ihre Situation jedoch zunehmend prekärer. Die Jüdin, so hieß es nun, gefährde das Institut. Heinrich Hörlein, der Schatzmeister der Trägergesellschaft, schlug vor, Lise Meitner möge doch einfach kündigen. Selbst das von ihr so geschätzte Physikalische Kolloquium des Nobelpreisträgers Max von Laue stand ihr nicht mehr offen. Otto Hahn, der sehr um die Sicherheit seiner Mitarbeiterin und Freundin besorgt war, gelang es daraufhin, mit Unterstützung des holländischen Chemikers Dirk Coster und anderer hilfsbereiter Kollegen, Meitners illegale Emigration nach Schweden zu organisieren. Am Stockholmer Nobel-Institut wurde für sie ein Arbeitsplatz eingerichtet. Lise Meitner selbst, die sich damals immerhin schon im sechzigsten Lebensjahr befand, war in die Vorbereitungen nicht eingeweiht und soll sich abgeschoben gefühlt haben. Als Otto Hahn im Jahr 1945 der Physik-Nobelpreis für das Jahr zuvor verliehen wurde, riss Dirk Coster alte Wunden auf, als er ihr schrieb: *Otto Hahn, der Nobelpreis! Er hat ihn sicher verdient. Es ist aber schade, dass ich Sie 1938 aus Berlin entführt habe ... Sonst wären Sie auch dabei gewesen. Was sicher gerechter gewesen wäre.* Allerdings hätte Lise Meitner unter diesen Umständen wohl kaum überlebt.

Den folgenden, kaum bekannten Brief schrieb Lise Meitner kurz nach Kriegsende an ihren alten Weg-

Otto Hahn und Lise Meitner im Labor, um 1910.

gefährten Otto Hahn, der zu dieser Zeit in Belgien interniert war und ihn deshalb wohl nicht erhalten hat. Er liegt uns aber in Form eines stenographischen Konzepts vor. Lise Meitner hat sich im Ausland sehr dafür eingesetzt, die in Deutschland verbliebenen Wissenschaftler nicht pauschal zu verurteilen. Dennoch, oder gerade deshalb, nahm sie sich das Recht heraus, ihre ehemaligen Kollegen und Freunde ungeschönt mit den Vorwürfen zu konfrontieren, die ihnen zu machen waren. Es war so durchaus konsequent, dass sie alle Bemühungen, sie an ihr altes Institut zurückzuholen, ausschlug und stattdessen in Stockholm blieb. Der Preis, den sie für ihre Aufrichtigkeit zu zahlen hatte, war wohl, dass ihre selbständige wissenschaftliche Leistung zunehmend in den Schatten Otto Hahns geriet.

Stockholm, 1945
Lieber Otto,
… Du kannst Dir denken, wie sehnsüchtig ich bin, Nachrichten von Euch zu bekommen. Ich habe in den englischen Kriegsnachrichten die Ereignisse sehr genau verfolgt und glaube annehmen zu dürfen, daß das Gebiet, in dem Ihr und Laue seid, ohne Kampf besetzt worden ist. So hoffe ich von Herzen, daß Ihr persönlich nicht zu leiden hattet. Natürlich werdet Ihr es jetzt sehr schwer haben, aber das war ja unausweichlich. …
Ich habe Dir in diesen Monaten in Gedanken sehr viele Briefe geschrieben, weil mir klar war, daß selbst Menschen wie Du und Laue die wirkliche Lage nicht begriffen hatten. Das merkte ich u[nter] a[nderem] so deutlich, als mir Laue gelegentlich Wettsteins Tod schrieb, daß sein Tod auch ein Verlust im weiteren Sinn sei, weil W[ettstein] mit seinen diplomatischen Fähigkeiten beim Kriegsschluß von großem Nutzen hätte sein können. Wie sollte ein Mann, der sich niemals gegen die Verbrechen der letzten Jahre gewendet hat, von Nutzen für Deutschland sein? Das ist ja das Unglück von Deutschland, daß Ihr alle den Maßstab für Recht und Fairness verloren hattet. Du hattest mir selbst im März 1938 erzählt, daß Hörlein Dir gesagt hat, daß schreckliche Sachen gegen die Juden gemacht werden würden. Er wußte also von allen den geplanten und später ausgeführten Verbrechen und war trotzdem Mitglied der Partei und Du hast ihn – auch trotzdem – für einen sehr anständigen Menschen angesehen und Dich von ihm in Deinem Verhalten gegenüber Deinem besten Freund bestimmen lassen.
Ihr habt auch alle für Nazi-Deutschland gearbeitet und habt auch nie nur einen passiven Widerstand zu machen versucht. Gewiß, um Euer Gewissen loszukaufen, habt Ihr hier und da einem bedrängten Menschen geholfen, aber Millionen unschuldiger Menschen hinmorden lassen, und keinerlei Protest wurde laut. Ich muß Dir das schreiben, denn es hängt so viel für Euch und Deutschland davon ab, daß Ihr einseht, was Ihr habt geschehen lassen. Es ist hier im neutralen Schweden schon lange vor Kriegsende diskutiert worden, was man mit den deutschen Gelehrten nach Beendigung des Krieges tun soll. Wie mögen erst die Engländer und Amerikaner darüber denken? Ich und viele andere mit mir meinen, ein Weg für Euch wäre, eine offene Erklärung abzugeben, daß Ihr Euch bewußt seid, durch Euere Passivität eine Mitverantwortung für das Geschehene auf Euch genommen zu haben, und daß Ihr das Bedürfnis habt, soweit das Geschehene überhaupt gut gemacht werden kann, dabei mitzuwirken. Aber viele meinen, es sei zu spät dafür. Diese

sagen, Ihr hättet erst Euere Freunde verraten, dann Euere Männer und Kinder, indem Ihr sie in einem verbrecherischen Krieg ihr Leben habt einsetzen lassen, und schließlich hättet Ihr auch Deutschland selbst verraten, weil Ihr, als der Krieg schon ganz hoffnungslos war, Euch nicht einmal gegen die sinnlose Zerstörung Deutschlands gewehrt habt. Das klingt erbarmungslos und doch glaube ich, es ist ehrlichste Freundschaft, warum ich Dir das alles schreibe. – Daß die übrige Welt Deutschland bedauert, könnt Ihr wirklich nicht erwarten. Was man in diesen Tagen von den unfaßbaren Greueln in den Konzentrationslagern gehört hat, übersteigt alles, wovor man sich gefürchtet hatte. Als ich im englischen Radio einen sehr sachlichen Bericht der Engländer und Amerikaner über Belsen und Buchenwalde hörte, fing ich laut an zu heulen und konnte die ganze Nacht nicht schlafen. Und wenn Du die Menschen gesehen hättest, die aus den Lagern hierher kamen. Man sollte einen Mann wie Heisenberg und viele Millionen mit ihm zwingen, sich diese Lager und die gemarterten Menschen anzusehen. Sein Auftreten in Dänemark 1941 war unvergeßlich.

Du wirst Dich vielleicht erinnern, daß ich, als ich noch in Deutschland war..., Dir oft sagte: Solange nur wir die schlaflosen Nächte haben und nicht Ihr, solange wird es in Deutschland nicht besser werden. Aber Ihr hattet keine schlaflosen Nächte, Ihr habt nicht sehen wollen, es war zu unbequem. Ich könnte es Dir an vielen großen und kleinen Beispielen beweisen. Ich bitte Dich mir zu glauben, daß alles das, was ich hier schreibe, ein Versuch ist, Euch zu helfen.

Mit sehr herzlichen Grüßen an alle [Deine Lise.]

1934: Die jährliche Physikerversammlung im Institut des dänischen Physikers Niels Bohr (1885–1962) in Kopenhagen. Lise Meitner sitzt als einzige Frau in der Mitte der ersten Reihe.

Kampf um Einbürgerung
Erika Mann an Edward J. Shaugnessy

Zusammen mit ihrem Bruder Klaus und der Schauspielerin Therese Giehse hatte Erika Mann, die erstgeborene Tochter Thomas Manns, Anfang 1933 in der Münchner *Bonbonniere*, einem in unmittelbarer Nachbarschaft des Hofbräuhauses gelegenen Nachtlokal, das politisch-literarische Kabarett *Die Pfeffermühle* gegründet. Nach der nationalsozialistischen Machtübernahme musste das Ensemble der äußerst erfolgreichen Kleinkunstbühne untertauchen; ab dem 30. September spielte man im Züricher Hotel Hirschen weiter, es folgte eine Tournee durch die Tschechoslowakei und die Benelux-Länder.

Als Erika Mann im Juni 1935 die deutsche Staatsbürgerschaft wegen »Deutschfeindlichkeit« entzogen wurde, heiratete sie den ihr gänzlich unbekannten englischen Dichter Wystan Hugh Auden und erhielt auf diese Weise einen britischen Reisepass. Die Pfeffermühle konnte weiterspielen und kam bis Mitte 1936 auf über tausend Vorstellungen. Auf Druck der deutschen Gesandtschaften waren die Auftritte jedoch zunehmend mit Auflagen verbunden.

Im September 1936 brach Erika Mann mit ihrem Bruder in die USA auf, versehen mit Empfehlungen ihres Vaters – »*I think she will be a success*« –, und dem Ziel, die Erfolgsgeschichte der Pfeffermühle in Amerika fortzuschreiben. Doch die amerikanischen Kritiker verließen die New Yorker Premiere schon in der Pause; die »peppermill« war nicht mehr zu retten.

Dennoch hatte Thomas Mann recht: Sie wurde auch in den USA ein Erfolg, sie, seine Tochter Erika. Als *lecturer* machte sie Karriere; auf der ersten Massenkundgebung gegen Hitler, der »Peace and Democracy Rally« 1937 im New Yorker Madison Square Garden, wurde sie zum gefeierten Star. Nun standen ihr die Türen in den USA offen; sie war eine gefragte Rednerin auf Kundgebungen und eine begehrte Autorin der Massenmedien.

Die Geschwister Erika und Klaus Mann zusammen mit Pamela Wedekind (rechts) 1925.

Zwei Jahre nach dem Krieg stellte Erika Mann einen Antrag auf Einbürgerung in die USA. Es war zugleich der Beginn der McCarthy-Ära und einer damit einsetzenden Hetzjagd auf tatsächliche oder vermeintliche Kommunisten und deren Sympathisanten. Wie über alle Exilanten hatte das FBI auch über sie ein Dossier angelegt, das unter anderem die Bemerkungen »sexuell pervers« und »Agent der Kommunistischen Internationale« enthielt. Drei Jahre sollte Erika Manns *battle of citizenship* dauern, ohne dass sich ein positiver Ausgang abzeichnete. Dann reichte es ihr. Zum Entsetzen ihres Anwalts schrieb sie einen Brief an Edward J. Shaugnessy, den Director of Immigration and Naturalization New York District Office, in dem sie ausführlich begründete, warum sie ihren Antrag auf Einbürgerung zurückzog. Erika Mann, so ihre Biografin Irmela von der Lühe, »sprach aus, was viele Emigranten in

Thomas Mann mit Ehefrau Katia (links) und den Töchtern Erika und Monika (ganz rechts) auf der Terrasse seines Hauses in Santa Monica (Kalifornien, USA), um 1940.

Amerika, die ähnlichen Verhören, Bespitzelungen und Erniedrigungen ausgesetzt waren, als politische und menschliche Ungeheuerlichkeit empfanden. Die Sieger über Hitler machten nach diesem Sieg aus den Flüchtlingen vor Hitler gefährliche Feinde; sie trieben neuerlich diejenigen in die Flucht, die einst vor Hitler geflohen waren.« Lion Feuchtwanger hat Erika Manns Brief »ein kleines Meisterwerk eleganter und tödlicher Polemik« genannt.

Pacific Palisades, 11. 12. 1950
Sehr geehrter Herr:
Hiermit möchte ich Sie von meinem Entschluß in Kenntnis setzen, meinen anhängigen Antrag auf die Staatsangehörigkeit der USA zurückzuziehen. ... Bitte erlauben Sie mir, meinen Standpunkt darzulegen. ...
Durch Heirat britische Staatsbürgerin geworden, kam ich im Jahre 1936 als Besucherin erstmals in dieses Land. Im Juli 1937 immigrierte ich und besorgte mir, da ich zu bleiben beabsichtigte, meine First Papers am Tage nach meiner Rückkehr. 1942 wäre ich für die Einbürgerung in Frage gekommen. Doch inzwischen war längst der Krieg ausgebrochen, und ich war zu sehr damit beschäftigt, zuerst die britischen und dann die amerikanischen Kriegsbemühungen zu unterstützen, als daß ich mich für die erforderliche Dauer von sechs Monaten an einem Ort der USA hätte niederlassen können. Unzählige Male habe ich mein Leben in Gefahr gebracht, als ich während der schweren Luftangriffe für die BBC arbeitete und als Kriegsberichterstatterin bei den US-Streitkräften akkreditiert war. Hierzu hätte ich übrigens keine Genehmigung erhalten, wenn ich nicht der eingehendsten Überprüfung unterzogen und für geeignet befunden worden wäre. Von 1939 bis 1946 verbrachte ich ungefähr die Hälfte meiner Zeit im Krieg oder bei den Besatzungstruppen und, um mir etwas Erholung zu gönnen, ein Drittel bei Vortragsreisen »daheim« in den Vereinigten Staaten. ... Meinem Agenten zufolge war ich der »meistgefragte« weibliche Lecturer in diesem Land und, nebenbei bemerkt, einer der besten, mit denen er je zusammengearbeitet hat. ... Ich verdiente meinen Lebensunterhalt gut dabei, ruinierte aber meine Gesundheit – nicht weil ich das Geld so bitter nötig gehabt hätte, sondern weil ich meinen Zuhörern begreiflich machen wollte, wofür »wir« kämpften und welche Art von Frieden »wir« zu etablieren suchten. ... Wäre ich amerikanische Staatsbürgerin gewesen, ich hätte mich nicht stärker bemühen können, dem Lande nützlich zu sein. In der Tat fühlte ich wie eine Amerikanerin, lebte wie eine Amerikanerin, war praktisch eine Amerikanerin. Daher bat ich, sobald sich die Gelegenheit dazu ergab, um Gewährung der amerikanischen Staatsangehörigkeit. ... Ich stellte meinen Antrag vor fast vier Jahren.
Seit diesem Zeitpunkt ist eine Überprüfung im Gange, die unvermeidlich dazu führte, Zweifel an meinem Charakter zu wecken, meine berufliche Laufbahn allmählich zu ruinieren, mich meines Lebensunterhaltes zu berauben und mich – kurz gesagt – von einem glücklichen, tätigen und einigermaßen nützlichen Mitglied der Gesellschaft zu einer gedemütigten Verdächtigen zu machen. Freunde von mir sind zwei und drei Stunden hintereinander verhört worden, bis sie fast zusammengebrochen sind. Als sich herausstellte, daß ich weder Kommunistin, noch »Mitläuferin«, noch Mitglied einer als »subversiv« registrierten Organisation, noch sonst irgendwie politisch unerwünscht war, begannen die Behörden in meinem Privatleben herumzustochern in einer Weise, die alle Befragten äußerst schockierte. Barkeeper, Büroan-

gestellte, Manager, Redakteure, gute Bekannte und Leute, die mich fast gar nicht kennen, wurden gleichermaßen verhört. Kein Wunder, daß potentielle Arbeitgeber eine heftige Abneigung verspürten, mich zu engagieren. Während der letzten drei Jahre ist die Zahl meiner Lecture-Termine von gut 75 in einer viermonatigen Saison auf 1 in diesem Jahr (Winter 1950/51) zurückgegangen. Mein Manager hat es für angebracht gehalten, sich von mir zu trennen, und ich würde es kaum wagen, mich in einer der Redaktionen blicken zu lassen, für die ich früher als Journalistin arbeitete. Denn sogar diejenigen, die mit Recht von meiner völligen »Unschuld« überzeugt sind, neigen heutzutage zu der Befürchtung, daß der Umgang mit einer fälschlich Verdächtigten ihnen verübelt werden könnte.

Natürlich sehe ich ein, daß jeder, der die US-Staatsbürgerschaft erwerben möchte, überprüft werden muß. ... Eine Routine-Überprüfung, über den Zeitraum eines halben Jahres oder sogar eines Jahres hinweg, wäre nichts Ungewöhnliches gewesen und hätte keinen Schaden anrichten können. Doch daß eine Menge von Leuten fast vier Jahre lang ausgefragt wurden, mußte zwangsläufig Mißtrauen hervorrufen ... Mir persönlich ist es völlig unerklärlich, wieso die Überprüfung solche katastrophalen Ausmaße annehmen konnte. Man hat mir niemals einen Anhörungstermin gewährt ... Es gibt nichts in meinem Leben, was ich nicht bereitwillig erzählt hätte; nichts, was ich aus irgendeinem Grund verheimlichen müßte; nichts, was mich möglicherweise hätte davon abhalten können, amerikanische Staatsbürgerin zu werden.

Darf ich bemerken, daß es weniger der tatsächlich erlittene Schaden ist als vielmehr die Ungerechtigkeit des ganzen Vorgehens, die mich bis ins Innerste schmerzt und beleidigt. ... selbst wenn ich schließlich widerwillig akzeptiert worden wäre, hätte ich mich äußerst unbehaglich gefühlt ... Schlimmer noch – ich hätte nicht besonders stolz sein können auf meine Staatsangehörigkeit, ein Privileg, das ich nur mit knapper Not erworben hätte. Als britische Staatsbürgerin, entschlossen, meinem Land und seinen Freunden und Alliierten nach besten Kräften zu dienen, habe ich nie das Gefühl haben müssen, daß meine Dienste für unbedeutend erachtet wurden. Auch als Einwohnerin der USA sind mir Anerkennung und höchst ermutigender öffentlicher Beifall nicht versagt geblieben. Erst als »Einbürgerungsbewerberin« mußte ich die allmähliche Vernichtung von allem, was ich in mehr als einem Jahrzehnt aufgebaut hatte, mit ansehen ... und jetzt sehe ich mich – ohne eigenes Verschulden – ruiniert in einem Land, das ich liebe und dessen Staatsbürgerin zu werden ich gehofft hatte ...

Ihre sehr ergebene
Erika Mann-Auden

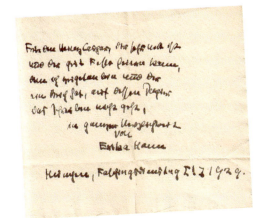

Brief Erika Manns an Heinz Caspar, datiert auf den Faschingsdienstag 1929.

• BRIEFE DER MACHT UND OHNMACHT • 137

Starke Frauen

Ricarda Huch an den Bischof von Münster, **Graf von Galen**

Jena, 4. November 1941

Hochwürden, wenn ich Ihnen fremd, Ihre Aufmerksamkeit für einen Augenblick in Anspruch nehme, so tue ich es, um Ihnen Dank und Verehrung auszusprechen. Erfahren zu müssen, daß unserm Volk das Rechtsgefühl zu fehlen scheint, **war wohl das Bitterste***, was die letzten Jahre uns gebracht haben. Die dadurch verdüsterte Stimmung erhellte sich, als Sie hochverehrter Herr Bischof, dem triumphierenden Unrecht sich entgegenstellen, öffentlich, und für die Verunrechteten eintraten. Das Bewusstsein, den Forderungen des Gewissens genuggetan zu haben, ist mehr wert als Beifall der Menschen; nicht um Sie zu stärken, schreibe ich Ihnen, sondern weil ich annehme, es sei Ihnen erfreulich zu wissen, dass es viele gibt, die sich Ihnen von* **ganzem Herzen** *verbunden fühlen. Ich bitte Sie, mich als die Stimme der vielen zu betrachten, die Ihnen ergeben sind…*

Am 12. Oktober 1944 wurde **Luise Rinser** wegen »Wehrkraftzersetzung« denunziert und verhaftet, die Verhandlung vor dem Volksgerichtshof, die sicher mit dem Todesurteil geendet hätte, wurde durch das Kriegsende verhindert. Exakt ein Jahr nach ihrer Verhaftung erhält sie einen Brief der Frau, **Lisl**, auf deren Veranlassung hin die Verhaftung erfolgt war. Nach Kriegsende wurde Lisls Mann inhaftiert und nun unterstellt sie Luise einen Racheakt. Luise Rinser antwortet darauf:

K., 12. Oktober 1945

Lisl,

Du irrst, wenn DU glaubst, ich sei schuld an Deinem Unglück. Ich habe euch nicht angezeigt.

Kennst Du mich so schlecht, daß Du glauben kannst, ich wollte mich rächen?

Ich habe eure Begeisterung für Krieg und NS bekämpft. Ich habe es getan,

weil ich beides verabscheue, wie ich alles verabscheute, was aus Gewalt und Haß geboren ist.

Wie könnte ich jetzt das selbst tun, was ich an euch bekämpfte?

Das, was ihr mir angetan habt, und das, was ihr beigetragen habt zur großen Schuld an der Menschheit,

das rächt sich nach einem unbarmherzigen Gesetz aus sich selbst.

Mögen andere die Gelegenheit benutzen, um sich zu rächen.

Ich tue es nicht, denn ich glaube nicht daran, dass Blut durch Blut gelöscht werden kann.

Du entschuldigst Dich bei mir. Das ist unnötig und sinnlos.

Unnötig, denn für mich persönlich sind die Leiden des Gefängnisses längst unwesentlich geworden

und weit überwogen von dem geistigen Gewinn aus jener Zeit. Deine Entschuldigung ist sinnlos,

denn sie kommt zu spät und sie kommt aus einer unsauberen Quelle.

Dein Glaube an Hitler ist zusammengebrochen genau in dem Augenblick, in dem der NS zusammenbrach.

Deiner Wandlung liegt nicht die Erkenntnis der Unwahrhaftigkeit, der Bosheit, Dummheit und Unmenschlichkeit jenes Regimes zugrunde,

sondern lediglich die bittere Erfahrung seiner Unhaltbarkeit. Es gehört nicht viel dazu,

nach einem solchen Zusammenbruch zu erkennen, daß da etwas falsch gewesen ist.

»Ich brauche jetzt neue Inspirationsquellen«

BRIEFE DES AUFBRUCHS

»Ich habe entdeckt, dass alles Unglück der Menschen von einem einzigen herkommt: dass sie es nämlich nicht verstehen, in Ruhe in einem Zimmer zu bleiben«, meinte der große Philosoph Blaise Pascal im 17. Jahrhundert. Ginge es danach, müssten die Frauen seiner und noch späterer Zeiten durchweg glücklich gewesen sein; kamen sie doch kaum aus ihrer zumeist engen häuslichen Umgebung heraus. Als im 18. Jahrhundert unter den Frauen des Bürgertums das Lesefieber ausbrach, zählte zu den am häufigsten angeführten Ursachen für diese neue Beschäftigung die »sitzende Lebensweise« der Frauen, wie sich der englische »Guardian« seinerzeit ausdrückte. Noch im 20. Jahrhundert hat die Schriftstellerin Marguerite Duras das zum Haus erweiterte Zimmer als das angestammte Reich der Frau gepriesen: Nur hier, im Betrachten des häuslichen Refugiums und der zu ihm gehörenden Dinge, habe sie das Gefühl, ganz Frau zu sein, bekannte sie in einem Interview. Und hier, verborgen vor den Blicken der Männer, haben viele Frauen in der Tat ihre leidenschaftlichen, freundschaftlichen, fürsorglichen oder engagierten Briefe geschrieben, die nicht selten auch ein Ersatz für fehlende Kontakt- oder Reisemöglichkeiten waren.

Mit dem Aufbruch unserer Gesellschaften in die Moderne gaben zunehmend mehr Frauen ihre »sitzende Lebensweise« auf. Sie machten sich auf in die weite Welt, gingen, teils aus Not, teils aus Abenteuerlust das Wagnis des Aufbruchs ein. Das Wort »Reise«, von althochdeutsch »risan«, meinte ursprünglich »aufstehen, sich erheben«, eine Bedeutung, die sich im englischen »to rise« erhalten hat. Wenn früher auf Segelschiffen der Ruf »Reise, Reise« erscholl, so war es das Signal für die Matrosen sich zu erheben. Und lange Zeit war für den, der auf Fahrt ging, nicht nur der Zeitpunkt der Rückkehr, sondern diese selbst alles andere als gewiss.

Unser Urlaub, diese Schwundstufe des Reisens, wie es das 18. und noch das 19. Jahrhundert als abenteuerliche Entdeckungs- oder ausgiebige Bildungsfahrt kannte, ist ein temporäres Verlassen des Alltags mit Rückkehrgarantie. Dagegen stehen die Spielarten des Aufbruchs ohne die Gewissheit, das Ziel der Sehnsucht zu erreichen, geschweige denn einst zurückzukehren: *Das Schiff fing an zu krachen, da brachen zwei Mastbäume, und die Segel davon und die Seile sind zerrissen und zerfetzt. Das Schiff senkte sich nun ganz tief, und das Wasser kam herein zu der Öffnung, als würde es mit einem Eimer eingeschüttet werden. Diese konnten sie nicht zumachen, sonst wären wir alle erstickt. Vor Angst konnte bald keiner mehr beten,* schrieb die achtundzwanzigjährige Angela Spoo an ihre Verwandten in der Eifel. Mit ihrem Verlobten, dem Schneidergesellen Nikolaus Heck, war sie 1854 aus wirtschaftlichen Gründen nach Amerika ausgewandert. Man sieht hier: Nicht nur Muße und Behaglichkeit, sondern auch extreme Lebenssituationen lehrten die Menschen das Briefeschreiben. An den zum Teil atemlosen Briefen der Emigranten auf der

Flucht vor dem Nationalsozialismus, aber auch an den ergreifenden Briefen aus den Konzentrations- und Vernichtungslagern zeigte sich dieses Phänomen ein weiteres, vielleicht ein letztes Mal.

Eine besondere Form des Aufbruchs war die von Rousseau initiierte Suche nach den eigenen oder den vermeitlich besseren Ursprüngen, wie sie im 19. Jahrhundert Arthur Rimbaud und Paul Gauguin, aber auch eine Isabelle Eberhardt vorgelebt haben. Die Tochter einer russischen Emigrantin trat mit zwanzig Jahren zum Islam über und begann ein Nomadenleben; in Männerkleidung durchstreifte sie die Länder des Maghreb, besuchte nicht nur die heiligen Stätten, sondern auch Bars und Bordelle und lebte mit Beduinen zusammen. Sechsundzwanzigjährig starb sie in der Sahara, als ihre Behausung in einem ausgetrockneten Flussbett nach einem Unwetter von einer Flutwelle weggerissen wurde. Reisen wird hier zu einer Suche nach exotischen Paradiesen, in denen sich noch ein ursprüngliches, glückliches und möglichst von materiellem Wohlstand losgelöstes Leben führen lässt. Bis zum Tourismus, zumindest in seiner Abenteuervariante, ist es von hier aus gar nicht so weit.

Und noch ein anderes Phänomen unserer heutigen Welt hat Wurzeln, die zumindest bis ins 19. Jahrhundert zurückreichen: das Nirgendwo-und-überall-zuhause-sein jener

»Reisenden mit globalen Seelen«, wie Pico Iyer sie nennt, zu denen heute viele weltweit tätige Geschäftsleute und alle internationalen Superstars zählen. Auf diese gern als postmodern etikettierte Lebensführung stoßen wir bereits bei der Spanierin Maria Malibrán, der ersten Diva der Musikwelt und einer Schreiberin äußerst lebendiger Briefe.

Metamorphosen
Maria Sibylla Merian

Maria Sibylla Merian war die Tochter eines Frankfurter Verlegers und Kupferstechers, der starb, als sie drei Jahre alt war. Schon früh interessierte sie sich für die Erscheinungen der Natur in ihrer unmittelbaren Umgebung. So begann sie Raupen in Schachteln zu sammeln und entdeckte, dass sie sich, das Vorhandensein der richtigen Wirtspflanze vorausgesetzt, verpuppen und in »Sommer- und Mottenvögelchen«, wie sie die Falter nannte, verwandeln. In einer Zeit, in der man allgemein annahm, dass Raupen als Teufelsbrut aus Schlamm entstehen, war sie die Erste, die die gesamte Metamorphose der Insekten vom Ei über die Larve oder Raupe bis zur Flug- oder Krabbelform nachwies; ebenfalls als Erste entdeckte sie die Symbiose von Raupe und Wirtspflanze.

Doch damit nicht genug. Ihr Stiefvater, der Blumenmaler Jacob Marrel, der einen florierenden Kunsthandel in Utrecht betrieb, sorgte dafür, dass auch ihr Zeichentalent zielgerichtet ausgebildet wurde. Ihre Blumenbilder ergänzte sie mit den Darstellungen von Käfern und Schmetterlingen. Wann sie erstmals auf die Idee kam, ihre naturkundlichen Forschungen und ihr künstlerisches Talent zu einer Art der Kunst zu verbinden, die Aufschluss über die Vorgänge der Natur gibt, entzieht sich unserer Kenntnis. Während ihr 1675, 1677 und 1680 in drei Teilen erschienenes »Neues Blumenbuch« noch als Musterbuch für malende und stickende Damen der Oberschicht gedacht war, die sie auch persönlich unterrichtete, enthält ihr 1679 und 1683 in zwei Bänden veröffentlichtes Raupenbuch die Ergebnisse ihrer langjährigen Naturbeobachtungen. Jedes Blatt zeigt die Entwicklungsstadien von Insekten in Verbindung mit den Pflanzen, von denen sie sich ernähren. Das nur in kleiner Auflage erschienene Werk trug den schönen Titel: »Der Raupen wunderbare Verwandlung und sonderbare Blumennahrung«.

Bildnis der Naturforscherin und Künstlerin Maria Sibylla Merian, um 1679.

1665, da war sie achtzehn Jahre alt, wurde Maria Sibylla Merian mit dem Nürnberger Maler und Graveur Johann Andreas Graff getraut, auch er ein Schüler ihres Stiefvaters. Graff war seiner Frau in geistigen und künstlerischen Belangen stark unterlegen, worunter auch die Ehe gelitten haben muss. Nach der Geburt ihrer zweiten Tochter Dorothea Maria, die erst ein Jahrzehnt nach der erstgeborenen Johanna Helena zur Welt kam, verließ Anna Sibylla Merian jedenfalls zusammen mit den Töchtern ihren Mann und ging zur Mutter nach Frankfurt zurück, wo auch der zweite Teil ihres Raupenbuches erschien. Dort aber blieb sie lediglich vier Jahre, machte sich dann, wohl in der Absicht,

Merians Leidenschaft galt der Metamorphose von Insekten, wie hier mit Granatapfel, aus »Metamorphosis Insectorum Surinamesium«, 1705.

die endgültige Trennung von ihrem Mann zu erreichen, mit Mutter und Töchtern ins niederländische Friesland auf, wo sie in einer pietistischen Kommune Unterschlupf fand. Die Labadisten dort lebten als Selbstversorger in einer klösterlichen Gütergemeinschaft und praktizierten die Gleichberechtigung von Mann und Frau. Der angereiste Mann, der um seine Ehe kämpfte und sie nach Hause zurückholen wollte, wurde in einer gemeinsamen Aktion von drei Frauengenerationen Merian abgewiesen.

Nach dem Tod der Mutter ging sie, auch jetzt in Begleitung beider Töchter, nach Amsterdam. Von dort aus brach sie im Juni 1699, immerhin schon zweiundfünfzigjährig und genau einhundert Jahre vor Alexander von Humboldt, zusammen mit ihrer dreißig Jahre jüngeren Tochter Dorothea nach Surinam auf, mit dem Ziel, in der niederländischen Kolonie an der Ostküste Südamerikas die Pflanzen- und Insektenwelt zu studieren und zu dokumentieren. Finanziert hatte sie die Expedition durch den Verkauf eines großen Teils ihrer Sammlungen und Bilder. Von Paramaribo aus zog sie mit einem Trupp afrikanischer Sklaven in den Dschungel, erkrankte jedoch nach eineinhalb Jahren an Malaria, sodass Mutter und Tochter ihre Expedition früher als geplant beenden mussten.

Zurück in Amsterdam bereitete sie ihr Buch über die Insekten von Surinam vor. Aus dieser Phase ist ein Brief an den Nürnberger Arzt und Naturforscher Johann Georg Volckamer erhalten, dem sie schrieb, sie bringe jetzt alles, was sie in Surinam entdeckt habe, *in Perfektion aufs Pergament.*

Darum habe ich vordem in dem Land die Würmer und Raupen, wie auch die Arten ihrer Speise und deren Eigenschaften gemalt und beschrieben. Aber alles, das ich nicht vonnöten hatte zu malen, habe ich mitgebracht, wie die Sommervögel und Käfer und alles, was ich in Branntwein einlegen konnte und alles, was ich trocknen konnte, alles das male ich nun... Aber alles auf Pergament in Großfolio, dabei die Tiere lebensgroß, sehr kurios, da viele verwunderliche und rare Sachen dabei sind, die da noch nie ans Licht gekommen sind, und auch so leicht niemand eine solche schwere kostbare Reise tun wird um solcher Sachen willen. Auch ist in diesem Lande eine sehr große Hitze, so dass man keine Arbeit tun kann, es sei denn mit größter Beschwernis, und ich hatte das beinahe mit dem Tod bezahlen müssen, darum ich auch nicht länger dort bleiben konnte. Auch wundern sich dort alle Menschen, dass ich noch mit dem Leben davongekommen bin, da doch die meisten dort an der Hitze sterben, so dass dieses Werk nicht allein rar ist, sondern es auch bleiben wird...

*Zu Ehren dienstbeflissene
Maria Sybilla Merian*

*Bitte alle Freunde so nach mir fragen freundlich zu grüßen
Amsdeldam den 8 October 1702*

Nach vier Jahren Arbeit erschien 1705 im Selbstverlag das Buch »Metamorphosis Insectorum Surinamesium«, (»Metamorphose der Insekten Surinams«), in niederländischer und lateinischer Sprache. Drei von ihr beauftragte Kupferstecher setzten dafür Merians Aquarelle in Druckvorlagen um. Ein Schlaganfall, in dessen Folge die Naturkünstlerin teilweise gelähmt war, vereitelte die bereits geplante Fortsetzung des Metamorphosen-Buches. 1717, im Alter von neunundsechzig Jahren, starb Maria Sibylla Merian in Amsterdam.

Titelblatt des 1705 erschienenen Hauptwerks der Maria Sibylla Merian.

Alexandrine Petronella Francina Tinné, holländische Entdeckerin (1835–1869)
Ich schreibe in diesem Moment von einem der einzigartigsten Orte auf dem Erdball, zu dem man nur über einen ebenso einzigartigen Weg gelangt. Wir stießen drei oder vier Tage auf dem Ghazal vor, wobei der Fluss vor uns stets aussah, als ende er in einem Meer aus Pflanzen. (...) Wieder auf dem Weg vertraue ich darauf, dass wir den Berg Casinka, wo wir bleiben wollen, bis das Wetter besser und die Erde trocken ist, sicher und wohlbehalten erreichen werden ... Kein Europäer ist je dort gewesen.

Der britische Forscher und Abenteurer Samuel Baker (1821–1893) über Alexandrine Petronella Francina Tinné
Da gibt es holländische Damen, die ohne Herren reisen... Sie sind sehr reich und haben den einzigen Dampfer für 1000 Pfund gemietet. Sie müssen verrückt sein! Eine junge Dame allein mit dem Dinkastamm... Sie müssen wirklich irre sein. All diese Eingeborenen sind so nackt wie am Tag ihrer Geburt.

Rataplan
Maria Malibran an den Direktor des Théâtre Italien

Sie war eine Kultfigur des romantischen Zeitalters, die erste Diva der Theatergeschichte. Wie die meisten ihrer Art stammte sie aus einer ausgesprochenen Künstlerfamilie: Der Vater, Manuel del Pópulo Vicente García, war ein gefeierter Tenor und ein von seinen drei Kindern gefürchteter Gesangslehrer, die Mutter Joaquino eine Sopranistin.

Als Maria drei Jahre alt war, übersiedelten ihre Eltern von Paris nach Neapel. Von diesem Zeitpunkt an war sie ständig unterwegs. Der autoritäre Vater stand einer Art Oper-Wanderzirkus vor, dessen Kern die Familie García war. Trotz ihrer spanischen Wurzeln hat Maria Malibran ihre Heimat nie besucht. Sie kam in Frankreich zur Welt, in der Familie wurde Spanisch gesprochen, außerhalb Französisch und Italienisch. Rasch lernte sie später auch Englisch, beherrschte aber keine Sprache perfekt.

Ihr Debüt feierte sie am 11. Juni 1825 am Londoner King's Theatre, als sie kurzfristig in Rossinis »Barbier von Sevilla« die Partie der Rosina für die verhinderte, zehn Jahre ältere Primadonna Giuditta Pasta übernahm, die anfangs auch ihre größte Konkurrentin war. In Anspielung auf ihren Namen und durchaus mit Hintersinn schrieb Maria Malibran der Pasta einmal, sie verehre sie so sehr, dass sie sie am liebsten aufessen würde.

Nach dem Londoner Überraschungsauftritt schiffte sich der García-Clan nach New York ein, um mit italienischen Opern die Neue Welt zu erobern. Der gute Ruf, der der Truppe vorauseilte, entsprach nicht ganz den Tatsachen: Der Vater hatte seinen Zenit bereits überschritten, die Mutter trat nicht mehr auf, Maria war eine gerade einmal siebzehnjährige Debütantin, der Sohn hatte noch niemals auf einer Bühne gestanden, und der Rest der Truppe war entweder alt oder unerfahren. Dennoch war New York der eigentliche Beginn von Maria Malibrans sensationeller Karriere als Sängerin:

Maria Malibran in einem Rollenbild als Desdemona in Rossinis »Otello«, gemalt von François Bouchot um 1830.

Vor einem nicht so verwöhnten und kenntnisreichen Publikum wie dem in Europas Metropolen konnte sie hier leichter jene Erfahrungen sammeln, die sie später in Paris zum umschwärmten Star werden ließen. Anfangs gab sie wieder die Rosina; in Rossinis »Otello« sang sie die Desdemona an der Seite ihres Vaters, der die Titelrolle übernahm und auch schon im »Barbier von Sevilla« als Liebhaber seiner Tochter aufgetreten war. Kein Wunder, dass Gerüchte von einer inzestuösen Beziehung aufkamen. Der tyrannische und eifersüchtige Vater hatte seine Tochter völlig in der Hand, behielt ihre gesamten Gagen ein, terrorisierte sie. So soll er ihr angedroht haben, wenn sie die Rolle der Desdemona nicht innerhalb einer

Woche zu seiner Zufriedenheit beherrsche, würde er sie in der letzten Szene der Oper tatsächlich umbringen. Schon aus nackter Angst vor ihrem Vater verkörperte sie Otellos Geliebte auf absolut überzeugende Weise; als dieser dann aber, wie von Rossini vorgesehen, zum Schluss den Degen zückte, soll sie derart erschrocken sein, dass sie den Vater in die Hand biss und auf diese Weise echtes Blut auf der Bühne floss.

Die einzige Chance, Manuel García zu entkommen, sah Maria darin, zu heiraten und das Theater aufzugeben. Ihre Wahl fiel auf Eugène Malibran, einen amerikanischen Geschäftsmann, halb französischer, halb spanischer Herkunft, der dem Alter nach ihr Vater hätte sein können, anders als dieser aber einen eher sanftmütigen Charakter besaß. Als die Familie García 1826 New York wieder verließ, blieb sie mit ihm in Amerika, gab aber bald auch außerhalb New Yorks schon wieder Konzerte. Nach einem Jahr trennte sie sich von ihrem Gatten und kehrte, neunzehnjährig, nach Europa zurück – nach Paris, wo sie 1830 auf dem Höhepunkt der französischen Romantik anlangte. Anfangs zeugten ihre Briefe an den in New York zurückgebliebenen Ehemann wenn schon nicht von leidenschaftlichen, so doch immerhin echten Gefühlen ihm gegenüber. Schon bald aber wurde deutlich, dass sie auch um den Preis einer dauerhaften Trennung entschlossen war, ihren eigenen Weg zu gehen, und dass dieser Weg ganz nach oben führen sollte. Einen Monat nach ihrer Ankunft in Paris war es ihr gelungen, in bester Gesellschaft aufzutreten und dabei eine ihrer Konkurrentinnen auszustechen:

Malibrans ehemalige Konkurrentin, die Primadonna Giuditta Pasta (1797–1865), als Anne Boleyn, Gemälde von Karl Brullov, 1834.

Ich war der letzte Schrei. Madame Pisaroni hat eine Menge Talent. Aber sie ist hässlich, sehr hässlich und schneidet Gesichter beim Singen. Da ich ganz passabel aussehe und mein Gesicht nicht verziehe, das allein könnte mir schon den Erfolg eingebracht haben, aber keine Sorge, so war es nicht. Später sang ich im Haus der Gräfin Merlin, in Anwesenheit einer glänzenden Gesellschaft, wo mir aller Erfolg zuteil wurde, auf den ich mir Hoffnungen machen durfte. Die Leute sprechen über nichts als meine Technik, meine Stimme, meine Art zu singen, sie behaupten, ich sei ein würdiger Nachfolger von Madame Pasta, und sie sagen weiterhin, ich hätte ihr viel voraus. Du wirst denken: Da haben wir's, anfällig für Schmeicheleien, lässt sie sich durch Lobhudelei verführen. Nur ruhig, mein Freund. Die so geredet haben, das sind Damen, ohne dass ich damit sagen möchte, dass keine Gentlemen darunter waren. Aber wenn Rossini, Madame Rossini, die nie zuvor in ihrem Leben jemandem ein Kompliment gemacht hat, mit offenen Armen auf mich zugeht, mich vor einer großen Schar von Leuten umarmt und mir tausend Komplimente macht …, dann ist das ein Grund für mich, zu glauben, dass etwas daran sein muss.

• BRIEFE DES AUFBRUCHS • 147

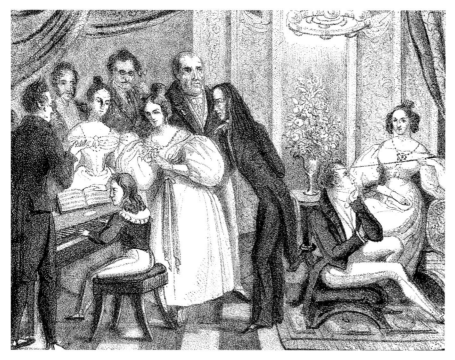

Die berühmte Sängerin (singend am Klavier) hatte 1830 im Pariser Salon viele Verehrer: Heinrich Heine, Johann Peter Pixis, François Joseph Fetis, Niccolò Paganini und Vincenzo Bellini.

Neben ihrer ausgefeilten Gesangstechnik und einer herausragenden, über fast drei Oktaven reichenden Stimme, lag ein weiteres Erfolgsgeheimnis der Malibran in ihrer schauspielerischen Exzentrik, einer überdrehten Virtuosität um ihrer selbst willen, die wir heute als hemmungsloses Überagieren empfinden würden. Sie entbehrte jeder Selbstkontrolle und interpretierte ihre Rollen bei jeder Aufführung anders. Alfred de Musset, einer ihrer glühendsten Verehrer, zu denen auch Stendhal, George Sand, Alexandre Dumas und viele andere zählten, schrieb über einen ihrer Auftritte: »Ihr Gang war hastig, überstürzt, sie rannte, sie lachte, sie schrie, sie schlug sich an die Stirn, raufte sich die Haare ... aber in ihrem Chaos war sie echt. Diese Tränen, dieses Gelächter, das zerraufte Haar gehörten zu ihr, und wenn sie sich in ›Otello‹ auf den Boden warf, so nicht, um etwa eine andere Schauspielerin zu imitieren.« Eines ihrer berühmtesten Lieder war das von ihr selbst komponierte »Rataplan«, im Deutschen etwa »Patatam« – das durch das gerollte »rrrrr« des Trommelwirbels, den schwungvollen Refrain, die Wellenbewegungen in den Strophen und das Tempo, in dem es gesungen werden muss, eine halsbrecherische Herausforderung für jede Sängerin darstellt.

Exzentrik war das Markenzeichen der Malibran aber nicht nur auf der Bühne, sondern auch im Leben. Sie liebte die Geschwindigkeit, war darin eine Avantgardistin des modernen, flexiblen, schnellen Lebens: Um private Angelegenheiten zu regeln, reiste sie mal eben von Mailand nach Brüssel. Und weil ihr die Reise zu lange dauerte, setzte sie sich kurzerhand selbst auf den Kutschbock und peitschte auf die Pferde ein. Bei solchen Gelegenheiten trug sie, schon der Bequemlichkeit halber, am liebsten Männerkleidung. Auf dem Weg von Lucca nach Mailand, wo die Herbstsaison bevorstand, hätte sie ein Cholera-Gebiet passieren müssen. Kurzerhand setzte sie ihre Reise zu Fuß fort – auf einem Eselspfad über den Cisa-Pass in den Apenninen. Fünfundzwanzig Männer, acht Ochsen und sechs Esel transportieren ihr nicht gerade kleines Reisegepäck, ihr männlicher Begleiter wurde in einer Art Sänfte getragen, sie selbst zog singend voran. Ihre Schwester sollte später über sie sagen: »Sie war ständig unterwegs. Sie war verrückt, konnte keine Minute still halten, war nicht imstande, sich einem Buch oder einer Stickerei zu widmen.«

Als Maria Malibran den Violinisten Charles Auguste de Bériot zu ihrem Liebhaber machte, begannen jedoch die Schwierigkeiten: Wiederholt wurde sie schwanger und hatte Fehlgeburten, die wohl auch dem Umstand geschuldet waren, dass sie ein Kind als Bedrohung ihrer Karriere betrachtete. Das geht etwa aus einem Brief an einen unbekannten Freund hervor, geschrieben, nachdem sie einen äußerst lukrativen Vertrag über vierzig Vorstellungen in Mailand abgeschlossen hatte: *Nur eins beunruhigt mich, nämlich nicht zu wissen, ob ich Zeit haben werde, diesem Engagement in Mailand nachzukommen ... Psst, das muss unter uns bleiben – ich hoffe, mich auf dersel-*

Der französische Schriftsteller Alfred de Musset (1810–1857) war leidenschaftlich von Maria Malibrans Schauspiel- und Gesangstalent angetan.

ben Weise aus der Patsche zu ziehen wie beim letzten Mal. Zum jetzigen Zeitpunkt werde ich nichts darüber verlauten lassen, für den Fall, dass ich mich verwandeln kann ... schätzungsweise in die Form eines Hexenbesens ...

Die Schwangerschaften wirkten sich aber auch verheerend auf ihre Gesundheit und ihr seelisches Wohlbefinden aus, das sowieso starken Schwankungen unterworfen war. Immer häufiger musste sie Vorstellungen absagen, was das Publikum ihr zunehmend als Launenhaftigkeit auslegte. Der folgende Brief, den sie 1831 an den Direktor des Pariser Théâtre Italien schrieb, deutet bereits an, was sie dazu veranlasste, im Jahr darauf Hals über Kopf aus Paris abzureisen:

Mein lieber Robert,
das erste Mal in meinem Leben hat sich das Publikum, das im Allgemeinen so liebenswürdig und nachsichtig mit mir ist, als kalt, eisig und übelwollend erwiesen. Was habe ich nur getan, um ihm zu missfallen? Kann es sein, dass das Publikum einen Groll gegen mich hegt, weil eine andere Oper als angekündigt gegeben wurde? Ich fühlte mich unwohl, war krank, war kaum in der Lage, die schmale Rolle der Zerlina zu singen ... Vor allem, um dich nicht zu zwingen, zur Enttäuschung des Publikums die Vorstellung ausfallen zu lassen, willigte ich ein, eine Rolle zu übernehmen, die mich noch kränker gemacht hat, als ich ohnehin schon war, und mit der ich darüber hinaus offenbar die Missgunst des Publikums auf mich gezogen habe, weil jedem klar war, das Publikum würde die Spielplanveränderung einer Laune

meinerseits anlasten. Es tut mir leid, mein Robert, Dich mit solchen Unannehmlichkeiten behelligen zu müssen, die mir heute Abend widerfahren sind. Aber ich bin tief verletzt, weil Du das Publikum nicht über die wirklichen Umstände in Kenntnis gesetzt hast. Wenn ich mich glücklich schätzen kann, einigen Erfolg zu haben, ist das meinem Gefühl nach reichliche Belohnung für all die Anstrengungen, die ich zum Nachteil meiner Gesundheit auf mich nehme. Wenn ich jedoch, obwohl ich mich umgebracht habe, um allen zu Gefallen zu sein, eine kalte Aufnahme erfahre, die ich gewiss nicht verdient habe, überfällt mich Mutlosigkeit und ich fühle mich nicht stark genug, das Wagnis einzugehen, noch einmal auf der Bühne zu erscheinen, bevor ich nicht alle meine Kräfte wiedergewonnen habe. Ich schwöre dir, dass ich nicht einen Augenblick zögern würde, mein Engagement aufzukündigen und das Theater zu verlassen, wäre ich dazu imstande, ohne deine Interessen zu verletzen. Kurz und gut, meine Bitte ist, dass Du mich sofort in den Augen des Publikums rehabilitierst, entweder durch die Presse oder auf anderem Wege, und zwar vor Samstag Nacht – denn, um die Wahrheit zu sagen, ich zittere bei dem Gedanken, wieder aufzutreten.

In den sechs Jahren, die sie nach der Flucht aus Paris noch zu leben hatte, feierte Maria Malibran spektakuläre Erfolge in Italien und England und wurde zur bestverdienenden Sängerin Europas. Zunehmend aber bezahlte sie die Ovationen, Blumensträuße, kreischenden Fans und Apotheosen mit körperlicher und seelischer Erschöpfung bis hin zur Depression. Zuweilen fühlte sie sich wie ein Sklave, dem die Leute Geld geben, damit er sie unterhält. Ihr früher Tod, am 23. September 1836 in Manchester, hat denn auch reichlich Anlass zu Spekulationen gegeben. »Ein Ende, wie man es sich melancholischer nicht vorstellen kann«, notierte Victoria, die spätere englische Königin und eine ihrer zahlreichen Bewunderer, in ihr Tagebuch. »In ein Gasthaus in einem fremden Land zu kommen, ohne jemanden zu haben, der einen pflegt, und dort zu sterben. Was für ein trauriges und tragisches Ende einer glänzenden Karriere.« Maria Malibran war wieder schwanger geworden und hatte nach einem Sturz vom Pferd im Londoner Regent's Park jede ärztliche Behandlung abgelehnt, wohl auch deshalb, weil dann ihr Zustand ruchbar geworden wäre. So trat sie weiter auf, von der Furcht getrieben, ansonsten ihr Publikum gegen sich aufzubringen. Zwei Monate vor ihrem Tod, den Kalender voller Auftritte, schrieb sie an einen Freund: *Noch singe ich ..., aber meine Stimme verlässt mich. Mit mir ist es aus.* Sie war gerade achtundzwanzig Jahre alt.

Auf der Bühne des Pariser Théâtre Italien eroberte die Sängerin ihr Publikum, verlor dessen Bestätigung und Wohlwollen aber nach einem missglückten Auftritt 1831.
Rechts: 1834 gab Maria Malibrán in der Mailänder Scala die Desdemona und feierte wieder einen Triumph.

Ich bin nicht ich
Gertrude Bell an Horace Marshall

Sie war ständig »von Männern umgeben«, wie Janet Wallach, ihre Biografin schrieb, und bewegte sich auch ihr ganzes Leben lang in Kreisen, die zu ihrer Zeit Männern vorbehalten waren; unterwegs in Arabien galt sie als »Mann ehrenhalber«. Dennoch war Gertrude Bell, die ein wenig steife Viktorianerin mit rotem Haar und grünen Augen, keine Frau für Männer, dafür sorgte schon ihr Bedürfnis nach Unabhängigkeit. Als sie sich zum ersten Mal sterblich verliebte, war die Tochter einer britischen Industriellenfamilie, die als erste Frau überhaupt in Oxford ein Prädikatsexamen in Geschichte abgelegt hatte, bereits in Persien, dem Land ihrer Träume angelangt. Drei Ballsaisons lang hatte sie sich zuvor auf dem heimischen Heiratsmarkt präsentiert, ohne einem Mann zu begegnen, den sie für ebenbürtig und somit für heiratenswert gehalten hätte. Gertrude Bell hatte ein Problem, mit dem sich heute zunehmend mehr Frauen konfrontiert sehen: Sie sind den für eine Beziehung in Frage kommenden Männern an Bildung und Weltläufigkeit, häufig auch an Risikofreudigkeit überlegen; das Resultat sind Langeweile und Desinteresse auf ihrer, Minderwertigkeitsgefühle und beinahe instinktive Fluchtbewegungen auf seiner Seite.

Kaum eine Woche in Teheran, lernte Gertrude Bell den zehn Jahre älteren Diplomaten Henry Cardogan kennen; er war charmant, intelligent und belesen, und sie hatten gemeinsame Interessen. Er ritt mit ihr in die Wüste, begleitete sie auf den Landsitz des Schahs, las ihr Verse der persischen Dichter vor und brachte ihr bei, wie man mit Falken jagt. Der Brief, den die sechsundzwanzigjährige Gertrude Bell an ihren Cousin Horace

Von Oxford in den Orient: Die britische Forschungsreisende und Schriftstellerin Gertrude Bell.

Marshall, den liebsten Spielkameraden aus Kindertagen, schrieb, spiegelt, ohne den Namen ihres Begleiters ein einziges Mal zu nennen oder auch nur seine Existenz zu erwähnen, die unbeschwerte und verheißungsvolle Atmosphäre dieser Tage wider; er kündet aber auch von ihrer lebenslangen Faszination für den Nahen Osten. Einige Passagen aus dem hier gekürzt wiedergegebenen Brief hat Gertrude Bell in ihre zwei Jahre später erschienene Reisebeschreibung »Persian Pictures« übernommen.

Gulahek, am 18. Juni 1892

Lieber Vetter, ich frage mich, ob wir noch dieselben Menschen sind, wenn alles rings um uns sich wandelt: Umgebung, Beziehungen, Bekanntschaften. Hier wird das Wesen, das ich mein Ich nenne, und das sich nach Frauenart wie ein leeres Gefäß füllen lässt, mit einem Weine gefüllt, von dem ich in England nie etwas vernommen habe. Nun ist für den Durstigen der Wein wichtiger als der Krug; und daraus schließe ich, lieber Vetter, dass die Frau, die Dir heute aus Persien schreibt, nicht mehr die gleiche ist, die in der Mansfield Street mit Dir getanzt hat ... Wie immer dem sei: ich erinnere mich Deiner als eines lieben Mitgeschöpfes aus einem früheren Dasein; ich möchte Dich gern in mein jetziges Dasein hinüberziehen und bereite darum mit Tinte die Pfade, auf denen Deine Seele zu mir gelangen kann ... Und also schreibe ich Dir, unter Vorbehalt, aus Persien: Ich bin nicht ich; das ist meine einzige Entschuldigung ... Also: Hierzulande tragen die Männer wallende Gewänder in Grün und

1917 besuchten arabische Herrscher den britischen Residenten in Basra. Auf dem Gruppenfoto steht Gertrude Bell in der zweiten Reihe neben Sir Percy Cox, dem Vertreter Großbritanniens in Arabien. Unten: Getrude Bell schrieb auf ihren Expeditionen viele Briefe an die Familie.

Weiß und Braun, und die Frauen lüften den Schleier wie die Madonnen Raffaels, um Dich anzublicken, wenn Du vorübergehst; überall, wo es Wasser gibt, wuchert ein üppiger Pflanzenwuchs auf, und wo es keinen gibt, ist nichts als Stein und Wüste. Oh, diese Wüste rings um Teheran! – Meilen auf Meilen, wo nichts, nichts wächst; eingeschlossen von fahlen kahlen Bergen, die schneegekrönt und vom Lauf der Sturzbäche tief gefurcht sind. Ich habe nicht gewusst, was eine Wüste ist, bis ich hierher kam. Es ist etwas ganz Wunderbares! Plötzlich, aus dem Nichts, aus einem bisschen kalten Wasser bricht ein Garten hervor. Und was für ein Garten! – Bäume, Brunnen, Teiche, Rosen und mittendrin ein Haus, eines von den Häusern wie in unseren Kindermärchen! Besetzt mit winzigen Stücken Spiegelglases in zauberhaften Mustern, mit blauen Ziegeln gedeckt, mit Teppichen ausgelegt, mit Hall und Widerhall erfüllt vom Plätschern fließenden Wassers und dem Rieseln der Brunnen. Hier wohnt der verzauberte Prinz – feierlich, würdevoll, in lange Gewänder gekleidet. Er schreitet Dir entgegen, Dich zu begrüßen, wenn Du eintrittst, sein Haus ist Deines, sein Garten ist Deiner, sein Tee und seine Früchte – alles ist Dein ... Euer Sklave hofft, dass durch Gottes Gnaden die Gesundheit Eurer Gnaden vortrefflich sei? Jawohl, sie ist es, dank Seiner großen Güte. Wünschen Eure Herrlichkeit sich zu diesem Kissen zu verfügen? Eure Herrlichkeit lässt sich nieder und verbringt zehn Minuten damit, mit ihrem Gastgeber blumige Komplimente auszutauschen, die ein Dolmetscher übersetzt, indessen Eis und Kaffee gereicht werden. Danach reitest Du heim, erfrischt, entzückt, nachdem reicher Segen auf Dein beglücktes Haupt herabgefleht worden ist ... Ach, wir im Westen kennen weder Gastfreundschaft noch wissen wir, was gute Manieren sind ...

Ich lerne Persisch; nicht mit Nachdruck, aber man betreibt hier gar nichts mit Nachdruck ...

Doch aus der gemeinsamen Zukunft, für die Gertrude Bell und Henry Cardogan alsbald Pläne schmiedeten, sollte nichts werden. Der Vater verweigerte seine Zustimmung. Cardogan stammte zwar aus einer britischen Adelsfamilie, konnte aber mit keinem Erbe rechnen und vor allem, er war ein erheblich verschuldeter Spieler. Gertrude fügte sich zwar der patriarchalischen Entscheidung, doch hoffte sie wohl insgeheim, ihren Vater letztlich umstimmen zu können. Trotz der schrecklichen Trennung würde sie immer wieder so handeln, schrieb sie nach Hause: *Manche Menschen leben ihr ganzes Leben und dürfen nie so etwas Wunderbares erfahren. Ich habe es wenigstens erlebt und die Möglichkeiten kennengelernt, die das Leben bietet – nur weint man natürlich ein wenig, wenn man sich wieder abwenden und das alte beengte Leben wieder aufnehmen muss.* Acht

152 • BRIEFE DES AUFBRUCHS •

Auf dem Ölgemälde mit der Beduinen-Karawane hielt François Barry 1863 den Zauber des Morgenlandes fest.

Monate später erhielt sie ein Telegramm aus Teheran, das ihr den Tod des Geliebten mitteilte: Er war beim Angeln in das eisige Wasser eines Flusses gestürzt und hatte die anschließende Lungenentzündung nicht überlebt.

Den Verlust der Liebe kompensierte Gertrude Bell mit ungeheurem Aktivismus. In den folgenden Jahren bereiste sie den gesamten Globus. Sie durchquerte Gebiete, die vor ihr noch keine europäische Frau betreten hatte und für die noch keine Landkarten existierten. Sie lernte Arabisch, Persisch und Türkisch, was ihr bei ihren zahlreichen Reisen durch den Nahen und Mittleren Osten und ihren späteren Missionen für das British Empire sehr von Nutzen war. Gemeinsam mit zwei Bergführern bestieg sie neun Gipfel im Berner Oberland und bezwang als Erste die Ostwand des Finsteraarhorns. In Mesopotamien vermaß sie alte Wüstenburgen und begann sich erfolgreich als Archäologin zu betätigen. Sie wurde zur gefragtesten Orient-Expertin ihrer Zeit und verfasste im Auftrag des britischen Ober- und Unterhauses ein Weißbuch über die Entwicklung von Mesopotamien. Sie befreundete sich mit Lawrence von Arabien und half ihm, einen Aufstand der Araber gegen die Türken anzuzetteln. Sie wirkte bei der Inthronisation König Feisals I. von Irak mit. Noch zweimal verliebte sie sich: 1913 in den Diplomaten Charles Doughty-Wylie, der für sie seine Ehe jedoch nicht aufgab und ebenso wie Cardogan wenig später umkam, sowie in den 1920er Jahren in Kinahan Cornwallis, den siebzehn Jahre jüngeren Berater Faisals, der trotz Scheidung nicht ihr Mann werden wollte. Als Vita Sackville-West sie wenige Monate vor ihrem Selbstmord 1926 in Bagdad besuchte, fiel ihr Gertrude Bells »unbezähmbare Vitalität und ihre besondere Begabung« auf, »andere wachzurütteln und ihnen das Gefühl zu vermitteln, dass das Leben lebenswert und aufregend sei«. Doch musste sie auch feststellen, wie krank und zerbrechlich jene Frau mittlerweile wirkte, die man einst »Tochter der Wüste« und »die ungekrönte Königin des Irak« genannt hatte.

Auf der Suche nach Indien
Amrita Sher-Gil an ihren Vater

Oben: Doppel-Porträt der Malerin. Aufgenommen in Indien im Jahr 1929.
Rechts: Vater – Tochter, fotografiert von Umrao Singh Sher-Gil.

Häufig war in den letzten Jahren vom »Clash of Civilizations«, einem Zusammenprall und Kampf der Kulturen, die Rede. Dahinter steckt der Gedanke, dass ein Mensch nur jeweils einer Kultur angehören könne, der westlichen, der muslimischen, der russischen oder welcher auch immer. Wahrscheinlich ist es kein Zufall, dass gerade ein indischer Denker, der Nobelpreisträger Amartya Sen, dieser Vorstellung leidenschaftlich widersprochen hat. Indien ist nicht nur ein Vielvölkerstaat, bedingt durch seine Kolonialgeschichte war es lange Zeit auch ein Schauplatz des blutigen Aufeinanderprallens zweier Kulturen: der westlichen, in Gestalt der britischen Kolonialmacht, und der jahrtausendealten indischen Tradition. In seinem berühmten Indienroman »A Passage to India« hat der englische Schriftsteller E. M. Forster die Kluft zwischen den beiden Kulturen und Mentalitäten in den 1920er Jahren als nahezu unüberwindlich dargestellt.

Amartya Sens Argument gegen den Clash ist im Kern sehr einfach, in seinen Konsequenzen aber weitreichend und komplex. Für ihn geht der Riss zwischen den Kulturen durch jeden einzelnen Menschen. Das mag bei dem einen mehr, bei dem anderen weniger der Fall sein. Niemals lässt sich unsere Identität jedoch auf ein einziges Merkmal reduzieren, etwa Ungarin oder Muslimin zu sein. Jede und jeder von uns ist, wie Sen es formuliert hat, »auf vielfältige Weise anders«.

Eine Person kann etwa völlig widerspruchsfrei Tochter eines indischen Aristokraten und einer ungarischen Opernsängerin, ungarische Muttersprachlerin, indische Bürgerin, Jüdin, Künstlerin, Pariser Bohèmienne, assoziiertes Mitglied der Société Nationale, Kosmopolitin, Sozialistin, Traditionalistin, Frau, Heterosexuelle mit homosexuellen Neigungen, Verfechterin der sexuellen Selbstbestimmung der Frau, eine hinreißende Schönheit und der festen Überzeugung sein, dass alle Kunst, einschließlich der religiösen Kunst, um der Sinnlichkeit willen geschaffen wurde – genau das alles nämlich und wahrscheinlich noch viel mehr war die Malerin Amrita Sher-Gil.

1921, sie war gerade einmal acht Jahre alt, übersiedelte die Familie Sher-Gil von Ungarn nach Simla in Indien, der Sommer-Hauptstadt der britischen Kolonialverwaltung. Die kunstsinnigen Eltern förderten die musikalischen, die schauspielerischen und auch die zeichnerischen Talente ihrer Tochter. Im Alter von sechzehn Jahren ging sie mit ihrer Mutter nach Paris und ab-

solvierte eine Ausbildung zur Malerin, anfangs an der Académie de la Grande Chaumière in Montparnasse, einer damals wie heute offenen Kunstschule, später an der École des Beaux Arts. Mit ihrem ersten großes Bild, »Junge Mädchen«, das eine halbbekleidete, vollbusige junge Frau im Profil, mit einem Kamm in der Hand, und im Hintergrund eine gerade zu Besuch gekommene Freundin zeigt, fand sie als jüngste und als einzige asiatische Künstlerin 1933 Aufnahme in den Grand Salon.

Im Jahr darauf ergriff sie ein intensives Verlangen, nach Indien zurückzukehren, sie spürte, dass dort ihre Zukunft als Malerin liegen würde. »Europa gehört Picasso, Matisse, Braque und vielen anderen«, schrieb sie später, »Indien gehört nur mir.« Ihre Eltern hätten ihre Zukunft lieber in Europa gesehen, nicht zuletzt weil sie fürchteten, der Nonkonformismus ihrer Tochter könnte dem Ruf der Familie in Indien schaden. In dieser Situation schrieb die Einundzwanzigjährige einen Brief an ihren Vater, in dem sie ihre Wahl begründete.

September 1934
Lieber Duci,
ich muss gestehen, der Grund für Deinen Wunsch, dass wir in Europa bleiben, hat mich ein wenig verletzt. Es hat mich traurig gemacht festzustellen, dass Euch die Wahrung Eures guten Namens wichtiger ist als Eure Zuneigung zu uns ... Mein Grund zurückzukehren liegt vorwiegend im Interesse meiner künstlerischen Entwicklung. Ich brauche jetzt neue Inspirationsquellen, und da merkst Du, Duci, wie falsch Du liegst, wenn Du von unserem mangelnden Interesse an Indien sprichst, an seiner Kultur, seinen Menschen, seiner Literatur. Sie interessieren mich über die Maßen, und ich möchte damit vertraut werden, und ich glaube, das werde ich in Indien finden. Unser langer Aufenthalt in Europa hat mir erst geholfen, Indien richtig zu entdecken. Die moderne Kunst hat mich gelehrt, die indische Malerei und Skulptur zu verstehen und zu würdigen. Das mag paradox klingen, aber ich bin überzeugt, wären wir nicht nach Europa gekommen, wäre mir vielleicht nie bewusst geworden, dass ein Fresko in Ajanta oder eine kleine Skulptur im Musée Guimet mehr wert ist als die ganze Renaissance.

Zumal der letzte Satz mag übertrieben klingen. Kein Kenner Michelangelos oder Leonardos würde deren Werk, geschweige denn die ganze Renaissance für eine Terrakotta, und sei sie noch so ausdrucksstark, aus dem ursprünglich von dem Industriellen Émile Guimet gegründeten Museum asiatischer Künste in Paris hergeben wollen. Amrita Sher-Gil gibt sich in diesem Brief als eine Vertreterin der Kunst ihrer Zeit zu erkennen, die »neue Inspirationsquellen« in »primitiven« Formen außerhalb des traditionellen Bereichs der westlichen Kunst suchte. Für Paul Gauguin, dessen Werk Amrita zu einem Selbstporträt mit nacktem Oberkörper als Tahiterin angeregt hat, war die Inspirationsquelle die Südsee, die er sich als unberührtes Paradies erdachte; mit ihrer rauen Realität konfrontiert, erschuf er sich dann

• BRIEFE DES AUFBRUCHS • 155

die Traumwelt auf der Leinwand. Für Picasso und seine Freunde war es die afrikanische Plastik, die sie allerdings nicht in Afrika, sondern in einem Pariser Museum, dem heutigen Musée de l'Homme, entdeckten.

Bei Amrita Sher-Gil, die wesentliche Teile ihrer Kindheit im Land ihres Vaters verbracht hatte, lag es nahe, dass sie, um ihre Malerei unverwechselbar zu machen, Indien nicht nur mit der Seele suchte, sondern sich das Land und seine Menschen und Traditionen mit allen ihren Sinnen aneignete. Aus ihrem Brief geht hervor, dass der Aufbruch nach Indien keine Rückkehr zu den Wurzeln und eine Ablehnung der Gegenwart und ihrer Geschichte meint; erst die moderne Kunst habe sie gelehrt, die traditionelle indische Malerei und Skulptur zu verstehen. Es geht hier also um eine Erweiterung des Horizonts und einen Zugewinn an Vielseitigkeit unter Beibehaltung des modernen Blicks auf die Welt. Das lässt sich auch an den Bildern erkennen, die Amrita Sher-Gil in den wenigen Jahren malte, die ihr nach ihrem Aufbruch nach Indien bis zu ihrem frühen Tod mit achtundzwanzig Jahren blieben: Sie stellte das Leben der einfachen Inder, insbesondere der Frauen, dar und griff dabei auf Elemente traditioneller indischer Kunst zurück; der abstrakte Bildaufbau und die Weigerung, eine Geschichte zu erzählen, waren aber unverkennbar modern. Ja, man kann sagen, dass erst ihr Aufbruch nach Indien sie zu einer eigenständigen Künstlerin werden ließ, die sich von den Kunstströmungen ihrer Zeit absetzte und Bilder schuf, die kein anderer so hätte malen können. Ihr Anliegen war es nicht, die eine gegen die andere Kultur auszuspielen oder beide zu einem Einheitsbrei zu verrühren: sie nutzte als Künstlerin und auch als Frau die Spannung zwischen den konkurrierenden Zugehörigkeiten, um auf »vielfältige Weise anders« sein zu können.

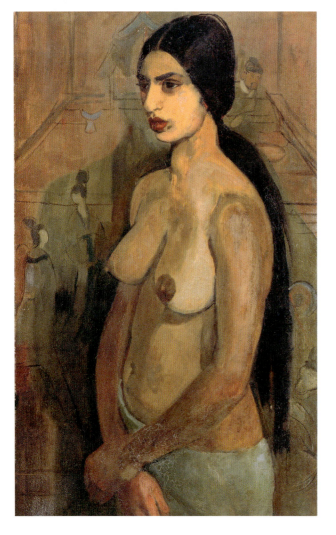

1934, inspiriert durch Paul Gauguin, porträtierte sich Amrita selbst als Tahiterin.

Amritas Gemälde »Gruppe mit drei Mädchen« aus dem Jahr 1935 befindet sich heute in der National Gallery of Modern Art in Neu Delhi.

Weite Welten

Anna von Helmholtz an ihre **Tochter Ellen**

Cairo, den 9. März 1898

Heute hatten wir ein anderes Fest. Es hatten sich einige Haremsdamen, Töchter von Mustapha Femy Pascha zum Thee angesagt –

alle Männer, sogar Achmed mußten verschwinden und wir genossen die Unterhaltung der Damen etwa eine halbe Stunde.

Am Schlusse legten sie wieder den Schleier an, zogen die schwarzseidenen Hüllen über den Kopf und gingen ab. Eine tolle Sache. Um acht Uhr war Diner »á l'arabe« bei Baron Oppenheim – stricte »á l'arabe«, das heißt ohne Messer und Gabel. Man aß mit den Händen, fuhr in eine Tüte mit den Fingern und riß sich die Stücke ab und fraß!

salva venia.

An drei Tischen mit circa vierundzwanzig Essgenossen, bedient von sechs Arabern, gab es wenigstens zwanzig Gänge, flüssige und feste. Das einzig Genießbare für mich waren die süßen Sachen. Hammelfetzen und schwimmende Gemüse oder Ragoûts mit den Fingern zu essen, war mir nicht gegeben. (...)

Deine treue Mama

Käthe Kollwitz an ihre **Schwester Lisbeth**

Florenz, Mai 1907
(...)

Lores Freundin (...) und ich – wir wollen über S. Gimignano und Volterra
ein bißchen in die Maremmengegend gehn,
aber sehr mit Vorsicht wegen dem Fieber (noch ist nicht die schlimme Zeit).
Dann waagerecht durch am Lago Trasimeno vorbei nach Perugia und Assisi.
(Vielleicht dann noch nördlich nach dem vom Hesse gepriesenen Gubbio.)
Dann südlich nach Orvieto herunter. Siena auf der Rückseite.
Auf dieses Wandern freue ich mich unglaublich.
Wie ich aussehen werde, wenn ich dann nach Rom kommen werde,

darauf bin ich selbst neugierig.

Jetzt schon sehe ich aus, wie sonst im Sommer,
wie aber werde ich erst im Juli aussehen?
– Jetzt blühen die Rosen – aber einfach in Masse.
Auf der Straße werden einem für so gut wie nichts Rosen angeboten.
Wenn man dann nichts haben will, sagt der Verkäufer,

man soll wenigstens daran riechen,
und geht immer neben einem her,
den Strauß einem an die Nase haltend.

Schließlich muß man lachen und er auch, und dann kauft man sie.

Nachweis

Von den vorhandenen Sammlungen von Frauenbriefen haben mir besonders geholfen: Olga Kenyon, »800 Years of Women's Letters«, Winchester: Faber and Faber 1992; Karl Lerbs, »England schreibt«, Hamburg 1937; Claudia Schmölders, »Briefe von Liselotte von der Pfalz bis Rosa Luxemburg«, Frankfurt am Main 1988.

Nicht wenige Briefe wurden von mir selbst aus der Originalsprache übersetzt; vorhandene Übertragungen habe ich, wo es mir nötig und angemessen erschien, modifiziert.

Eine ins Deutsche übersetzte Auswahl der Briefe von Elizabeth Barrett und Robert Browning ist 1920 im S. Fischer Verlag, Berlin, erschienen. Die maßgebliche Biografie von Elizabeth Barrett Browning hat Margret Foster geschrieben (New York 1989). – Die beiden Briefe von Madame de Sévigné sind nach der Ausgabe des Insel Verlags zitiert (hg. und übers. von Theodora von der Mühl, 1966). – Die Briefe der Julie de Lespinasse hat Johannes Willms ins Deutsche übersetzt und in der Bibliothek des 18. Jahrhunderts des Verlags C.H. Beck kundig kommentiert (»Briefe einer Leidenschaft. 1773–1776«, München 1997). – Über Caroline Schlegel-Schelling hat jüngst Brigitte Roßbeck ein aufschlussreiches Buch geschrieben: »Zum Trotz glücklich«, München 2008. – Die Liebesaffäre von George Sand und Alfred de Musset behandelt sehr ausführlich, auch mit Bezug auf Henry James, Dan Hofstadter in seinem grandiosen Buch »Die Liebesaffäre als Kunstwerk«, Berlin 1996. – Den Briefen der Božena Němcová ist ein Band der Tschechischen Bibliothek gewidmet: »Mich zwingt nichts als die Liebe«, München 2006. – Katherine Mansfields Briefe sind nach der Ausgabe im Insel Verlag (1992) zitiert. – Über die Geschichte der Beziehung von Virginia Woolf und Vita Sackville-West hat Susanne Amrain ein wunderbares Buch geschrieben: »So geheim und vertraut«, Frankfurt am Main 1994; Vitas Briefe an Virginia Woolf sind in deutscher Übersetzung im S. Fischer Verlag erschienen: »Geliebtes Wesen ...«, 1995.

Die Briefe der Liselotte von der Pfalz liegen in einer Auswahl im Insel Verlag vor (hg. von Helmuth Kiesel, 1981). – Über das Leben der Lady Mary Montagu informiert kenntnisreich Günter Gentsch in seiner Biografie »Roulette des Lebens«, Königstein/Taunus 2007; »The Complete Letters of Lady Mary Wortley Montagu« hat Robert Halsband 1965 in der Oxford University Press herausgegeben. Die »Briefe aus dem Orient« liegen in deutscher Übersetzung in mehreren Ausgaben vor. – »Jane Austen's Collected Letters« sind, herausgegeben von R. W. Chapman, in einer zweibändigen Ausgabe der Oxford University Press erschienen. – Der Briefwechsel von Gustave Flaubert und George Sand ist in deutscher Übersetzung in einer Ausgabe des Verlags C.H. Beck, München, greifbar. – Die »Briefe einer Freundschaft« von Ingeborg Bachmann und Hans Werner Henze sind 2004 im Piper Verlag, München, erschienen.

Die erste vollständige Ausgabe des »geheimen Briefwechsels« von Maria Theresia und Marie Antoinette erschien 1952 in Wien. – Unter dem Titel »Die Schopenhauers« hat Ludger Lütkehaus den Familien-Briefwechsel von Adele, Arthur, Heinrich Floris und Johanna Schopenhauer herausgegeben (Zürich 1991). – Eine deutsche Übersetzung von Sylvia Plaths Briefen nach Hause ist 1979 im Carl Hanser Verlag erschienen.

Der Briefwechsel von Katharina der Großen mit Voltaire liegt auf Deutsch in der Manesse Bibliothek der Weltgeschichte vor (1991). – Die beste Biografie Madame de Staëls stammt von Jean Christopher Herold. Unter dem Titel »Kein Herz, das mehr geliebt hat«, ist auf Deutsch eine Biografie Madame de Staëls in Briefen erschienen (S. Fischer, 1971). – Der zitierte Brief Königin Luises an ihren Mann findet sich etwa in: Paul Bailleu, »Königin Luise. Ein Lebensbild«, Berlin/Leipzig 1908. – Der Brief von Queen Victoria ist dem von K. Tetzeli von Rosador und A. Mersmann herausgegebenen »Biographischen Lesebuch« entnommen (München 2000). – Der Brief Lise Meitners ist in dem Buch von Fritz Krafft, »Im Schatten der Sensation. Leben und Wirken von Fritz Strassmann«, VCH 1981, abgedruckt. Für den Hinweis danke ich sehr herzlich dem Max-Planck-Biografen Dieter Hoffmann. – Erika Manns Brief an E. J. Shaugnessy habe ich in dem Band »Historische Augenblicke. Das 20. Jahrhundert in Briefen« entdeckt (hg. von J. Moeller, München 1991).

Das schönste und beste Buch über Maria Sibylla Merian ist augenblicklich der von Kurt Wettengl herausgegebene Katalog zur Ausstellung im Historischen Museum Frankfurt am Main 1997/98. – Über das Leben der Maria Malibran informiert ausführlich die 1989 erschienene Biografie von April Fitzlyon, »Diva of the Romantic Age«. – Die einschlägige Biografie von Gertrude Bell hat Janet Wallach geschrieben (»Königin der Wüste«). – Anlässlich der Ausstellung »Amrita Sher-Gil. Eine indische Künstlerfamilie im 20. Jahrhundert« im Haus der Kunst München ist bei Schirmer/Mosel ein Katalog erschienen.

Zum Schluss sei mir der Hinweis gestattet, dass aus Umfangsgründen viele der für dieses Buch geschriebenen Texte nicht unerheblich gekürzt wurden; einige konnten auch nicht aufgenommen werden.

Ich stelle mir vor, dass dieses Buch meiner Mutter Freude bereitet; deshalb möchte ich es ihr widmen.

Bildnachweis

Umschlagabbildungen:
vorne: Christie's Images Limited
hinten, von l. nach r.: National Portrait Gallery/E.O. Hoppé Trust; ullstein bild/Roger Viollet; Edizioni Polistampa, Florenz; Christie's Images Limited
1 The Bridgeman Art Library
6 privat
8 *oben*: ullstein bild/Lebrecht Music & Arts Photo Library; *unten*: The Bridgeman Art Library
9 *beide*: Schiller Nationalmuseum/ Deutsches Literaturarchiv, Marbach a. N.
10 ullstein bild
11 ullstein bild/Roger Viollet
12/13 The Bridgeman Art Library
14 The Bridgeman Art Library
16 ullstein bild/Granger Collection;
17 ullstein bild/Granger Collection; The Bridgeman Art Library
18 ullstein bild
19 *oben*: MGM/The Kobal Collection
unten: John Kobal Foundation/Getty Images
21 The Bridgeman Art Library
22 The Bridgeman Art Library
23 The Bridgeman Art Library
25 *links*: ullstein bild/Granger Collection
rechts: The British Library
26 The Bridgeman Art Library
27 National Portrait Gallery, London
29 *oben*: ullstein bild/KPA
unten: akg-images
30 *links*: ullstein bild/Roger Viollet
rechts: Archives Charmet/The Bridgeman Art Library
31 akg-images
33 ullstein bild/Granger Collection
34 *oben*: ullstein bild/Granger Collection
unten: The Bridgeman Art Library
35 *oben*: akg-images
36 The Bridgeman Art Library
38 *oben*: bpk
unten: ullstein bild/Granger Collection
39 akg-images
41 The Bridgeman Art Library
42 ullstein bild/Granger Collection
43 ullstein bild/Roger Viollet
44 *beide*: The Bridgeman Art Library
46 picture-alliance/dpa
48 *oben*: The Bridgeman Art Library
unten beide: ullstein bild
49 *oben*: The Bridgeman Art Library
unten: National Portrait Gallery, London
50 Alexander Turnbull Library
52 National Portrait Gallery/E.O. Hoppé Trust

53 *beide*: The Bridgeman Art Library
54 The Bridgeman Art Library
57 The Art Archive/National Gallery Budapest/Alfredo Dagli Orti
59 The Bridgeman Art Library
60 akg-images
61 akg-images
62 akg-images
63 *unten*: akg-images
oben: ullstein bild/AKG Pressebild
64 *oben*: The Bridgeman Art Library
unten: Österreichische Nationalbibliothek
65 ullstein bild/Granger Collection
66 ullstein bild/Granger Collection
67 *links*: The Bridgeman Art Library
rechts: ullstein bild/TopFoto
68 Jane Austen Memorial Trust
69 ullstein bild/Granger Collection
70 *oben*: Jane Austen Memorial Trust
unten: ullstein bild/KPA
72 *oben*: bpk/RMN
unten: ullstein bild/Roger Viollet
73 The Art Archive/Musée George Sand et de la Vallée Noire La Châtre/Gianni Dagli Orti
74 *oben*: ullstein bild/Granger Collection
unten: picture-alliance/maxppp/© Bianchetti/Leemage
75 *links*: ullstein bild
rechts: ullstein bild/Granger Collection
76 Alexander Turnbull Library
77 ullstein bild/Granger Collection
79 *oben*: bpk/BSB; *unten*: akg-images
80 akg-images
81 ullstein bild/Fritz Eschen
83 The Bridgeman Art Library
85 Trustees of the Chatsworth Settlement, Chatsworth
86 *links*: The Bridgeman Art Library
rechts: ullstein bild/Roger Viollet
87 bpk
89 *links*: The Bridgeman Art Library
rechts: bpk
90 akg-images
91 Österreichische Nationalbibliothek
92 Historisches Museum, Frankfurt am Main
93 The Bridgeman Art Library
94 *oben*: ullstein bild
unten: The Bridgeman Art Library
96 Klassik Stiftung Weimar
97 *unten*: ullstein bild
oben: Klassik Stiftung Weimar
98 akg-images
99 The Art Archive/Chopin Foundation Warsaw/Alfredo Dagli Orti
101 ullstein bild/Granger Collection
102 ullstein bild/Granger Collection
103 The Bridgeman Art Library

104 *links*: picture-alliance/dpa
rechts: akg-images
106 ullstein bild/Roger Viollet
107 *links*: akg-images/RIA Nowosti
109 Süddeutsche Zeitung Photo/S.M.
110 ullstein bild
111 Sylvia Plath Estate
112 The Bridgeman Art Library
115 ullstein bild/Nowosti
116 akg-images
117 akg-images
118 *Mitte*: The Bridgeman Art Library
rechts: akg-images/Erich Lessing
119 ullstein bild/AKG Pressebild
120 *oben*: The Bridgeman Art Library
unten: The British Library
121 *oben*: bpk/Dietmar Katz
unten: akg-images/Laurent Lecat
122 The Bridgeman Art Library
124 bpk/Stiftung Preußische Schlösser und Gärten
125 akg-images
126 bpk/Eigentum des Hauses Hohenzollern
127 akg-images/VISIOARS
128 The Royal Collection
129 The Royal Collection
130 The Royal Collection
rechts: bpk/Mayall
131 ullstein bild/Lebrecht Music & Arts Photo Library
133 akg-images
134 bpk
135 ullstein bild
136 akg-images
138 The Art Archive/Château de Blois/ Gianni Dagli Orti
141 Artothek
142 Artothek/Hans Hinz
144 Blumenfrauen und Internet
145 *oben*: akg-images
unten: ullstein bild/Pachot
146 akg-images/Erich Lessing
147 picture-alliance/maxppp
148 ullstein bild/Granger Collection
149 ullstein bild/Roger Viollet
150 *beide*: akg-images
151 ullstein bild/TopFoto
152 *oben*: bpk
unten: ullstein bild/Roger Viollet
153 The Bridgeman Art Library
154 E.O. Hoppé/Corbis
155 Vivan Sundaram
156 Sammlung Vivan und Navina Sundaram, Neu Delhi
157 National Gallery of Modern Art, Neu Delhi
158 The Bridgeman Art Library
160/161 The Bridgeman Art Library
168 Christie's Images Limited

Personenregister

A

Adorno, Theodor W. 11
Algarotti, Francesco 66, 86
Amalie Elisabeth,
    Raugräfin von der Pfalz 60–63
Andreas-Salomé, Lou 83
Austen, Cassandra 67–71
Austen, Jane 67–71

B

Bachmann, Ingeborg 79 ff.
Baker, Samuel 145
Barrett(-Browning), Elizabeth
    15–20, 22 ff., 26, 36
Barthes, Roland 15
Baudelaire, Charles 41, 45
Beauvoir, Simone de 41, 45, 58 f., 62
Bell, Gertrude 151 ff.
Bosco, Giovanni 99
Bosco, Margherita Occhiena 99
Brahms, Johannes 8
Browning, Robert 15–24, 26, 36
Bülow, Daniela v. 112
Bute, Mary 87 f.

C

Cannary Burke, Martha Jane (gen.
    Calamity Jane) 101 ff.
Cardogan, Henry 151 ff.
Caspar, Heinz 137
Cicero, Marcus Tullius 84
Colet, Louise 72
Colette, Sidonie Gabrielle 104 f.

D/E

Deffand, Marie Anne de Vichy-
    Chamrond, Marquise du 33 f.
Duras, Marguerite 140
Eberhardt, Isabelle 141

F

Feuchtwanger, Lion 136
Flaubert, Gustave 7, 72 ff.
Fontane, Emilie (geb. Rouanet-
    Kummer) 9

Fontane, Theodor 9
Freud, Sigmund 59, 83
Friedrich II., d. Gr. (König) 84, 114,
    16, 126
Friedrich Wilhelm (Kronprinz; Kaiser
    Friedrich III.) 129 f.
Friedrich Wilhelm III. (König)
    124–127
Frisch, Max 81

G

Galen, Clemens August Graf v. 138
Gandhi, Indira 82
Gauguin, Paul 141, 155 f.
Gladstone, William Ewart 128–131
Goethe, Johann Wolfgang v. 35, 47,
    67 f., 97 f.
Goncourt, Jules de 73 f.
Gouges, Olympe de 22, 93
Guibert, Jacques-Antoine-Hippolyte,
    Comte de 33–37

H

Hahn, Otto 132 ff.
Hamilton, Emma, Lady 120
Harling, A. K. v. (Hofmeisterin) 62 f.
Helmholtz, Anna v. 158
Henze, Hans Werner 79 ff.
Hildesheimer, Wolfgang 79
Huch, Ricarda 115, 138
Hughes, Ted 111

I/J

Imlay, Gilbert 118 f.
Iyer, Pico 141
Jacobs, Alphonse 72
James, Henry 45

K

Kafka, Franz 37
Kahlo, Frida 56
Katharina II., d. Gr. (Zarin)
    114–117, 128
Kierkegaard, Sören 14
Klabund (d. i. Alfred Henschke) 7 f.
Kleist, Heinrich v. 124

Knipper-Tschechowa, Olga 10 f.
Kollwitz, Käthe 159
Koteliansky, Samuel Solomonovich
    48–51, 78

L

Lawrence, D(avid) H(erbert) 48–51,
    153
Lespinasse, Julie de 33–37
Lindbergh, Anne Morrow 110
Lindbergh, Charles Augustus 110
Liselotte von der Pfalz (d. i. Elisabeth
    Charlotte von der Pfalz, Herzogin
    von Orléans) 60–64
Lloyd, Martha 70 f.
Ludwig XIV. (König) 30 f., 60–63,
    89, 119
Ludwig XVI. (König) 89 f., 115,
    118–121
Luise (Königin) 115, 124–127

M

Malibran, Maria 141, 146–150
Mann, Erika 135 ff.
Mann, Klaus 135
Mann, Thomas 135 f.
Mansfield, Katherine 48–51, 59,
    75–78
Maria Theresia (Kaiserin) 62, 89–92
Marie Antoinette (Königin) 84,
    89–95, 120
Marshall, Horace 151 ff.
Meitner, Lise 132 ff.
Merian, Maria Sibylla 142–145
Michelet, Jules 94
Miller, Henry 57
Montagu, Edward Wortley 64 ff.
Montagu, Mary Wortley, Lady 64 ff.,
    86 ff., 117
Muray, Nickolas (d. i. Miklós Mandl)
    56
Murry, John Middleton 48, 50 f.,
    75–78
Musset, Alfred de 22, 41–45, 72,
    148 f.

N

Napoleon I. (Kaiser) 115, 120–127
Nelson, Horatio, Viscount of 120
Němcová, Božena 46 f.
Němec, Josef 46 f.
Nicholson, Harold 52
Nin, Anaïs 57
Norman, Dorothy 82

O/P

Osborne, Dorothy 27 ff., 33, 130
Pagallo, Pietro 22, 42–45
Pahud de Mortanges, Wilhelmina
    Carolina Reinhardina 113
Pascal, Blaise 140
Plath, Sylvia 109 ff.
Pope, Alexander 86

R

Rieckhoff, Hannes 3 f., 7
Rilke, Rainer Maria 25 f.
Rimbaud, Arthur 141
Rinser, Luise 84, 139
Roland de la Platière, Eudora 93 ff.
Roland de la Platière, Manon Jeanne
    (geb. Philipon) 93 ff.
Rousseau, Jean-Jacques 34 ff., 67, 93,
    141

S

Sackville-West, Vita 52–55, 75, 78,
    153
Sand, George (d. i. Aurore Dupin)
    20, 22, 26, 41–45, 72 ff., 148
Schelling, Friedrich Wilhelm Joseph
    38 ff.
Schlegel, August Wilhelm 38 ff.
Schlegel, Caroline 38 ff.
Schopenhauer, Adele 96
Schopenhauer, Arthur 9, 11, 96–100
Schopenhauer, Johanna 9 f., 96–100
Schumann, Clara (geb. Wieck) 8, 11
Schumann, Robert 8, 11
Scudéry, Madeleine de 29 f.
Seele, Gertrud 95
Sévigné, Marie, Marquise de (geb. de
    Rabutin-Chantal) 29–33, 60, 64,
    85, 87
Shaugnessy, Edward J. 135 ff.
Shelley, Mary 118
Sher-Gil, Amrita 154–157
Siemens, Ellen v. (geb. v. Helmholtz)
    158
Singh, Umrao 154 ff.
Spoo, Angela 140
Staël-Holstein, Germaine, Baronne de
    94, 114, 120–123
Strachey, Lytton 75, 128

T

Temple, Sir William 27 f.
Tinné, Alexandrine Petronella
    Francina 145
Tschechow, Anton 10 f.
Turgenjew, Iwan 73 f.

V

Victoria (Königin) 128–131, 150
Viktoria (Kaiserin) 129 f.
Volckamer, Johann Georg 144
Voltaire (d. i. François-Marie Arouet)
    64, 84, 115–117

W/Z

Wagner, Cosima 112
Weekly, Frieda (geb. Freiin v.
    Richthofen) 48–51
Wied, Thekla Carola 3 f., 7
Woolf, Leonard 52, 55, 77 f.
Woolf, Virginia 24, 27, 30, 52–55, 59,
    75–78
Wollstonecraft, Mary 20, 22, 115,
    118 ff.
Wordsworth, Dorothy 78
Zwetajewa, Marina Iwanowna 106 ff.